서중석의 현대사 이야기 ⑬

서중석의 현대사 이야기

서중석 답하다

김덕련 묻고 정리하다

13

전 국가의 병영화

총력 안보 앞세운 독재의 광기

오월의봄

일러두기

본문의 추가 보충 설명은 모두 김덕련이 정리했다.

책머리에

1

우리는 21세기에 들어와 극렬한 '역사 전쟁'을 겪고 있다. 역사 전쟁은 한국과 일본 사이에, 또 한국과 중국 사이에 벌어지는 것으로 알고 있는 사람들이 많겠지만, 오히려 한국 사회 내부에서 더 치열하다.

사실 최근에 와서야 비로소 역사 교육이 정상적인 길로 들어서는가 싶었다. 박정희 한 사람만을 위한 1인 유신 체제의 망령인 국정 역사 교과서가 21세기 들어 사라졌고, 가장 중요한데도 공백이나 다름없었던 근현대사 교육이 이루어지면서 한국사 교육이 조금씩 자리를 잡아가고 있었다. 이런 흐름을 따라 이제 극우 반공 체제나 권력의 손아귀에서 벗어나 역사 교육이 학문과 교육 본연의 자세로 조심스럽게 나아가는 듯싶었다.

우리 현대사에는 조금 잘될 듯하다가 물거품이 된 경우가 종종 있다. 역사 교육도 그렇다. 교육의 현장이 순식간에 전쟁터가 된 것이다.

2008년 이명박 정권이 들어서자마자 수구 세력은 오염된 현대사를 재교육하겠다고 나섰다. 과거 중앙정보부 간부, 수구 언론 논설위원 등이 포함된 강사들이 서울을 비롯해 전국 각지로 보내져 학생과 교육계, '사회 지도층'을 상대로 현대사 재교육에 나섰다. 강사라

기보다 유세객遊說客이라는 표현이 맞겠지만, 이들 중 현대사 전공자라고 볼 만한 사람은 없었다. 현대사 전공자가 아니면 역사학자도 잘 모를 수밖에 없는 한국 현대사, 특히 해방 전후사를 수구 세력 이데올로기 대변자들한테 맡긴 것이다. 얼마나 다급했으면 그렇게 했을까 싶지만 해프닝이나 다름없었다.

거기까지는 그나마 양호했다. 그해 8월 15일은 공교롭게도 정부 수립 60주년이 되는 날이었는데, 특히 이날을 벼르고 벼르던 세력들이 광복절을 건국절로 명칭을 변경해 기념해야 한다고 나섰다. 일부는 뭐가 뭔지 모르고 가담했겠지만, 그것은 역사 교육의 목표, 국가 기강이나 민족정기를 한순간 뒤집어엎고 혼란에 빠트릴 수 있는 위험천만한 행동이었다. 친일파를 건국 공로자로 만들 수 있는 건국절 행사장에는 참석하지 않겠다고 독립 운동 단체가 단호히 선언하고, 독립 운동가들이 자신들이 받은 서훈을 반납하겠다고 강경히 주장해서 간신히 광복절 기념식을 치를 수 있었다.

가을이 되자 일선 역사 교사들에게 날벼락이 떨어졌다. 지금 쓰는 교과서를 바꾸라고 난리를 친 것이다. 모든 권력을 총동원해서 압력을 가해왔다. 그 전쟁터 한가운데에 서서 교사들은 어떤 사념에 잠겼을까. 역사 교사로서 올바르게 산다는 것이 무엇이라고 생각했을까. 그렇지 않으면 기구한 우리 현대사를 되돌아보았을까.

그로부터 5년 후 박근혜 정권이 등장하자 또다시 역사 전쟁이 벌어졌다. 이번에는 역사 교과서를 둘러싼 전쟁이었다. 2004~2005년부터 구체적인 본색을 드러내고 조직적으로 활동하며 수구 세력 내에서 역사 문제에 대해 강력한 발언권을 확보해온 뉴라이트 계열이 역사 교과서를 만든 것이다.

뉴라이트 계열 역사 교과서는 어이없이 참패했다. 일본 극우들이 2001년에 만든 후쇼샤 교과서보다 더한 참패였다. 일제 침략, 친일파와 독재를 옹호했다고 그 교과서를 맹렬히 비판하던 쪽도 전혀 상상치 못한 결과였다. 그 교과서가 등장하기 몇 달 전부터 수구 언론이 여러 차례 크게 보도해 분위기를 띄우고, 권력이 여러 방법으로 지원을 하는 등 나름대로 총력전을 폈으며, 수구 세력이 지배하는 학교 재단도 있었기 때문에 어느 정도는 채택될지도 모른다고 크게 우려했는데 결과는 딴판이었다.

2

왜 역사 전쟁에서 이승만을 띄우는가. 박정희의 경제 발전 공로는 진보 세력 일부도 인정하기 때문에 이제 이승만만 살리면 다 된다고 보기 때문일까. 그렇지 않다. 근현대 역사에서 너무나 중요한 '비결 아닌 비결'이 거기 내장되어 있기 때문이다.

우리에게는 '역사의 죄인'이 있다. 우리 역사에서 제일 큰 죄인은 누구일까. 우선 친일파, 분단 세력, 독재 협력 세력이 쉽게 떠오를 것이다. 이승만을 존경하는 사람들에는 여러 유형이 있다. 친일파, 분단 세력, 독재 협력 세력이 거기 포함된다. 이들은 이승만을 살리고 나아가 그를 '건국의 아버지' '국부'로 만들어놓을 수만 있으면 '역사의 죄인'에서 벗어날 수 있다고 믿는 것 같다. 나아가 이승만이 국부가 되면 권력이나 사회적 지위, 기득권을 계속 움켜쥘 수 있다고 확신하고 있는 것 같다.

역사 전쟁은 수구 세력이 일으키는 불장난이라는 생각이 들 때가 있다. 60~70년 전 역사를 가지고 지금 아무에게도 득이 되지 않는 소모적인 전쟁을 일으킬 필요가 없기 때문이다. 사실을 왜곡하는 일 없이, 개방 시대에 맞게 그 시대를 폭넓게 이해하도록 가르치면 되는 것이다. 문제는 친일파, 분단 세력, 독재 협력 세력은 그렇게 생각하지 않는다는 데 있다. 자연인으로서 친일파는 생명이 다했지만, 정치적·사회적 친일파는 여전히 강성하다. 그러니 자꾸 문제를 일으킨다. 어두운 과거를 떨치고 새 출발을 할 때 보수주의가 자리 잡을 수 있는데, 비판자들을 마구잡이로 '종북'으로 몰아세우고 대통령 선거에서 NLL로 황당무계한 공격을 하는 데서 알 수 있듯이, 그들은 과거를 떨치지 못하고 독재 권력이 행했던 과거의 수법에 의존하고 있다. 이렇듯 수구 세력이 정치적 생명을 연장하려고 하기 때문에 역사 전쟁이 지겹게도 반복되고 있는 것이다.

우리에게는 '역사의 힘'이 있다. 항일 독립 운동과 반독재 민주화 운동이 줄기차게 계속된 것도, 우리 제헌 헌법에 자유·평등의 독립 운동 정신이 담겨 있는 것도 역사의 힘이다. 우리 국민이 친일파, 분단, 독재를 있어선 안 되는 잘못된 것으로 보는 것도 역사의 힘이다. 막강한 힘의 지원을 받은 역사 교과서가 참패한 것도 그렇다. 2014년에 국무총리 후보가 역사의식 때문에 순식간에 추락한 것도 역사의 힘이 아니고서는 설명하기 어렵다. 그런데도 해방-광복 70주년이 되는 2015년에 들어서자마자 역사 교과서를 국정화하겠다는 소리가 들리고, 수구 언론은 과거처럼 '이승만 위인 만들기'에 노력하고 있다.

진보 세력은 역사의 죄인 혐의에서 자유로울까. 현대사 진실 찾기, 역사 바로 세우기를 방기한 것은 어떻게 설명할 수 있을까. 1980년대에 운동권은 극우 반공 세력의 역사관을 산산조각 냈다고 생각하기도 했지만, 그것은 자만이었다. 현대사 진실 찾기를 방기할 때, 그것은 또 하나의 이데올로기이자 도그마로 경직될 수 있었다. 진보 세력은 수구 세력이 뉴라이트의 도움을 받아 근현대사 쟁점에 나름대로 논리를 세워놨는데도 더 이상 자신을 채찍질하지 않았다.

1980년대에 그렇게 현대사에 열을 올리던 사람들 가운데 몇이나 해방과 광복, 광복절과 건국절의 차이를 설명할 수 있을까. 그들은 단정 운동에 대해서 어느 정도 지식을 가지고 있을까. 이승만이 대한민국을 건국한 국부가 아니고 제헌 국회에서 표결에 의해 선출된 초대 대통령에 지나지 않는다는 것은 또 얼마나 알고 있을까. 한마디로 이승만 건국론이 잘못된 주장이라는 것을 일반 사람들에게 구체적인 사실을 들어 조리 있게 설명해줄 수 있을까. 현대사의 이런 저런 문제를 가지고 생각이 다른 사람들과 논전을 벌일 경우 상대방을 얼마나 설득할 수 있을까.

3

나는 역사 전쟁이 싫다. 특히 요즘은 이제 제발 그만두었으면 싶은 마음이 간절하다. 내가 현대사에 관심을 가진 것이 1960년대 중반부터이니, 반세기라는 긴 세월 동안 극우 세력의 억지 주장이나 견강부회와 맞닥트리며 살아온 셈이다. 하지만 어떡하겠나. 숙명이려니

하고 받아들이지 않을 수 없다.

2013년 6월 제자와 지인들 앞에서 퇴임사를 하면서 이런 이야기들을 전했고, 젊은이들이 발분하여 현대사를 공부해줄 것을 거듭 당부했다. 그러고 나서 얼마 후 프레시안 김덕련 기자에게서 현대사 주제들을 여러 차례에 걸쳐 인터뷰하고 싶다는 요청이 왔다. 그다지 부담이 없을 것 같아 응했다. 한국전쟁부터 시작했다.

김덕련 기자는 뉴라이트가 제기한 문제들을 포함해 여러 가지를 예리하게 추궁했다. 당연히 쟁점 중심으로 얘기가 진행됐다. 그런데 곧 출판 제의가 들어왔다. 출판을 한다면 좀 더 체계적으로 인터뷰를 이끌어가야 할 것 같았다. 그래서 이승만 건국 문제, 친일파 문제, 한국전쟁과 이승만 문제, 집단 학살 문제, 5·16쿠데타 평가, 3선 개헌과 유신 체제, 박정희와 경제 발전 문제, 부마항쟁과 10·26과 광주항쟁, 6월항쟁 등 중요 쟁점을 한층 더 깊이 파고들어가기로 했다.

욕심도 생겼다. 이승만에 대해서는 직간접적으로 다룬 여러 저작과 논문이 있지만, 박정희에 대해서는 두세 편의 논문과 일반적인 글이 있을 뿐이었다. 그렇지만 현대사에서 박정희는 18년이라는 커다란 몫을 가지고 있고, 1960~1970년대의 대부분이 포함된 그 18년은 정치적으로나 경제적으로나 대단히 중요한 시기였다. 그 중요한 시기 동안 박정희가 집권했으니, 그 시기를 통사로 한번 써야 하지 않겠느냐는 의무감 비슷한 것이 있었다. 그러던 차에 인터뷰가 책으로 나오게 된다니, 박정희 집권 18년의 전체 상을 박정희 중심으로 살펴보고 싶은 의욕이 생겼다.

해방 직후의 역사도 1980년대에 와서야 연구되었지만, 박정희 시기도 마찬가지였다. 그 당시 한국인의 대다수가 박정희의 창씨 명을 알지 못했고, 심지어 그가 남로당의 프락치였다는 사실조차 모르고 있었다. 적지 않은 사람들이 막 보급되던 TV 화면에 빠지지 않고 등장하는 박정희의 모습을 그의 참모습으로 알고 있었다. 더욱이 1990년대 중반, 특히 IMF사태 이후 박정희 신드롬이 일어나면서 그는 대단한 능력자로 신비화되기도 했다.

나는 박정희가 쿠데타를 일으켰던 그때부터 이미 박정희의 모습을 지켜보았다. 덧칠하지 않은 있는 그대로의 박정희를 볼 수 있었다. 그는 그렇게 특별한 능력이나 지식을 가진 사람이 아니었다. 다만 권력에 대한 집착이 생사를 초월하도록 강했고, 상황을 판단하는 총기가 있었으며, 콤플렉스도 있었고, 색욕이 과했다.

그런데 나는 박정희의 저작, 연설문집, 그에 관한 여러 연구와 글을 들여다보면서 의외로 일제 때의 군인 경험이 그의 일생에 지대한 영향을 미쳤음을 알게 되었다. 유신 체제, 민족적 민주주의-한국적 민주주의, 민족과 주체성 강조 등 '정치 이념'이 해방 이전의 세계관에서 먼 거리에 있지 않았다. 일제 때 군인 정신으로 민족, 주체를 강조하게 되었다는 것이 아주 이상하게 들릴지 모르겠지만, 거기에 박정희의 박정희다운 특성이 있고, 한국 현대사의 일그러진 자화상이 담겨 있다.

김덕련 기자와 인터뷰를 하게 된 것은 행운이다. 그는 대학 시절 국사학과에 재학 중일 때 내 현대사 강의를 들었다고 하는데, 현대사 지식이 풍부하고 문제의식이 날카로웠다. 중요 쟁점도 놓치지 않았고 미묘한 표현도 잘 처리했다. 거기다 금상첨화 격으로 꼼꼼하며 자상하기까지 하다. 김덕련 기자와 나는 이러한 작업에 잘 어울리는 좋은 팀이라고 생각한다. 출판에 대해 자신의 철학을 가지고 있고 공들여 편집하느라 애쓴 오월의봄 박재영 대표에게도 감사드린다.

서중석

차례

연표

1972년

8월	교통부, 기생 파티 요정 지정 방안 발표

1973년

3월	경범죄 처벌법 개정(장발, 미니스커트 단속)

1974년

1월	유신 정권, 문인 간첩단 사건 발표
3월	유신 정권, 울릉도 간첩단 사건 발표
11월	제1땅굴 발견

1975년

3월	제2땅굴 발견
4월	유신 정권, 인혁당 재건위·민청학련 사건 관계자 8명 사법 살인
	서울대 학생 김상진, 할복자살로 유신 독재에 항거
	인도차이나 사태(베트남·캄보디아·라오스 공산화)
	박정희, 4·29 특별 담화(그 후 총력 안보 궐기 운동 전개)
	중앙정보부 국장을 단장으로 한 특별 석유 탐사단 발족
5월	긴급 조치 9호 선포(그 후 4대 전시 입법)
	박정희-김영삼, 5·21 영수 회담
	긴급 조치 9호에 맞서 서울대 학생들 시위(5·22 시위)

1975년

6월	가요 대학살(대규모 금지곡 지정)
7월	주민등록법 개정·강화
8월	장준하 의문사
9월	중앙학도호국단 발단식(15년 만에 학도호국단 부활)
	교련 강화
10월	김옥선 파동
11~12월	유신 정권, 재일 교포 유학생 간첩단 사건 발표

1976년

1월	박정희, '포항에서 석유 발견' 발표
3월	3·1절 명동성당 민주 구국 선언 사건
5월	신민당 전당 대회에서 폭력 난무(각목 대회)
8월	판문점 미루나무 사건으로 한반도 전쟁 위기
9월	다시 열린 신민당 전당 대회에서 이철승 대표 선출

1977년

2월	박정희, 임시 행정 수도 건설 발표

1978년

10월	제3땅굴 발견

전 국가의 병영화

흔들리는 유신 체제를 구원한 건 인도차이나 사태와 중동 건설 특수였다

전 국가의 병영화, 첫 번째 마당

김 덕 련 유신 체제의 경우 성립부터 몰락의 그 순간까지 강권을 빼놓고 말할 수 없긴 하지만, 오로지 힘만을 내세워 특정한 체제를 계속 유지한다는 것은 일반적으로 생각하기 어려운 일이다. 유신 체제에 저항하는 움직임이 연이어 나타나자 박정희 정권은 사법 살인을 비롯한 무리수를 거듭 뒀지만, 그것만으로 유신 체제를 지키기는 쉽지 않았을 것이다. 그런데 유신 체제는 그 후 4년이나 더 존속했다. 이를 가능하게 만든 계기가 있었을 것 같다.

서 중 석 유신 체제를 구한 건 그런 잔혹한 사법 살인 또는 사람들한테 납득이 안 가는 긴급 조치 7호 발동 같은 것들이 아니었다. 유신 체제에 너무나 뜻밖에도 구원자가 나섰다. 박정희 1인 독재 권력은 인도차이나 사태와 중동 건설 특수에 의해 구원을 받았다. 두 가지 다 박정희 유신 체제와는 아무런 인과 관계 없이 일어난 일이다. 1975년 인도차이나 사태가 일어나자 박정희는 과거 어느 때보다도 총력 안보 체제 구축에 총력을 기울였다. 4대 전시 입법과 학도호국단, 반상회 등을 통해 기민하게 학원의 병영화뿐 아니라 전 사회·국가의 병영화를 이뤄냈다. 그와 함께 긴급 조치 9호를 선포해 국민들의 입을 철저히 봉쇄했고, 5·21 영수 회담 등 야당 회유·분열 공작을 통해 야당을 무력화했다. 또한 끊임없는 남침 주장, 전 국민적인 간첩 신고 운동, 이승복 동상의 전국화 등 전체주의 방식의 반공 운동을 대대적으로, 이전과는 차원이 다르게 전개했다.

유신 권력은 그해 11월, 12월에 걸쳐 진행된 재일 교포 유학생 간첩 만들기로 1975년의 총력 안보 체제 구축, 반공 운동을 마무리했다. 사실 그해 6월부터 있었던 금지곡·대마초 사건으로 상징되는 가요 대학살 등에 의한 문화계 압박도 총력 안보 체제의 국민 옥죄

1975년 10월 14일 이승복 기념관을 방문한 박정희 대통령. 인도차이나 사태가 일어나자 박정희는 전 국민적인 간첩 신고 운동, 이승복 동상의 전국화 등 전체주의 방식의 반공 운동을 대대적으로 전개했다. 사진 출처: e영상역사관

기와 결코 무관한 것이 아니었다.

그리고 1975년부터 본격화된 중동 건설 특수는 1976~1977년에 대단한 경제 호황을 불러오는 데 기여했다. 중동 건설 특수가 중화학 공업 건설 촉진, 부동산 투기 붐으로 연결되고 수출도 큰 폭으로 늘어나면서 그렇게 된 것이다. 이것은 유신 체제를 안정적으로 떠받치는 기반이 됐다. 1970년대 중반에 실시된 이중 곡가제, 다수확 볍씨 품종 확산 등으로 농민들의 생활도 나아지는 것 같았다. 1976년 정초 박정희 대통령의 기만적인 포항 석유 발표는 국민들을 산유국의 꿈에 부풀게 하면서 유신 체제에 대한 관심을 차단했다.

이러한 총력 안보 체제, 국가의 병영화와 경제 호황으로 반유신 민주화 운동은 별다른 관심을 끌지 못하고 고립됐다. 박정희 유신 권력은 비로소 굳건한 기반을 다진 것 같았고 안정적인 것처럼 보였다.

베트남전에 대한 유신 권력의 이중적 태도

— 유신 독재 수호에 인도차이나 사태를 활용한다는 방침을 박정희 쪽에서 언제 세웠나.

'인도차이나 사태가 유신을 수호하는 데 대박을 터트릴 수 있는 호재다'라는 인식을 박정희가 언제부터 하게 됐는지는 불확실하다. 그렇지만 인혁당 재건위 사건 관계자들에 대한 사법 살인(1975년 4월 9일) 때까지는 아닌 것 같다. 이 사법 살인 시기에 뉴욕타임스와 워싱턴포스트 도쿄 특파원들은 망해가는 베트남 취재에 온통 정신을 쏟고 있었다. 사법 살인 기사를 다룰 상황이 아니었다. 그래서 박정희 쪽에서는 사법 살인으로 인한 미국 여론의 악화를 걱정하지 않아도 된다는 정도에 안심하지 않았을까 싶다.

이즈음 유신 권력은 베트남전쟁에 대해 이중의 태도를 보여줬다. 문공부 장관은 1974년 10월 18일 김상만 동아일보 사장에게 학원 내 데모와 함께 베트남 사태에 대해 자극적인 기사를 보도하지 말라고 당부했다. 4일 후인 10월 22일 한국일보에 베트남 사태가 크게 보도되자 중앙정보부는 한국일보 편집국장을 연행했다. 기자들은 이에 항의하는 철야 농성에 들어갔다.

베트남 사태를 자극적으로 보도하지 말라는 이유는 간단했다. 부정부패, 무능, 독재로 베트남이 풍전등화의 위기에 처했다는 보도를 박정희 유신 권력을 빗대서 얘기하는 것으로 이해했기 때문이다. 중앙정보부는 1975년 4월 22일 자 중앙일보의 베트남 티우 대통령 사임 칼럼과 관련해서도 최종률 주간을 연행, 철야 심문했다. 이처럼 베트남 사태에 대해 유신 권력은 '소극적인' 태도를 취했지만, 다른 한편으로 중앙정보부 등을 통해 베트남이 공산화되면 한국도 그렇게 될 수 있다는 위기론을 퍼트렸다.

인도차이나 이어 한국도 공산화?
그럴 가능성은 없었다

— 인도차이나 사태 직후 사회 분위기는 어떠했나.

1975년 4월에 들어와 인도차이나 3국 상황은 결정적인 국면에 들어섰다. 4월 17일 캄보디아에서 크메르루즈가 프놈펜에 들어갔다. 4월 30일에는 베트남의 사이공이 공산주의자들에 의해 함락됐다. 라오스도 파테트라오가 장악하기에 이른다. 이렇게 세 나라가 공산화되는 사태가 벌어진 것이다.

그러면서 엄청난 규모의 안보 궐기 대회 같은 것들이 열리게 된다. 유신 정권이 뒤에서 조종한 것이 대부분이라고 볼 수는 있겠지만, 여기에 나온 사람들이 전부 그런 조종 때문에 동원된 것이라고 보기는 어렵다. 자발적으로 안보의 중요성을 강조하는 집회 같은 게 이때 생기고 그런다. 인도차이나 사태를 보면서 '이거 우리도 저렇게 되는 것 아냐' 하는 두려움을 가졌던 것이다. 개신교 보수 세력을 포함해 극우 반공적인 여러 세력이 인도차이나 사태의 영향을 받았다.

그런데 인도차이나에서 세 나라가 무너졌다고 해서 한국도 연이어 공산화된다? 가만히 생각해보면 그럴 가능성은 있을 수가 없었다.

— 그렇게 판단하는 근거는 무엇인가.

한국은 당시 유신 체제를 제외하고는 정치·사회·경제적으로 크게 문제 될 만한 것이 없었다. 유신 체제가 너무나 잘못된 것이기에, 민주 헌정을 짓밟은 것이기에 그것에 대한 항쟁이라고 할까 민주화 운동이 격렬하게 일어났지만 그것이 사회를 큰 혼란에 빠뜨리는 것이었나?

그러한 민주화 운동 때문에 사회가 큰 혼란에 빠질 만한 상황이었느냐 하면, 그렇지 않았다. 시위가 많긴 했지만 사실 시위에 나선 학생들은 교문 밖으로 제대로 나오기도 어려웠다. 그런 점에서도 사회적으로 크게 문제가 될 만하다고 보기가 어려웠다. 무엇보다 잘못된 유신 체제를 바꾸기만 하면 모든 문제가 풀리게끔 돼 있었다. 바로 그런 상황이었다.

그리고 미국이 도미노 현상을 우려한다고 하면서 인도차이나에 그렇게 오래 묶여 있었는데 태국이나 필리핀, 인도네시아에는 전혀 파급되지 않았다. 어쨌든 인도차이나 3국이 그렇게 돼버렸으니까, 미국은 이제 거기는 끝내버리고 아주 중요한 동북아 쪽에 힘을 집중할 수 있게 됐다.[•]

• 인도차이나 공산화 이듬해인 1976년 한국과 미국, 두 나라 군대의 대규모 연례 합동 훈련인 팀 스피릿 훈련이 시작됐다.

1975년 4월 김일성 연설, 어떻게 이해해야 하나

— 1949년 국공내전이 중국공산당의 승리로 끝난 것이 김일성을 고무해 한국전쟁으로 이어지게 만든 것처럼 1975년 인도차이나 공산화가 김일성을 다시 그 방향으로 고무했다고 보는 시각도 있지 않나.

물론 이 시기에 김일성이 중국에 가서 한 발언 같은 것이 좀 자극을 줬을 수는 있다. 4월 18일 김일성은 14년 만에 중국을 공식 방문했다. 김일성은 중국 방문 기간 중 등소평(덩샤오핑)이 주최한 행사에서 연설을 했다.

이때 국내 신문에 보도된 걸 보면 이 연설에서 중요한 내용이 그대로 보도된 게 아니라 일부만 소개됐는데, 거기서 이렇게 얘기했다고 나온다. "만일 남조선에서 혁명이 일어난다면 우리는 단일민족이면서 같은 민족으로서 팔짱을 끼고 있지 않고 남조선 인민을 적극 돕겠다." 이게 아주 강한 남침 의사를 표현한 것이냐고 할 때 그렇게 보기는 어렵다.

— 어떤 점에서 그러한가.

우선 남한에서 혁명이 일어날 때 그것을 적극 돕겠다고 했는데, 당시 공산주의 혁명이 일어날 가능성은 전혀 없었다. 1퍼센트도 없었다. 이 시기에 어디서도 그런 기미가 보이지 않았다. 또 설령 과격한 노선을 들고나온다고 하더라도 그것에 동조할 세력은 거

1975년 중국에서 만난 마오쩌둥(왼쪽)과 김일성. 김일성은 14년 만에 중국을 공식 방문해 덩샤오핑이 주최한 행사에서 연설을 하기도 했다.

의 없었다고 볼 수밖에 없다. 이 점에서 한국은 태국이나 필리핀보다 훨씬 안전한 나라였다. 학생 운동 분위기도 1980년대와는 달랐다. 민주 회복 이상以上은 들고나오지 않았다.

그뿐 아니라 북한이 그런 식으로 뭔가 하려고 하는 걸 돕겠다는 태도를 중국 쪽에서 보여줬느냐 하면, 전혀 그렇지 않았다. 4월 26일 발표된 공동 성명에 그와 관련된 어떤 것도 들어 있지 않았다. 그리고 이 시기에 소련은 김일성의 방문 자체를 거부한 것으로 나와 있다. 만일 김일성이 이와 관련해 뭔가를 하려 했을 때 소련이 지원했을까를 살펴보면, 그럴 의사가 있을 수가 없었다.

나는 그때 김일성 발언이라고 하면서 우리 신문에 난 것을 보고 몹시 화가 났다. 박정희를 무지무지하게 돕는 발언이었기 때문이다. 여기서 잠깐 한국전쟁이 준 교훈을 다시 한 번 새겨볼 필요가 있다.

— 어떠한 교훈을 말하는 것인가.

북한이건 남한이건 한반도에서는 독자적으로 전쟁을 일으키게 돼 있지 않았다. 그것은 자멸을 초래하게끔 돼 있었다. 왜냐하면 한반도의 지정학적 위치 때문에 강대국이 개입하게 돼 있었다. 한국전쟁 당시 북한은 소련으로부터 화력 등의 지원을 받으며 전쟁을 일으켰고 한때 남한의 거의 대부분을 점령했지만, 미국의 개입으로 전멸의 위기에 놓이지 않았나.

그런데 한국전쟁의 양대 세력이었던 미국과 중국은 이 전쟁을 겪으면서 다시는 한국전쟁과 같은 전쟁이 일어나서는 안 된다고 판단했다. 미국은 북한 핵 문제가 제기된 1990년대 초까지 한반도에서 절대로 전쟁이 일어나서는 안 된다고 판단했다. 한국전쟁 때문에 신생 인민공화국이 큰 위기에 빠질 뻔했던 중국 또한 그 후 한반도에서 전쟁이 발발하는 것을 지지한 적이 한 번도 없었다. 그 점은 소련 또는 러시아도 마찬가지다.

이 때문에 1960년대, 1970년대에 만약 한반도에서 전쟁이 난다면 그것은 1968년에 딱 한 번 있었던 울진·삼척 게릴라 사건 같은 국지전일 것이라고 당시 전문가들은 봤다. 북한 핵 문제가 등장하기 이전에는 한반도를 둘러싼 어떤 강대국도 전쟁을 바라지 않았다는 점을 되새겨야 한다. 그리고 그러한 국지전조차 미국이나 중국의 강력한 견제 때문에 확대되기가 어려울 것으로 판단하고 있었다.

— 김일성이 1975년 4월 중국에서 한 연설, 어떻게 보나.

김일성은 인도차이나 사태를 보면서 그렇게 발언한 건데, 홍석률 교수는 이 발언에 대해 이렇게 얘기하더라. 이때 김일성은 오히려 수세적일 수밖에 없었다고. 왜냐하면 인도차이나 사태가 끝났다는 건 미국이 이제는 동북아 쪽으로 온다는 것을 의미하는 것 아니겠느냐, 그런 점에서 오히려 수세적인 위치에 놓일 수밖에 없는 상황에서 그렇게 발언한 것이다, 이렇게 해석한다.

그런데 한국의 수구적인 성격이 강한 세력이나 일부 보수 세력은 한말, 일제 시기, 해방 직후, 그리고 1960년 4월혁명 이후 혁신계 움직임에 대해 보여준 태도, 1961년 5·16쿠데타 때 취한 태도 같은 걸 보면 너무나 취약한 모습을 드러냈다. 정신적, 도덕적으로도 그렇고 사실은 물질적으로도 '우리가 취약하기 때문에 꼭 외세의 지원을 받아야 한다'는 생각을 많이 가졌는데 특히 정신적으로 위기감을 잘 느끼는 것 같다. 심지어 지금까지도 작전권 같은 것에 대해 미국에 의존해야 한다는 생각을 그렇게 강하게 일부에서 피력하고 있는 것도 그런 것을 반영한 것 아니냐고 볼 수 있다. 1975년 이때도 마찬가지라고 할 수 있는데, 이 시기에 남쪽이 군사적으로 조금도 열세라고 볼 수가 없었다. 더군다나 미국이 있지 않나.

그런 건데, 적잖은 사람들이 인도차이나 사태에 상당한 두려움을 느끼면서 유신 정권의 총력 안보 운동에 적극 호응하는 모습을 보여줬다. 박정희는 이 점에서도 운이 무척 좋은 사람이다. 1973년 김대중 납치 사건 때부터 국내외에서 비난을 받으며 유신 반대 운동이라는 큰 도전에 직면했던 박 대통령이 유신 체제를 강력히 수호할 수 있는 대단한 기회를 이 인도차이나 사태라는 것을 통해 잡게 된 것이냐. 그것을 기민하게, 적극적으로 활용하는 모습을 박정희는 보여줬다.

총력 안보 체제의 문을 연 4·29 박정희 특별 담화

— 이즈음 땅굴이 연이어 발견된 것도 많은 사람에게 불안감을 주지 않았나.

1974년 11월 경기도 고랑포 부근 비무장지대에서 땅굴이 발견됐고 4개월 후인 1975년 3월 강원도 철원 부근에서 또 땅굴이 발견된 것도 김일성 발언과 함께 북한을 곱지 않은, 두려워하는 시선으로 볼 수밖에 없었다. 그러나 이렇게까지, 그러니까 유신 체제에 협력해 총력 안보 태세를 취해야 한다고까지 할 만한 상태였느냐, 그것이 문제다.

사이공이 공산군에 의해 함락되기 전날인 1975년 4월 29일, 공산군이 사이공 외곽 4.8킬로미터까지 육박했다고 보도된 이날 박정희는 특별 담화를 발표했다. 이 발표는 TV와 라디오로 45분이나 전국에 중계됐다.

— 특별 담화를 통해 어떤 얘기를 했나.

박정희는 "김일성은 남조선 혁명을 위해 전쟁도 불사하고 전쟁에서 이길 수 있는 모든 준비를 갖추었다고 호언했다"고 주장했

1974년 11월 17일 발견된 제1땅굴.
사진 출처: e영상역사관

1975년 3월 19일 발견된 제2땅굴. 사진 출처: e영상역사관

다. 그러면서 1975년이 북한에서 남침이라는 불장난을 저지르려 하는 가장 위험한 시기라고 이 장문의 담화에서 거듭거듭 역설했다.

박정희는 북한이 해방 30주년, 노동당 창건 30주년이 되는 금년을 혁명적 승리의 해로 삼자고 떠들어댄다고 말하고, 이런 판단을 뒷받침하는 사례로 땅굴을 들었다. 그러면서 땅굴 완공 시기가 금년 여름이라고까지 얘기하고, 여러 상황을 판단할 때 금년에 무모한 불장난을 저지를 가능성이 농후하다고 설명하면서 지금은 '북괴가 남침할 것이다', '아니다'라는 분석이나 토론을 할 시기가 지났다고 단정했다. 이 담화는 사실과 거리가 먼, 그 점에서 국민을 기만했다는 비판을 받을 수 있는 내용을 담고 있다. '땅굴 완공 시기가 금년 여름'이라고 한 것이 그것이다. 땅굴 하면 조건반사적으로 남침을 떠올리게 되어 있는데, 그리고 전후 문맥을 따져보더라도 '무모한 불장난'은 전쟁으로 해석될 수밖에 없는데, "금년에 무모한 불장난을 저지를 가능성이 농후하다"고 말한 것도 사실과 거리가 있는 정치적 주장으로 보인다. 왜 이런 주장을 하는가, 정치적 의도가 무엇인가, 이 점이 대단히 중요하다고 말할 수 있다.

이어서 박정희는 모두 죽을 각오로 싸울 자세를 갖춰야 하며, 자신도 650만 시민과 함께 끝까지 서울을 사수할 것이라고 공언했다. 그리고 총화로 이 위험한 시기를 극복하고 북괴의 허망한 꿈을 철저히 분쇄하자고 거듭 강조했다.

박정희는 이 특별 담화에서 총력 안보 궐기 대회를 열 때 절대로 빠뜨려서는 안 되는 굉장히 중요한 지침을 제시했다. "반국가적 행위를 하거나 국론을 분열시켜 총화에 배치되는 행위 및 유언비어를 유포하는 행위는 적을 이롭게 하는 것"이므로 이것을 가차 없이 배격해야 한다는 지침이 그것이다.

이것이 무엇을 가리키겠나. 두말할 나위 없이 반유신 민주화 운동을 하는 사람들, 박정희 정권에 불만을 품고 그러한 불만을 얘기하는 사람들을 가리킨다. 이러한 자들은 '적', 즉 북괴 공산당을 이롭게 하는 비국민이므로 철저히 처단하고 격리해야 한다는 것이었다. 이것이 박정희가 1975년부터 1979년 10·26 궁정동 사태가 일어날 때까지 가장 중요시한 유신 체제 수호의 지침이었다.

인도차이나 사태를 계기로 몰아친 안보 광풍

— 박정희의 특별 담화는 어떤 결과를 불러왔나.

4·29 특별 담화가 나오면서 엄청남 폭풍이 불어닥쳤다. 휴일 없는 총력 안보 궐기 대회, 4대 전시 입법과 학도호국단, 반상회, 극단적인 반공 운동, 긴급 조치 9호 발동, 야당의 무력화와 체제 내 안주, 공연 활동 정화 방안에 의한 3차에 걸친 200여 곡의 금지곡 선정과 대마초 사건에 의한 연예인 대거 구속, 두 차례에 걸친 재일 교포 유학생의 간첩단 사건 발표 등 사회·국가의 병영화로 돌진했다.

박 대통령의 4·29 특별 담화는 총력 안보 궐기 운동의 문을 활짝 열어놓았다. 이 특별 담화가 나온 후, 안보 광풍이라고 일부에서 말하는 총력 안보 궐기 대회가 곳곳에서 열렸다.

사실 한국인의 상당수는 수십 년간 몸에 밴 반공 대중 심리가 작용해 지금도 보수 정권이나 보수 세력이 내거는 안보 문제, 북한 카드 같은 것에 휩쓸린다고 할까, 일종의 조건 반사와 비슷한 반응을 보이지 않나. 냉철한 판단이 필요한 사안인데도 그렇지 않은 경우가 적지 않다. 그런 점 때문에도 유신 체제에서 있었던 '안보 광풍'을 제대로 파악할 필요가 있다.

— 총력 안보 궐기 운동, 어떻게 전개됐나.

5월 1일 문교부는 전국 교육감 간담회를 열고 반공 안보 교육

1975년 5월 9일 고려대학교 전교생 안보 궐기 대회에 참가한 학생들. "면학 분위기 조성으로 국론 통일 이룩하자", "조국 수호 대열에 앞장서자", "멸공통일", "국민 총화" 등의 문구가 쓰여 있는 플래카드와 피켓이 보인다. 사진 출처: 국가기록원

등에 관해 협의했다. 총력 안보 궐기 대회는 반드시 학생들이 중심에 서야만 했다. 각계 인사 55명이 참여해 구국동지회를 발기한 그 다음 날, 전국 각지에서 총력 안보 단합 대회가 열렸다.

그런데 이날 과거의 궐기 대회와는 다른 양상이 나타났다. 서울대 교수 일동 명의로 '국가 안보에 적극 참여'라는 명칭의 결의문이 채택됐다. 서울대 교수 일동 명의로 이러한 결의문이 나온 것은 굉장히 이색적이고 이례적인 일이었다.

5월 3일 전국경제인연합회(전경련) 명의로 국민 총화와 안보 강화를 위한 경제 단체 실천 사항이 제출됐다. 전경련이 이런 대회에 나온 것은 과거에 늘 있었던 일이어서 이때도 너무나 당연하게 여겨졌다.

1975년 5월 9일 서울대학교 학생 및 교직원 일동이 안보 궐기 대회장에서 김일성 우상 화형식을 집행하고 있다. 사진 출처: 국가기록원

— 당시 안보 바람, 어느 정도였나.

1975년 5월 6일 자 조선일보는 '휴일 없는 반공 궐기 총력 안보 기도회가 열렸다'고 보도했다. 조선일보 5월 7일 자를 보면 조계종에서도 안보 대회가 열린 것으로 돼 있다. 개신교뿐만 아니라 불교에서도 그런 행사를 연 것이다. 5월 7일 종교, 경제, 문화계 등 전국 38개 단체 대표가 총력안보국민협의회를 만들었다.

5월 9일에는 서울대, 고려대, 연세대 등 8개 대학에서 각각 대학별로 교직원, 학생 등이 참여한 가운데 궐기 대회가 열렸다. 이날 대학 교수, 직원, 학생들의 궐기 대회가 큰 규모로 열린 것은 이번 총력 안보 궐기 대회의 주된 목표가 대학 궐기 대회에 있음을 보여줬다.

9일 궐기 대회에 여러 대학에서 참여한 인원이, 얼마나 정확한지는 알 수 없지만, 3만여 명 또는 4만여 명에 달한다고 신문에 보도됐다. 서울대의 경우 15개 단과대, 4개 대학원의 학생, 교직원 등 5,000여 명이 참여해 총력 안보를 위한 궐기 대회를 열었다. 다른 대학도 마찬가지겠지만 교직원이 대거 동원된 것도 아주 이례적이고 이색적이었다. 한심석 서울대 총장은 남부 베트남 패망의 교훈을 상기하는 궐기사를 낭독했다. 학생 대표 이현수는 "이제까지 우리들의 학생 운동은 국민 총화를 저해하고 국가 안보를 위태롭게 했다"고 주장했다. 이 궐기 대회가 열린 핵심 이유를 정확히 그리고 명확하게 짚은 얘기였다. 그리고 "유사시에는 총칼을 들고 전장에 나가 공산당을 몰아내자"고 호소했다.

서울대는 "총력 국가 안보 태세를 강화하기 위한 국민적 총화 노력에 적극 참여하고 대학이 지닌 막중한 사명을 능동적으로 수행한다"는 등의 결의문을 채택했다. 그와 함께 대통령과 국군 장병, 자유 우방에 보내는 메시지를 각각 채택하고 김일성과 '이적 행위자'의 허수아비 화형식을 거행했다. 학생 대표 발언과 함께 '이적 행위자' 화형식이 주목된다.

고려대에서도 학생과 교직원 4,000여 명이 참석한 가운데 대회가 열렸다. 고려대에서는 "우리는 안보가 모든 국론의 근본적인 전제임을 재확인한다"는 등의 결의문과 '대통령에게 보내는 우리의

전국 건설인 안보 단합 총궐기 대회에는 불도저, 크레인 등 중장비 40여 대가 동원됐다. 사진 출처: 국가기록원

선언', '국민에게 보내는 호소문'을 채택했다. 이처럼 각 대학의 궐기 대회에서 '대통령에게 보내는 메시지'가 결의문과 함께 들어가 있는 것이 특별히 주목된다.

총력 안보 궐기 운동 귀결은 유신 독재 지지

— 어떤 점에서 그러한가.

이것은 다른 안보 대회에서도 나타난 현상이다. 죽느냐 사느

1975년 5월 10일 5·16광장에서 열린 총력 안보 서울시민 궐기 대회. 여기에는 자그마치 140~200만 명의 사람들이 동원되었다. 사진 출처: 국가기록원

냐, 위기에 처한 국가를 대통령이 총력 안보로 이끌어달라는 것이었는데 그건 박정희 1인 강권 체제에 대한 지지에 다름 아니었다.

각 대학들의 궐기 대회에서 놀라운 점이 있다. 이때 서울대는 휴강 중, 고려대는 휴교 중이었다. 감리교신학대, 서울신학대 등 신학 대학을 포함해 서울과 경기 지역의 대학이 대부분 이때까지 휴강 중이었다. 한 달 전에 있었던 반유신 민주화 운동 때문이었다. 그런데도 총력 안보 궐기 대회가 열린 것이다. 이것처럼 당시 대학의 현실과 총력 안보 궐기 대회의 성격을 잘 말해주는 것은 없을 것이다.

대학 교직원과 학생들의 총력 안보 궐기 대회가 당국의 '권장' 또는 '요청'으로 열린 것은 거의 분명하다. 대통령에게 보내는 메시

지나 결의문 등이 그것을 말해준다. 하지만 교직원, 학생 중 일부가 자발적으로 움직였을 가능성도 배제할 수 없을 것 같다. 예컨대 서강대학교 교수 일동 명의의 광고가 한 신문에 실렸는데, '일동'이라는 말이 의미하는 것은 뻔할 뻔자이지만, 서강대를 이끌어가는 세력의 경우 자발적으로 이러한 광고를 실은 것이 아닐까, 그런 생각이 든다.

—— 대학 밖에서는 어떠했나.

5월 9일에는 대학만이 아니라 전국 곳곳에서 총력 안보 궐기 대회가 열렸다. 전국 건설인 안보 단합 대회에는 불도저, 크레인 등 중장비 40여 대가 동원됐다. 그 이외에도 많이 열렸는데 대회 주체와 참가 인원은 다음과 같다. 서울 시내 초·중·고 교사 5,000명, 영일고 711명, 신광여고 2,000명, 서울한의사회 300명, 육사9기생회 30명, 일련정종불교회 510명, 이북5도민회 400명, 전국버스택시화물자동차조합 2,000명, 경성방직 400명, 유일고무주식회사 300명, 대한모방 600명, 아리랑택시 400명, 삼립식품 3,000명, 한국야쿠르트 1,000명, 아시아항업주식회사 100명, 조선맥주 600명, 삼강산업 500명, 국정교과서주식회사 600명, 신한전기 300명, 대한석탄공사 300명, 중소기업협동조합중앙회 1,000명.

이렇게 중소기업을 포함한 기업이 직장 안보 대회를 연 것도 눈길을 끈다. 기업들은 궐기 대회를 연 것으로는 성의가 부족하다고 생각하면 신문에 광고를 내서 또 성의 표시를 했다. 참가 인원을 일일이 밝힌 것도, 어디선가 그렇게 하게 했겠지만, 재미나다.

총력 안보 궐기 대회는 5월 10일 최고조에 이르렀다. 38개 사회단체가 조직한 총력안보국민협의회 주관으로 총력 안보 서울시민 궐기 대회가 대대적으로 열렸다. 장소는 박정희 유신 권력을 상징하는, 시멘트로 뒤덮인 거대한 여의도 5·16광장이었다.

— 대회 분위기, 어떠했나.

200만 명(경향신문) 또는 140만 명이 모인 것으로 보도된 이 대회에서는 시인 조병화, 종교인 조용기가 학생 이현수 등과 함께 궐기사를 읽었다. 그것도 관심을 끌었지만 땅굴을 발견한 군인 이의열이 궐기사를 읽은 것도 주목받았다.

참석자들은 "4,000만이 일어섰다. 침략 망상 포기하라"고 외치며 멸공 구국 대열에 앞장설 것을 다짐했다. 또한 "총력 안보 굳게 다져 남침 흉계 분쇄하자", "우리는 총화 단결과 국론 통일을 저해함으로써 적을 이롭게 하는 일체의 언행을 배격하며 (이에 대해) 정부는 보다 더 강력히 대처할 것을 촉구한다"는 등의 결의문을 채택했다.

당연히 '대통령에게 보내는 메시지'를 채택했다. 역시 이 대회에서도 '김일성 야욕 분쇄하자' 등의 혈서를 20여 명의 시민, 학생들이 쓰고 김일성 화형식을 하는 안보 물결이 아주 크게 일어났다. 조선일보에는 학생들도 이 대회에 다수 참여한 것으로 나와 있다. 5월 9일 자 경향신문 사설 '학원 정상화는 안보의 첩경'은 이 시기 총력 안보 궐기 대회가 목표하는 바가 어디에 있는가를 잘 보여준다.

"온 사회, 온 국가가 병영화되어야"
일제 말 연상시키는 위험한 사설

— 그 사설에는 어떤 주장이 담겨 있었나.

이 사설에서는 "대학의 난국 재인식과 결의는 고무적"이라며 이렇게 썼다. "'난국에 처한 우리의 결의'라든지 '당면한 안보 문제의 긴박한 상황을 재인식하는 대학인의 좌표 천명'이라든지 '국가안보를 최우선으로 삼고 민족의 생존을 위하여 국민적 총화 단결을 다짐한다'라는 등의 성명 내용이 그대로 학도들의 폐부 속에 침투되었다면 이제 우리는 걱정할 것이 없다."

그러면서 월남을 예로 들었다. 이런 예도 당시 궐기 대회에서 빼놓지 않고 아주 많이 얘기되던 것이다. 사설에서는 월남 대학생 수기를 보면 "그렇게도 쉴 사이 없이 데모를 좋아하던 학생들의 최후의 말이 이제 와서 '우리는 길을 잃고 헤매네'라는 절망으로 나타났고 '다시는 아무에게도 속지 않으리' 같은 후회막급의 만시지탄으로 집약되고 있다"고 주장했다. 그러면서 이것이 "한국 학생들에게도 무엇인가를 애절하게 호소하고 있는 것 같다"고 썼다.

이 사설에서 결론으로 온 사회, 온 국가가 병영이 돼야 한다며 다음과 같이 주장한 것도 충격적이다. "싫건 좋건 국민이라면 예외 없이 최전선에 서 있는 거나 다름없다. 온 사회, 온 국가가 병영이라는 각오가 먼저 확립되어야 한다. 총력전의 기틀이 확립되지 않고서는 오늘의 난국을 극복할 길은 없다." 꼭 일제 말 신문을 보는 것 같지 않나.

모든 것을 삼킬 것 같은 총력 안보 격랑에 대항하는 것은 섶을

지고 불로 뛰어드는 것이나 다름없어 보였다. 또 해봤자 신문에 한 줄도 나지 않았다. 신민당 총재 김영삼의 발언은 신문에 날 수 있다는 점에서 의미가 있었다.

— 김영삼은 이 시기에 어떤 얘기를 했나.

김영삼은 인도차이나 사태 후 첫 회견을 LA타임스와 가졌는데, 궐기 대회가 절정에 이르렀던 5월 10일 자에 보도됐다. 김영삼은 "박정희 대통령은 그의 장기 집권을 위해 북괴의 위협을 과잉 강조함으로써 반대를 침묵시키고 한국 국민들로 하여금 의견 불통일이 월남을 망쳤다고 믿도록 오도하고 있다. 이러한 전략은 반대를 침묵시키지 못할 것"이라고 지적했다. 그러면서 월남은 티우 대통령의 1인 장기 집권과 독재, 부패로 망했고 진정한 안정은 민주주의 회복을 통해서만 가능하다고 피력했다. 이와 같은 보도를 읽는 것은 한 줄기 가느다란 '위안'이 될 수 있었다. 그러나 김영삼도 급속히 변하고 있었다.

이러한 분위기에서 드디어 긴급 조치 9호가 5월 13일 선포됐는데, 그 이후에도 안보 궐기 대회가 여기저기서 계속 열렸다. 대학교수 회의에서조차 국민 총화에 호응하자는 내용의 시국 결의문을 발표했다. 신민당도 안보 바람 속에서 태도가 크게 바뀌어가는 것을 볼 수 있다. 그런 속에서 유신 정권은 유명한 4대 전시 입법이라는 걸 통과시킨다.

4대 전시 입법, 학도호국단, 반상회…
총력 안보 내세워 병영·감시 사회 구축

전 국가의 병영화, 두 번째 마당

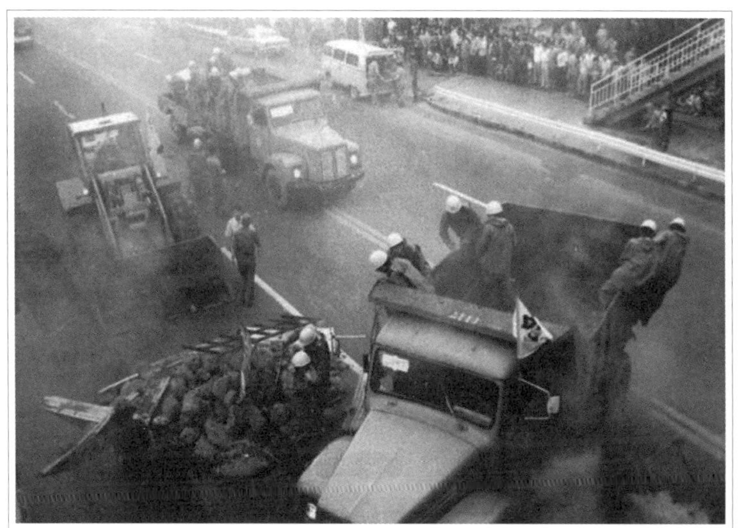

1975년 7월 15일 서울 삼선교에서 실시한 민방위 훈련. 민방위 훈련은 월 1회 실시됐다. 사진 출처: 서울사진아카이브

김덕련 인도차이나 사태를 계기로 안보 바람이 거세게 불면서 1975년 5월 긴급 조치 9호가 선포되고, 그런 속에서 4대 전시 입법이 이뤄진다고 얘기했다. 4대 전시 입법, 어떤 것들이었나.

서중석 4대 전시 입법은 민방위법, 사회안전법, 방위세법, 그리고 교육 관계법 개정 법안이다. 민방위법은 민방위대를 구성하게 하는 법으로 17세 이상 50세 이하의 남성 중에서 군, 경찰, 향토 예비군, 학도호국단에 소속되지 않은 사람들 가운데 심신에 결함이 없는 이들을 대상으로 해서 지역, 직장 단위로 민방위대를 창설했다. 민방위법이 생겨남으로써 1968년 향토 예비군 창설, 1975년 학도호국단 부활과 더불어 온 나라의 병영화가 이뤄진 것 아니냐고 얘기하기도 한다.

1975년 9월 6일 민방위대 편성 대상자들이 민방위 신고 접수를 하고 있다. 사진 출처: 서울사진 아카이브

민방위 훈련은 월 1회 실시됐는데 유신 정권 시기에는 겁을 아주 많이 먹게끔, 실전을 방불케 하는 식으로 훈련을 이끌어가려 했다. 1980~1990년대, 특히 6월항쟁 이후에는 한 달에 한 번씩 민방위 소집을 하긴 했지만 무엇 때문에 그런 걸 하는지 알 수 없는 유명무실한 훈련이 많았다. 출석만 확인하고 나서 가라고 하기도 하고 얘기 한마디 하고서 가라는 식이었다. 하여튼 민방위 창설과 훈련 같은 것들을 통해 국가가 주민들을 강력하게 통제할 수 있게 됐다.

재판 없이 계속 가둔 사회안전법, '떡봉이' 앞세워 사람 잡은 전향 공작

— 4대 전시 입법 가운데 특히 사회안전법은 심각한 인권 침해 문제를 발생시키지 않았나.

사회안전법이라는 건 반공법, 국가보안법 위반자들이 출옥 후 보안 처분을 받도록 한 것이다. 2년 단위로 계속 보안 처분을 할 수 있게 돼 있었는데, 그중 문제가 심각하다고 공안 당국이 생각하는 사람에 대해서는 보안 감호 처분을 할 수 있었다. 전향 강요를 거부할 경우 재범 위험성이 없다고 당국이 판단할 때까지 계속 보안 감호 처분을 해 무한정 수감할 수 있었다. 보안 감호 처분을 내려 청주에 있는 보안 감호소에 가두는 등 형기를 마친 사람한테 사회안전법의 이름으로 다시 수감 생활을 하게 했다.•

사회안전법은 일제 말의 조선사상범보호관찰령하고 비슷하다. 보호감호소는 일제 말의 보호관찰소, 또 그것과 약간 다르긴 하지만 대화숙 같은 것들을 상기하게 하는 것 아니냐고 얘기한다. 사회안전법 실시로 정권에 의해 탄압을 받은 사람들이 다시 공안 당

• 형기를 채운 사람을 재판 절차조차 거치지 않고 다시 처벌한다는 것도 심각한 문제였지만, 문제는 그것만이 아니었다. 보안 감호 처분을 통해 정권은 마음에 들지 않는 인사를 영구적으로 가둘 수 있었다. 보안 처분은 2년 단위로 했지만, 횟수 제한도 없고 이른바 재범 위험성을 공정하게 심사하는 절차도 없었기 때문에 정권에서 얼마든지 자의적으로 보안 처분을 거듭 내릴 수 있었다. 검사가 2년마다 보안 감호 처분 갱신을 청구해 계속 가둬둘 수 있었다는 말이다. 한편 보안 처분에는 보안 감호 처분 이외에 주거 제한 처분, 보호 관찰 처분이 있었다. 주거 제한 처분은 말 그대로 거주지를 제한한 것이다. 보호 관찰 처분의 경우 거주지를 제한하지는 않았으나 주거지 관할 경찰서장에게 일정한 사항을 신고하고 그 지시를 받게 했다.

국의 사찰 아래 놓이게 됐다. 반공법, 국가보안법 위반 혐의로 형을 받은 수많은 사람이 이것 때문에 고생을 무척 많이 했다. 그와 함께 빼놓을 수 없는 것이 있다.

— 무엇인가.

전향이라는 제도가 이 시기에 아주 강화됐다는 점이다. 전향 제도는 일제에 의해 1930년대부터 강도 높게 적용됐다. 그 시기에 일제가 이른바 '사상범', '정치범'들에게 '국체'를 보존하기 위해서라며 전향을 아주 심하게 강요했다. 일제와 비슷하게 극우 성향의 권력이 강했던 중국과 한국에서 이런 제도가 나타나는데, 전향을 강제한 제도가 서양에 전혀 없었다고 할 수는 없지만 특히 동아시아 세 나라가 강제 전향이라는 아주 지독한 제도를 가지고 있었다.

인간의 사고라든가 정신 또는 철학을, 고문하고 사회에서 격리하고 회유하는 걸 통해 바꿔놓을 수 있다는 판단 아래 이런 제도가 생겨난 것이다. 동아시아의 역사를 보면 사회주의자, 사상 활동가 중에는 어떤 분위기의 영향을 받아 그렇게 된 경우도 있다. 그런 점을 고려해 고문, 격리, 회유를 통해 한 사람을 변화시킬 수 있다는 판단에 따라, 또 실제로 변화하는 경우가 일부 생긴 면을 활용했다고 볼 수 있다.

그렇지만 인간의 사상을 고문으로 바꿔놓을 수 있다는 생각이나 강제로 권력자의 입맛에 맞는 전향서를 쓰게 한다는 것은 참으로 끔찍한 착상이라고 아니할 수 없다. 자신이 견지하고 있는 사상을 파멸시키는 전향서를 강제로 쓴 사람 가운데에는 자살자도 나오고 그랬다. 인간의 사상을 파멸시킨다는 것은 그 인간 자체를 파멸시키는 행위다. 전향 제도는 정말 끔찍한 야만적 제도다.

— 강제 전향 공작은 어떤 식으로 이뤄졌나.

해방 후 이승만 정권 때에도 이런 전향 공작이 있기는 있었다. 그러나 제일 고약한 형태로 이뤄지는 건 1973년 이후다. 한홍구 교수 책을 보면 1973년 8월에 좌익 수형수 전향 공작 전담반 운영 지침이라는 것이 나오게 된다. 좌익 수형수라는 건 사상범을 말하는데, 그러면서 전향 공작 전담반에 교회관, 여기서 회悔라는 건 회개하게 한다는 그 회인데, 그런 교회관 같은 것을 둔다. 그러나 이건 형식적인 것이었고, 전향 공작을 실제로 맡아서 좌익수 또는 사상범을 고문한 건 '떡봉이'라고 불린 깡패 죄수들이었다.

당국은 '떡봉이'들에게 교도소에서 특권을 누리게 하고, 전향을 많이 시키면 가석방 같은 것도 시켜줄 수 있다고 약속했다. 그러면서 '떡봉이'들을 좌익수들이 수감된 특별사에 배치했다. 그때부터 좌익수들은 정말 소름 끼치는 무시무시한 고문에 시달려야 했다. 이자들은 '떡봉이'라는 이름 그대로 좌익수들을 시쳇말로 떡을 만드는 심한 고문을 했다. 그뿐 아니라 0.7평형에 비전향 사상범 18~19명을 넣어 고생시키기도 했다. 그래도 전향하지 않으면 흉악범 2명이 들어 있는 방에다 집어넣었다. 종일 흉악범들한테 두들겨 맞게 하고, 한겨울에는 마룻바닥을 얼게 한 다음 발가벗겨 거기에 앉히고 얼음물을 정수리에 뚝뚝 떨어뜨리는 고문을 가하기도 했다.

— 당국 기준으로 볼 때 강제 전향 공작의 '성과'는 어느 정도였나.

이런 무시무시한 고문을 동반한 공작이 계속되면서, 한홍구 교수 글에 의하면 대전교도소의 경우 1973년 8월부터 1년간 197명의 좌익수가 전향했다. 그 사이에 사상범 최석기는 '떡봉이'들한테 맞아 죽었는데, 이 사람이 그렇게 세상을 떠난 그날 하루에만 10명의 수형자가 전향을 당했다고 한다. 2000년대 들어 의문사진상규명위원회는 이 사람의 죽음을 의문사로 인정하게 된다.

이런 일이 대전교도소에서만 벌어진 게 아니었다. 사람이 맞아 죽을 정도로 때리는 전향 공작이 지속되면서 광주의 경우 64명이던 비전향수가 1년이 지나자 10명 정도로 줄었다. 사회안전법 감호 대상으로 찍혀 청주 보안 감호소에 있던 변형만이라는 좌익수는 단식 투쟁 중 숨을 거뒀는데, 교도소 쪽에서 왕소금을 잔뜩 부은 소금물을 고무호스에 집어넣어 강제 급식하는 과정에서 그렇게 됐다.

무지막지한 고문과 폭력, 그리고 인간의 존엄성을 훼손하는 모욕 주기를 견디다 못해 죽음을 택하는 경우도 있었다. 박융서가 그런 경우인데, 이 사람은 '떡봉이'한테 온몸을 바늘로 찔리는 고문을 당했다. 결국 1974년 7월 20일 자기 동맥을 끊고 흐르는 피를 찍어 벽에다가 "전향 강요 말라"는 혈서를 쓰고 세상을 등졌다.

안학섭 등 23명은 21세기에 들어와서 진실·화해를 위한 과거사 정리 위원회에 전향 공작과 관련해 진실 규명을 요청했다. 대전·대구·광주·전주교도소와 청주 보안 감호소에 수용돼 있는 동안 교도소 직원들과 깡패 출신 재소자들로부터 물고문이나 고춧가루 고문 등 갖가지 고문과 폭행을 당하고, 여러 면에서 부당하고 차별적인 대우를 받으며 사상 전향을 강요당했다면서 그에 관한 진실 규명을 요청한 것이다.

이들 중 임방규는 1972년경 만기 출소해 사회생활을 하던 중

1977년경 사상 전향을 하지 않았다는 이유로 보안 감호 처분을 '통보'받고, 청주 보안 감호소에서 12년간 인신을 구속당했다. 김영승도 보안 감호 처분을 받고 1989년 사회안전법이 폐지될 때까지 광주교도소와 청주 보안 감호소에 수용됐다. 이들 중 다수는 무기형을 받아 보안 감호 처분 대상조차 되지 않았다.

— 오죽했으면 스스로 목숨을 끊었을까 싶다. 사람에게 해서는 안 될 짓을 아무렇지도 않은 듯 자행하도록 부추긴 무서운 시대였다는 생각이 든다.

전향 문제로 세상에 많이 알려진 사람은 뭐니 뭐니 해도 서준식이다. 나랑 나이가 같은데, 1971년 대선 기간에 재일 교포 유학생 간첩단 사건이라는 것에 휘말려 형인 서승과 함께 보안사에 의해 갇혔다. 이 사람은 7년이라는 형기를 다 마친 후 보안 감호 처분을 계속 당해 10년이나 더 갇혀 있어야 했다. 전향서를 쓰는 것을 단호히 거부했기 때문이다. 1987년 3월에는 50일에 걸친, 그야말로 죽음을 무릅쓴 단식 투쟁을 하기도 했다.

서준식은 1988년 5월 비전향 장기수로는 처음으로 풀려나 바깥세상에 나왔는데, 1971년 보안사에 끌려간 지 17년 만이었다. 23세이던 학생이 40대가 돼서야 감옥에서 나온 건데, 수감 생활의 대부분은 보안 감호 처분이라는 것 때문이었다. 박정희 정권 때에만 사회안전법에 의해 보안 감호 처분을 받은 게 아니라 1980년대 전두환·신군부 정권 때에도 계속 그런 처분을 받았다. 사회안전법이 살아 있었기 때문이다. 전향하지 않았다고 해서 당국에서 계속 그런 처분을 내린 것이다.

2014년, 박정희 정권 당시 사상 전향 강요 때문에 옥중에서 사망한 비전향 장기수들에게 정부가 위자료를 지급해야 한다는 판결이 나왔다. 이 중 권모는 심한 고혈압 증세가 있었는데도 치료는커녕 사상 전향 심사를 수시로 받다가 쓰러졌고, 10시간이나 방치된 끝에 사망했다. 김모는 사상 전향 스트레스에 시달리다가 수건으로 목을 매 목숨을 끊었다. 재판부는 "사상 전향 제도는 수형자들의 사상적 판단에 대한 표현을 강제하는 것으로서 양심의 자유를 침해하는 불법 행위"였다면서 "정부는 희생자와 유족에 대한 배상 의무가 있다"고 판결했다.

학도호국단 부활시켜 학원 병영화 강화,
반상회 등 통해 물샐틈없는 감시 체제 구축

— 다른 전시 입법들은 어떠했나.

방위세법은 국방력 강화를 위해 필요하다며 또 하나의 세금을 부과한 세법이다. 방위세법으로 국민들의 세금 부담이 적지 않게 증가했다. 교육 관계법 개정이 왜 4대 전시 입법에 들어 있는지 의아해할 수 있지만, 전시 입법의 취지는 유신 체제 강화의 일환이었

> 서준식은 '사람의 생각은 누구도 규제할 수 없다'는 신념에 따라 전향을 끝까지 거부했다. 강제 전향 공작 때문에 유리로 자신의 손목을 그어 혈관을 끊으며 자살을 시도하는 상황까지 내몰리기도 하지만, 신념을 꺾지 않았다. 서준식은 감옥에서 나온 후 인권 운동가로 살아가며 "사상의 자유에 대한 부정은 인간에 대한 부정이고 민주주의에 대한 부정"임을 거듭 설파했다.

1975년 9월 2일 중앙학도호국단이 시가행진을 하고 있다.
사진 출처: e영상역사관

중앙학도호국단이 총검술 시범을 하고 있다. 사진 출처: e영상역사관

다는 점을 생각하면 된다. 이 법의 핵심은 대학 교수 재임용제였다. 이 부분을 집어넣기 위해 개정한 것이다. 대학에서 반유신 민주화 운동과 관계있는 이른바 문제 교수들을 축출하기 위해서였다.

4대 전시 입법에는 포함되지 않았지만 그것과 비슷한 것으로 대학 내에 학도호국단이 15년 만에 또다시 설치됐다. 학도호국단은 이승만 정권 때도 있었다. 이승만 정권에서 병영 체제, 전시 체제 분위기를 학도호국단을 통해 많이 만들어가면서 권력이 악용했다. 그래서 1960년 4월혁명이 나자마자 바로 폐지됐던 것인데, 학생 시위를 막기 위해 이때 부활했다.

긴급 조치 9호를 1975년 5월 13일 선포한 직후 박정희 정권은 고등학교와 대학교의 학생회를 해산시켰다. 5월 20일 문교부는

1976년 6월 30일 열린 반상회. 박정희 정권은 매월 25일을 반상회의 날로 정했는데, 이때 국정을 홍보하고 지역 주민들을 감시하게 했다. 사진 출처: 서울사진아카이브

98개 대학 총·학장을 소집해 학도호국단 결성과 군사 교육 체제 강화를 지시했다. 6월 30일 학도호국단을 조직해 분대, 소대, 중대, 대대, 연대, 사단으로 편성했다. 중대장까지는 학도호국단장인 학교장이 임명하도록 했다. 1975년 9월 2일 중앙학도호국단 발단식을 갖는데, 그러면서 2학기에 전반적으로 실시된다.

학생뿐만 아니라 교직원도 여기에 들어가게 된다. 학생 대표는 연대장이 되고 각 대학 총·학장은 군대로 치면 사단장에 해당하는 학도호국단장이 됐다. 학도호국단 학생 간부들은 1주일씩 입영해 교육을 받아야 했다. 여대생들도 여군에 입소해 훈련을 받아야 했다.

그와 함께 9월 1일 2학기부터 교련을 주당 4시간, 한 학기에 총 60시간으로 강화했다. 또한 1976년부터는 10일(80시간)이나 병영

1975년 12월 1일 한 동사무소 직원이 시민에게 새 주민등록증을 나눠주고 있다. 사진 출처: 서울사진아카이브

에 들어가 병영 집체 훈련을 받도록 했고, 국민윤리를 법정 필수 과목(3학점)으로 지정해 '정신 부문'을 담당하도록 했다.

— 대학을 군대처럼 만들겠다는 것 아닌가.

문교부는 학칙도 개정하게 해 학생들의 자치 활동을 금지하고, 모든 학생 활동에 대해 사전 승인제를 전면 도입했다. 그리고 인도차이나 사태 이전에 대학은 외부의 사찰만 받았는데, 이제는 학내에 상담 지도관실을 설치해 학생들의 거동을 철저히 감독·감시했다. 대학은 중앙정보부 학원팀, 치안국, 관할 시경, 관할 경찰서, 문교부, 대학의 학생 지도사들의 사찰 대상이 됐다.

각 기관에서 파견된 기관원들은 학내에 상주하면서 도서관, 학생회관 등을 왕래하며 학내 시위 정보를 입수하여 사전에 차단하거나 초기 단계에서 진압하는 임무를 부여받았다. 이들은 매일매일 학내 분위기, 교수와 학생의 언동, 경찰의 조치 등을 보고했다. 학생들은 캠퍼스 내에서 일상 대화하는 것도 두리번거리며 신경을 써야 했다. 그 어느 때보다도 학원의 병영 체제가 완벽하게 된 것인데, 대학 시위를 근절한다고 하면서 이렇게 병영화를 강화했다.

이것뿐만 아니라 반상회 제도도 만들어서 활용했다. 반상회와 유사한 것으로 일제 말에는 애국반이 있었고 이게 1950년대에는 국민반이 되는데, 사실 1950년대 국민반은 있으나 마나 했다는 평도 들었다. 강화하겠다는 이야기를 이승만 정권에서 몇 번이나 했지만, 제대로 안됐다. 그런데 유신 체제에 와서 1975년에 생긴 반상회는 국민반과는 달랐다. 이건 또 전두환·신군부 정권에 의해 계속 이용됐다.

— 이웃끼리 한 달에 한 번 모여서 이런저런 얘기를 나누는 게 뭐가 문제냐, 이렇게 생각하는 사람들도 있을 것 같다.

유신 정권이 강제한 반상회는 그런 게 아니었다. 1976년 박정희 정권은 매월 25일을 반상회의 날로 정했는데, 이때 국정을 홍보하고 지역 주민들을 감시하게 했다. 1987년 6월항쟁 이후 반상회는 크게 변하는데 그 이전의 반상회라는 건 반공 교육, 국정 홍보, 그리고 특히 비상시 행동 요령 및 간첩과 수상한 사람을 신고하는 요령, 이른바 유언비어 신고 의무화, 불순한 언동 금지 같은 것을 다루고 교육하고 홍보하는 장이었다. 그러면서 주민들이 서로 감시하도록 만들어놓은 것이다.

이런 제도에 더 힘을 실어준 게 주민등록법 강화를 통해 감시 체제를 강화한 것이었다. 1975년 7월 주민등록법을 개정해 주민등록증 발급 대상자 연령을 17세로 낮추고 사법 경찰 관리가 요구하면 언제든지 주민등록증을 제시하게 만들었다.

이처럼 총력 체제라고 할 수 있는 것을 인도차이나 사태라는 뜻밖의 상황 속에서 박정희 정권이 강화시켰고, 그건 바로 유신 체제 강화와 다름없었다. 이렇게 인도차이나 사태라는 것이 일어나면서 세상이 무지무지하게 바뀌었다. 그야말로 하늘을 찌를 것 같은 총력 안보 태세가 여기저기서 계속 열린 궐기 대회, 사회안전법 같은 각종 법령, 그리고 학도호국단이라든가 반상회, 민방위대 같은 것을 통해 강화됐다. 이러한 상황은 '이제 유신 반대 운동을 벌인다는 건 정말 힘든 것 아니냐'는 생각을 갖게 했다.

이승복의 비극 활용해
아이들에게 증오심을 불어넣다니…

전 국가의 병영화, 세 번째 마당

한국전쟁 전후에 일어난 학살 중 북측에만 초점 맞춰 일방적으로 강조

김 덕 련 예전에 한국전쟁 전후 민간인 학살을 다룰 때, 좌익이 행한 학살에 대해 이승만 정권 때보다 유신 체제에서, 그중에서도 특히 1975년 이후 대대적으로 교육하고 강조했다고 지적했다. 구체적으로 어떠했나.

서 중 석 인도차이나 사태 이후 박정희는 총력 안보 체제 다지기에 총력을 기울였다. 그러한 총력 안보 체제를 다지는 데 반공 운동처럼 유효한 것은 없었다. 1975년부터 굉장히 강화된 반공 운동이 전체주의적인 방식으로 전개됐다고 해도 과언이 아니다.

특히 북괴의 도발과 함께 학살 만행이라는 것이 이 시기 반공 운동에서 굉장히 강조됐다. '공산주의자들을 때려죽이자', '김일성을 때려죽이자' 등의 아주 강렬한 핏빛 반공 구호가 나온 것도 도발 및 학살 만행 강조와 관련이 있다. 그런데 이 부분도 국민들한테 얼마만큼 정확하게 얘기했느냐 하는 것에서 논란이 있을 수 있다.

1975년 6월 25일, 총력 안보 분위기가 아주 뜨거웠던 그때 박 대통령은 6·25 특별 담화를 발표했다. 거기서 '북한 공산 침략의 야만성'을 강조하면서 이런 얘기도 했다. "북한 침략주의자들이 우리를 다 같은 동포로 생각했다면 어찌 감히 조국 강토를 하루아침에 태워 폐허로 만들고 수백만의 무고한 동포를 대량 학살하는 만행을 저지를 수 있었겠는가."

— 박정희의 6·25 특별 담화, 어떻게 보나.

"다시 南侵해오면 自滅뿐"

朴大統領 6·25特別談話 南北韓 상호不可侵協定수락

朴大統領

박정희 대통령의 6·25 특별 담화를 보도한 동아일보 1975년 6월 25일자 1면.

한국전쟁 전후 민간인 학살 문제에 대해서는 내가 전에 자세히 얘기한 바가 있지 않나. 이 문제에 관해 지금까지 나온 객관적인 조사 자료, 연구 등에 비춰 볼 때 박 대통령이 한쪽으로 너무 치우쳤고, 그것도 대단히 강하게 얘기하지 않았느냐, 그리고 당시 중요한 학살은 집단 학살로 일어났는데 그게 어떻게 일어났는가를 반성하는 것도 따라야 하는 것 아니냐, 그런 점들을 지적할 수 있다.

박 대통령 특별 담화는 너무 한쪽으로 치우쳤다는 생각을 갖게 한다. 공산군의 만행이 없었다는 말이 아니다. 많았다. 그렇지만 생각해보자. 한 지역에서 일어난 집단 학살로 가장 규모가 큰 것은 널리 알려진 대로 제주 4·3 학살이다. 이 학살은 무장대에 의해서도 일어났지만, 중앙 정부 조사건 지방 정부 조사건 80퍼센트 이상이 군경으로 구성된 토벌대에 의해 일어난 것으로 집계가 되었다. 남한 전체에서 최대 규모의 집단 학살은 보도연맹원 학살이다. 이 학살은 한 곳도 예외 없이 모두 군경이 저질렀다. 한곳에서 일어난 집단 학살로 가장 많은 사람을 희생시킨 것은 거창 양민 학살이다. 이것은 11사단 9연대에 의해 일어났다. 제주 4·3 집단 학살이건 보도연맹원 집단 학살이건 거창 양민 학살이건 모두 불법적으로 일어났다.

이처럼 규모가 큰 집단 학살은 군경에 의해 일어난 것이 많은데, 박 대통령은 일방적인 주장을 폈다. 나는 1950년대 이승만 대통령의 6·25 담화를 검토한 적이 있다. 그때 매우 의아했던 것이 있다. 유신 체제에서, 특히 1975년 이후 귀가 아프게 들었던 북괴의 집단 학살 만행이 당연히 강조됐을 줄 알았는데 그렇지 않았기 때문이다. 그러나 곰곰이 생각해보니 당연하지 않느냐는 판단이 들었다. 1950년대에는 사람들이 쉬쉬하며 입을 다물고 있었지만, 내가 지적한 것처럼 집단 학살이 어떻게 일어났는가를 잘 알고들 있었다. 그래서 이 대통령은 북괴의 만행은 얘기했지만 학살 만행에 대해서는 강도를 낮췄다.

— 이 문제에 대해 학교 현장에서 어떻게 가르치게 했나.

박 대통령이 그렇게 말했으니 반공 교육이 일방적으로 이뤄질 것은 불을 보듯 뻔했다. 예컨대 당시 문교부에서 나온 것을 보자. 1975년 문교부에서 초·중·고 교사용으로 만든《사상 교육, 반공 교육 지도 자료집》을 보면 이렇게 가르치라고 돼 있다. 6·25사변에 대한 '지도 요령'에서는 "(서울을 점령한 뒤) 피난하지 못한 민주, 민족 지도자들을 살해하고 납치하면서 수많은 선량한 시민을 학살하는 데 서슴지 않았다. 이러한 그들의 만행을 강조하여 가르침으로써 북괴에 대한 우리의 씻을 수 없는 민족적 감정을 굳게 하고 반공정신을 강화하도록 해야 할 것"이라고 제시돼 있다. 그리고 '지도 내용'에 들어가서 "괴뢰군의 만행", 아까 이야기한 그런 만행에 대해서 "점령지에서의 학살 계략, …… 한국군 포로의 무차별 사살, 민간인과 지주 및 자본가에 대한 학살, 40세 미만을 전멸시킨다는 남침 초기의 기본 계획", 이걸 가르치라고 돼 있다.

위 구절은 표현도 이상하게 돼 있지만, 문제는 그것만이 아니다. 예컨대 40세 미만을 전멸시킨다는 남침 초기의 '기본 계획'이라는 부분을 보자. 자료집의 문장으로 봐서는 그걸 실행하지는 않았던 것으로 보이지만, 그런 기본 계획에 대해 난 들어본 적이 없다. 그 외에 '지도 요령', '지도 내용'에 쓰여 있는 사항도 확인이 안 되거나 표현이 애매한 경우가 있다. 어떻게 이런 걸 가르치게 했는지 이해가 안 간다.

그리고 "반공 애국자와 양민에 대한 만행", 여기에는 "김일성의 비밀 지령에 의하여 비전투 양민에 대한 대량 학살 만행", 이렇게 써놓았다. 이것도 해석하기에 따라 여러 가지로 생각해볼 수 있지만, 김일성의 비밀 지령으로 비전투 양민에 대한 대량 학살이 자행됐다고 볼 수 있는 자료가 있느냐 하는 건 논란의 여지가 있다.

1970년대 중후반에 초·중·고등학교를 다닌 사람이거나 학교에 가봤던 사람들은 기억하겠지만, 복도나 교실 여러 곳에서 북괴의 학살 만행이 굉장히 강조됐다. 물론 한국전쟁 때 북한이 저지른 만행에 대해서는 당연히 제대로 교육해야 한다. 그러나 그러한 교육은 사실에 기반을 두고 이뤄져야 하는 것 아닌가. 그런데 1970년대의 경우 다른 때보다도 더 심하게 학살 만행을 일방적으로 강조하는 모습을 보여줬다.

이승복의 비극 내세워 복수심 품게 한 유신 정권의 반공·반북 교육 운동

— 한국전쟁 전후 민간인 학살을 다룬 이야기 마당에서도 분명히 했듯이, 학살은 인류사에서 다시는 있어서는 안 되는 크나큰 범죄다. 아울러 학살 주체가 좌익이건 북한군이건 우익이건 남측 군경이건 미군이건, 즉 어느 쪽이 저질렀든 철저히 진상을 밝히고 책임을 물어야 하는 사안이다.

이러한 점을 생각하면 그중 한쪽으로만 편향되게, 더욱이 논란의 여지가 있는 내용까지 무리하게 주입하려 한 유신 체제의 방식은 문제가 있다고 볼 수밖에 없다. 4월혁명을 계기로 한국전쟁 전후 민간인 학살의 진실을 밝히고 희생자들의 넋을 위로하려 한 이들을 강도 높게 탄압하고, 더 나아가 피학살자들의 묘를 파헤치고 위령비를 쪼아서 파묻거나 훼손하기까지 한 이들이 다름 아닌 5·16쿠데타 세력이라는 점도 이 문제와 관련해 기억해야 할 대목이다.

다시 돌아오면, 1970년대 반공 운동에서 빼놓을 수 없는 인물이 바로 1968년 12월 강원도 평창에서 어린 나이에 비극적으로 세상을 떠난 이승복 아닌가.

강원도 평창 이승복 기념관에 있는 이승복 동상. 이승복은 1970년대 반공 운동의 상징적 인물이었다. 사진 출처: e영상역사관

반공 운동, 이걸 어떤 사람들은 반북 운동이라고도 하는데 그런 것하고 관련 있는 1970년대 반공 운동, 물론 1960년대에도 조금 있긴 했지만 특히 1970년대 반공 운동의 상징적 인물이 이승복이고 각 초등학교를 비롯해 여러 군데에 서 있는 이승복 동상이었다. 박정희 대통령은 1969년 1월 신년사에서 "'나는 공산당이 싫어요' 하다가 무참하게 죽어간 평창 지방의 10세 소년의 그 애절하고도 측은한 모습이 우리 삼천만 국민들 가슴속에 철천지 원한의 못을 박았다"고 말했다. "우리 삼천만 국민들 가슴속에 철천지 원한의 못을 박았다"고 아주 강한 어투로 이야기했는데, 이런 게 계속해서 강조됐다. 그러면서 이승복 관련 활동이 여러 가지 나타나게 된다.

— 어떤 활동이 이뤄졌나.

1969년 6월《나는 공산당이 싫어요》라는 실기實記가 발행됐는데, 전국 학교에 무료 배포됐다. 또 만화가 고우영이 그린 컬러 만화책《공산당이 싫어요》도 국가 주도 아래 80만 부를 인쇄해 무료로 배포했다.

1970년대 초등학교 6학년 2학기《바른 생활》교과서에는 이렇게 실려 있었다. "승복아, 우리가 커서 기어이 너의 원수를 갚아주마." 이렇게 원수를 갚아준다고 표현하는 것을 초등학교 아이들한테 가르칠 수 있는 것인가. 그걸 문제 삼으려고 이 대목을 얘기한 것이다. 이런 강한 증오심, 복수심을 품게 하고 '상대방을 죽여야 한다', 이런 식으로 가르친다는 건 초등학교의 경우 심하지 않느냐는 생각이 든다.

이 교과서에서 이 단원의 맨 마지막에 가면 '우리의 할 일'이라는 게 들어 있다. '우리의 할 일'에는 뭐라고 써놨느냐 하면 "공비들은 왜 어린이들까지 마구 죽일까?"라고 질문하면서 "아이들에게 이승복을 반공 영웅으로, 공비들을 전쟁을 해서라도 원수를 갚아야 할 복수의 대상으로" 가르치기로 하고 있다고 쓰여 있다. '전쟁을 해서라도'라는 문구도 아주 이상하다.

1975년에는 평창에 이승복 반공관, 그리고 이승복 동상이 건립돼 반공 교육의 장으로 이용됐다. 1970년 서울 강남국민학교에서도 이승복 동상을 세웠다. 1975년 이전부터 곳곳의 학교에서 이승복 동상을 세웠는데, 그때 이승복 상像을 건립하는 것이 의무 사항은 아니었지만 안 세울 수 없는 분위기였다고 한다. 자발적으로 만든 것인지, 강제로 만든 것인지 구별할 수 없었다고 하는데 여기에

업자들이 개입해서 시멘트로 이승복 상을 만들어 학교에 공급했다. 그러면서 이승복 추모제, 장학 사업, 영화 제작, 이승복 기념 웅변 대회, 이승복을 생각하는 글짓기 대회, 달리기 대회 같은 것을 하고 그랬다.

그때 시골이나 해안에 가보면 이런 이승복 상, 동으로 만든 것도 아니고 시멘트로 만든 것이긴 하지만 보통은 동상이라고 불렀는데, 이게 무척 많았다. 그런데 이게 1980~1990년대에 가면 아주 보기 싫은 모습으로 변해버렸다. 시멘트로 만들었으니까 그렇게 된 건데, 그러면서 1990년대 이후 대부분 철거된 것으로 알고 있다.

이처럼 1970년대에는 이승복을 통한 반공 교육 운동이 대대적으로 벌어졌다.

공포와 악몽의 '이승복 영화'
1970년대 반공 교육 다시 돌아보고 극복해야

— 개인적인 이야기를 하면, 전두환 정권 때인 1980년대 초에 지방 중소 도시의 초등학교에 입학했는데 지금까지 설명한 유신체제의 반공 교육 내용이 조금도 낯설지 않다. 이승복 부분도 마찬가지다. 초등학교 때에는 수업 시간에 이승복 이야기를 배웠고, 《나는 공산당이 싫어요》는 문공부에서 지정한 아동 추천 도서였다. 그리고 중학교 수학여행 일정 중 하나가 이승복 기념관 방문이었다.

무엇보다도 강렬했던 건 초등학교 때 학교에서 단체 관람한 이승복 관련 영화였다. 2015년에 몇몇 영화를 일부 학교에서 학생들을 극장에 데려가 단체 관람한 것이 사회적으로 논란이 된 일이 있었는데, 전두환 정권 때 제가 경험한 이승복 영화 단체 관람은 그것과 방식이 달랐다. 제가 다닌 학교에서는 강당 창문에 검은 커튼을 치고, 뒤쪽에서 영사기를 돌려 앞쪽에 내건 흰 천에 화면을 내보냈다. 그 강당 마룻바닥에 몇 개 반 아이들이 열을 맞춰 쪼그리고 앉아 영화를 같이 봤던 것으로 기억한다.

그로부터 적잖은 시간이 흘렀기에 영화 장면이 하나하나 머릿속에 담겨 있진 않지만, 몇몇 장면은 지금도 생생하게 기억난다. 특히 군용 대검帶劍으로 아이 입을 찢는 장면, 크기가 요즘 나오는 1인용 밥솥 정도 되는 돌로 사람 머리를 내리치는 장면 등은 정말 끔찍했다. 단체 관람이 끝난 후, 지금 생각해보면 우스운 이야기이지만, '내가 사는 곳이 강원도가 아니라서 다행이다'라는 생각을 했을 정도였다. 수십 년이 지난 지금도 이승복 하면 거의 반사적으로 그 장면들부터 떠오를 정도로 강렬하고 무시무시했다.

당시 그 영화를 강당에서 같이 봐야 했던 아이들 중에는 울었던 친구들도 있었던 것으로 기억한다. 영화 내용이 슬퍼서 운 친구도 있었는지는 모르겠지만, 그중 대다수는 너무나 끔찍해서 울지 않았나 싶다. 그런 끔찍한 장면들은 심의 과정에서 적절히 걸러내는 게 상식일 터인데, 반공 교육 영화라는 이유로 그대로 둔 채 열 살 전후의 아이들에게 단체로 보게 만든 게 아닌가 하는 생각이 든다. 성인이 된 후, 제 나이 또래의 어떤 누리꾼이 제가 기억하는 것과 거의 같은 내용을 써놓은 걸 보면서 '당연한 이야기겠지만 내가 다닌 학교만의 문제가 아니었구나'라는 것을 새삼 느낀 적도 있다.

이승복을 내세워 대대적으로 벌인 반공 교육 운동에 대해 비판적인 관점들이 당시 적지 않았는데, 교사였던 윤재철은 이렇게 썼다. "이승복 군은 국민학교 아이들에게는 위력이 있을 수 있다"고 지적하면서 "아이들을 가위에 눌리게 할 수 있습니다. 아이들은 공산당을 싫어할 수밖에 없다는 합리적인 판단보다는 공산당이 아이들을 찢어 죽이는 악몽에 시달립니다", 이렇게 얘기했다. 반공 의식보다 공포증이라고 할까, 세상에 대한 두려움을 오히려 더 심어주는 것 아니냐는 비판이다.

어린 시절 이승복 영화를 본 경험을 얘기했는데, 내 의견을 덧붙이면 1970~1980년대의 반공 교육, 그것에 의해 주조鑄造된 병영체제식 일상을 구체적으로 복원해 다시 돌아보고 극복해야 한다. 회피해서는 결코 문제가 해결되지 않는다. 그것이 한국인들의 의식에 어떤 영향을 끼쳤는지를 규명하는 작업은 오늘날 한반도 평화나 남북 문제를 풀어가기 위한 밑바탕을 탄탄히 다지는 데에도 중요하다.

북한은 사람 사는 곳이 아니다?
심각한 후유증 남긴 극단적 반공 운동

전 국가의 병영화, 네 번째 마당

초·중·고 교육을 넘어 모든 부문에서 반공 또 반공

김 덕 련 1970년대 중후반에 학교에서 반공, 반북 교육이 어떤 식으로 이뤄졌는지를 지난번에 살폈다. 이와 관련해 생각나는 보도 사진이 있다. 그 시절 운동회 때 많이 한 오자미 던지기라는 박 터트리기 경기 풍경을 담은 사진이다. 박이 두 쪽으로 쫙 갈라지면서 커다랗게 표어가 적힌 현수막이 내려오는데 그 표어가 다름 아닌 "분쇄하자 공산당"이었다. '놀 때도 반공'인 셈인데 이렇게까지 해야 하는 건가, 아이들한테 너무 심한 것 아니었나 하는 생각을 지울 수 없었다. 그런데 그처럼 지나칠 정도의 반공 운동이 학생 때에만 강제된 게 아니지 않았나.

서 중 석 진중권 교수는 1970년대 반공 운동과 관련해 북한을 강하게 비판하면서 그러면 우리 남쪽 사회는 어떠했느냐를 물었다. 진 교수는 "어린 시절엔 조국의 총폭탄 얘기를 읽으며", 육탄 10용사라는 것인데, "입이 찢어져도 '공산당이 싫어요'라고 외치는 연습을 하다가 청소년 시절부터는 남자, 여자 할 것 없이 군사 훈련을 받고 대학생 시절에는 학생회 대신 학도호국단에 편입되어 문무대와 전방에서 정식 군대와 같이 훈련을 받다가 졸업해서는 아예 정식 군대에 들어가고 제대한 다음에는 어제의 용사가 되어 예비군에 편입되고 그다음에는 민방위가 돼서 겨우 숨을 돌릴 만하니까 반상회원이 되라고 하는 사회"가 제대로 된 사회냐고 비판했다.

이 시기 반공 운동은 지난번에 얘기한 초·중·고 교육 같은 것을 넘어 모든 부문에 걸쳐서 일어났다. 전국 체육 대회가 열릴 때에도 이 시기에는 반공을 아주 강하게 관련시켰다.

— 어떤 방식으로 엮었나.

예컨대 1974년에 있었던 전국 체육 대회에서 박정희 대통령이 한 식사式辭를 보면, '지금 북한 공산주의자들의 끊임없는 도전이 있기 때문에 우리가 철통같은 단결력을 안 갖고 있으면 큰일이 발생할 수 있다', 그 뒤에도 이와 비슷한 얘기를 거듭했다. 당시 예비군, 민방위대에서 얼마만큼 반공 교육을 많이 시켰느냐 하는 건 새삼 얘기할 필요가 없는 것이고, 그 방식이 어떠했느냐는 건 그간 이야기한 바에서 시사됐다고 볼 수 있다.

유신 정권은 반상회 같은 것도 반공 교육의 중요한 장으로 활용했다. 1970년대에는 반상회의 주요 임무 중 하나가 반공 캠페인이었다. 당시 영화를 보러 가면 꼭 대한뉴스를 봐야 했는데 여기서는 대통령 담화 내용, 반공 행사 소식과 더불어 북괴 무장 및 고정간첩 검거 소식, 북괴의 남침 도발 소식, 자주 국방 태세 강화, 조국 수호 같은 것들에 대한 보도와 홍보가 중심을 이루고 있었다. 그런 것들이 많이 방영됐다.

TV, 라디오에 반공 프로그램 범람

— TV와 라디오에서도 그런 얘기가 계속 나올 때 아니었나.

동아방송이 제작한 드라마 <특별수사본부>는 영화로도 만들어질 만큼 인기가 있었다.

TV, 라디오 같은 것을 통한 반공 운동도 대단했다. 박정희 정권 시기에 북한을 소재로 한 라디오 프로그램을 대표하는 건 〈김삿갓 북한 방랑기〉다. 김삿갓이 북한을 여행하며 북한의 실상을 비판한다는 가상 설정 아래 KBS 라디오에서 매일 내보낸 5분짜리 반공 드라마였는데, 이걸 듣는 사람이 많았다. 인기를 얻자 하루에 두 번(전날 부분 재방송, 당일 방송) 내보내기도 했다. 1964년 5월 18일 첫 방송을 내보냈는데, 유신 체제에서는 물론이고 유신 체제가 무너진 후에도 아주 오랫동안 지속됐다.• 그리고 동아방송에서 1970년대

• 이 프로그램은 2001년 4월까지 37년간 전파를 탔다. 그 사이에 국내외 정세 변화에 따라 프로그램 명칭도 몇 차례 바뀌었다. 1972년 7·4남북공동성명 발표 후 한때 제목에서 '북한'을 빼기도 했고, 1990년대에는 〈김삿갓 세계 방랑기〉로 바뀠다가 〈김삿갓 방랑기〉로 이름을 다시 바꾸기도 했다.
〈김삿갓 북한 방랑기〉는 중앙정보부에서 직접 자료를 공급했을 뿐만 아니라 고료가 아주 후했던 프로그램으로 꼽힌다. 이 프로그램의 작가였던 이기명은 2005년 "20분 분량 드라마 원고료로 1회당 1,500원씩 받던 시절에 5분짜리 〈김삿갓 북한 방랑기〉는 그 두 배씩 받았다"고 말했다. 아울러 이해에 북한을 처음 방문한 이기명은 "10여 년 동안 대본을 쓰면서 (북한을) 사람이 살 수 없는 세상으로 그렸던 것이 몹시 미안했다"고 밝혔다.

에 내보낸 대공 수사 드라마 〈특별수사본부〉도 1,000회 넘게 전파를 타며 세간의 관심을 모았다.

— TV 쪽은 어떠했나.

TV에서도 반공 프로그램을 많이 내보냈다. KBS는 1964년 11월부터 〈실화극장〉이라는 반공 드라마를 방영했다. 10년 넘게 방영됐는데, 인기 배우가 총출동하다시피 했다. 2016년 1월 신문에 실린 김창남 교수 인터뷰에도 〈실화극장〉에 관한 얘기가 나온다. 중학생 때 TV가 있는 이웃집에서 〈실화극장〉을 재미나게 봤는데, 그 〈실화극장〉 대본을 중앙정보부 직원이 썼다는 걸 나중에 알게 됐다는 얘기다.• 이 시기엔 자기 집에 TV가 없는 경우가 많아서 동네의 다른 집에 가서 보는 일이 흔했다.

이런 반공 드라마는 KBS뿐만 아니라 MBC, 동양방송(TBC)에서도 방영했다. 방송사들은 경쟁적으로 이런 프로그램을 제작했다. 개중에는 이름도 비슷비슷한 것도 있었다. 예컨대 MBC에는 〈자유무대〉라는 게 있었고 TBC에는 〈자유전선〉이라는 게 있었다. 그리고 TBC는 〈추적〉이라는 간첩 수사물도 만들었다. MBC도 〈113 수사본부〉라는 간첩 수사물을 만들었는데, 1973년부터 10년 동안 방영되며 인기를 모았다. 또 KBS는 〈어선 일신호〉, 〈조총련〉 같은 일일 반공 드라마를 방영했다.

여기서 사례로 제시한 것 말고도 각종 반공 드라마가 이 시기

• 〈실화극장〉 극본을 쓴 중앙정보부 요원 김동현은 중앙정보부 과장까지 지내고 1982년 9월 '방송의 날'에는 훈장도 받았다.

1972년 5월 여의도 5·16 광장에서 열린 반공 국민 총궐기 대회. 1970년대에는 반공 운동이 일상적으로 이루어졌다. 사진 출처: e영상역사관

에 아주 많았다. 반공을 전면에 내세운 이런 프로그램들뿐만 아니라 인기 연속 드라마라든가 코미디 등 다른 여러 장르에서도 반공이 끊임없이 강조됐다.

— 말 그대로 반공 프로그램이 넘쳐나던 시기였다.

특히 이 시기 반공 운동이 아주 강한 영향을 줘서 오늘날까지도 남북 관계에 대해 수구적이라고 할까 보수적인 견해를 견지하게끔 하는 걸 볼 수 있다. 그렇게 된 데에는 이 시기에 TV 보급이 굉장히 빠른 속도로 진행된 것도 큰 역할을 했다. 오락을 즐길 만한 게 별로 없던 때였기 때문에 TV만 있으면 거기에 매달릴 수밖에 없었다. 1968년만 하더라도 세대당 TV 보급률이 2.1퍼센트에 지나지 않았는데, 1970년대에 들어서면 1971년에 10.2퍼센트로 꽤 늘었고 1973년에는 20.7퍼센트로 늘었다. 총력 안보 물결이 거세게 일었던 1975년에는 30.4퍼센트, 1977년에는 55퍼센트가 됐고 1978년에는 70퍼센트를 넘어섰다. 이렇게 TV가 쑥쑥 보급된 것도 정부가 강조한 안보 태세, 반공 운동을 강화하는 데 큰 역할을 했다.

"너희들은 사람처럼 보이지 않는다"
반공 편향 교육·선전의 후유증

— 반공 일색의 교육과 선전이 한국 사회에 어떤 영향을 끼쳤다

●● 1970년대 간첩·첩보 서사를 분석한 이하나는 1960년대 후반에서 1970년대에 걸쳐 체험담을 중심으로 한 실화(논픽션)의 수요가 비약적으로 증가했다고 지적했다. 이하나의 연구에 따르면, 이 시기에 여러 신문과 잡지는 수기 모집 형식으로 일반인들의 반공 경험담을 수집해 기사화했다. 정부에서 제작한 문화 영화가 1970년대부터 본격적인 장편 다큐멘터리 시대를 맞았는데, 특히 반공을 주제로 한 문화 영화 가운데 체험담 형식이 많았다. 또한 실록 소설이라는 장르가 유행했다. TV와 라디오에서도 실화 소재 이야기가 각광을 받았다. 각 방송사는 수사물, 간첩물, 범죄물, 전쟁물 등을 많이 제작했는데, '이건 언제 어디서 일어난 실화'라는 자막을 내보내곤 했다.

방송에서 인기를 얻은 시리즈는 책으로 출판되고 영화로 제작되기도 했다. 예컨대 〈특별수사본부〉는 21권의 실록 소설과 6편의 영화(이 중 다섯 편은 여간첩 얘기)로 재탄생했다. 이러한 현상들에 대해 이하나는 "1960년대 후반부터 1970년대의 드라마·영화 등의 미디어에서 실화 소재 이야기의 절대다수가 간첩과 관련된 이야기였으며, 간첩 관련 드라마·영화의 다수가 실화이거나 실화처럼 보이도록 홍보되었다"고 분석했다.

실화임을 강박적으로 강조한 이러한 여러 장르의 이야기들이 사실에 충실히 바탕을 두고 분단 현실을 온전히 재연한 것이었을까? 이와 관련, 이하나는 "이들 수기와 체험담이 대중의 흥미를 끌기 위해 각종 허구적 요소들을 활용하고 있으며 극적 구성을 기본으로 하고 있다는 것을 간과해서는 안 된다"고 지적했다.

고 보나.

이런 식으로 반공 교육을 받은 사람들이 어떠한 사고를 하는 사람이 될 것인가. 한 교사는 '북한에 대해 떠오르는 것을 이야기해 봐라', 초등학교 때부터 고등학교 때까지 착실하게 반공 교육을 받았을 터이니, 그럴 때에는 이런 게 떠오를 것이라고 써놓았다. 붉은 이리떼, 아오지 탄광, 헐벗고 굶주린 북한 동포, 무장 공비 만행, 땅굴, 김일성의 혹, 남침 위협, 이런 것들이 떠오르지 않겠느냐고 썼다. 김일성의 혹, 이것도 그 당시 초등학교에 가보면 복도랑 여러 군데에 많이 붙어 있었던 포스터다. 김일성을 흡혈귀 비슷하게 그려놓은 것과 함께.

이 시기 반공 교육이 '북한과는 어떤 대화도 해서는 안 된다. 북한은 절대적으로 없어져야 할 적이다', 많은 사람으로 하여금 이런 생각을 갖게끔 하지 않았겠는가. 그런데 그런 식으로 사고하도록 교육하는 것이 과연 바람직한 것이겠는가 하는 문제를 깊이 있게 생각해볼 필요가 있다.

동아일보에서 2006년 7월 13일에 보도한 걸 보면, 대학생들의 주요 걱정거리가 시기에 따라 어떻게 달라지는가를 도표화한 것이 있다. 그것을 통해 1970년대, 1980년대, 1990년대, 2000년대가 그 시기 젊은이들에게 각각 어떤 의미로 다가갔는가를 살펴볼 수 있다.

— 대학생들의 걱정거리, 어떤 변화를 보였나.

2005년의 경우 경제 침체, 사회 빈부 격차, 물가고가 제일 큰 걱정거리였다. 1993년의 경우 한국의 정치 후진성으로 나와 있다. 6월항쟁이 일어난 1987년에도 한국의 정치 후진성으로 나와 있다. 당연하겠지만 이때는 1993년보다 그 응답 비율이 훨씬 높았다. 그런데 1977년을 살펴보면 1987년, 1993년, 2005년과 확연히 다르다. 이때는 압도적으로, 그러니까 63.5퍼센트가 북한의 남침이라고 대답했다. 정말 무서운 일이다. 2005년의 경우 남침이라고 답한 비율은 4.7퍼센트에 불과했다.

1970년대에는 축구 대회를 할 때에도 북한하고 일본이 맞붙으면 많은 사람이 일본을 응원했다. 북한은 망해야 하는 존재로 교육받고 주입받은 결과 아니겠나. 전두환 정권 때만 해도 그렇지 않았다. 유신 말기에 문익환 목사가 써놓은 걸 보면, 인공위성이 궤도를 벗어났다는 소식이 알려지자 그게 북한에 가서 떨어지기를 바라는 걸 보고 놀랐다는 내용이 있다. 한 여고생이 써놓은 걸 보면 '북한은 인간이 사는 곳 같지 않구나. 너희들은 사람처럼 보이지 않는다', 이렇게 돼 있다. 이건 공산당만 미워하는 수준이 아니라, 아주 강렬한 반공 교육을 많이 받은 결과 북한 사람이 사람처럼 안 보이게 되기에 이른 것이다. 황석영이 1989년 방북했다가 나중에 그것 때문에 수감되는데, 그때 방북한 경험을 정리해 《사람이 살고 있었네》라는 책을 냈다. 북한도 인간이 사는 곳이다, 이 얘기였다. 오죽하면 그런 제목을 붙여 책을 냈겠나.

— 북한 체제에 문제가 많은 건 분명하지만, 그렇다 해도 북한 역시 사람 사는 곳이라는 건 지극히 당연한 이야기다. 그런데 오늘날에도 남측에는 그 당연한 것을 인정하지 않으려 하는 이들이 적지 않은 것 같다. 안타까운 일이다.

1970년대에 반공 교육을 받은 사람들은 하도 강하게 그런 교육을 받은 결과 생긴 강렬한 인상을 머릿속에서 지우기가 매우 어렵다. 이것은 오늘날의 남북 관계, 한반도 평화 문제에도 큰 영향을 끼치고 있다. 나는 '1970년대 반공 교육에 인간에 대한 증오, 불신, 두려움, 공포를 조장하는 비인간적이고 비인도적인 면이 꽤 있다. 어떻게 유년기, 청소년기의 교육을 그런 식으로, 그것도 국가적인 중대 사업으로 대대적으로 벌일 수 있는 건가. 그런 것은 정말 있을 수 없는 일 아니겠느냐'는 생각을 그 시기에 많이 했고, 그 이후에도 갖고 있다.

간특하게 집대성한 긴급 조치 9호, 민초들도 주요 표적이었다

전 국가의 병영화, 다섯 번째 마당

이전 긴급 조치들과 구별되는 9호의 특징

김 덕 련 긴급 조치 9호는 '긴급 조치의 종합판'이라는 이야기를 듣는다. 시기적으로 맨 마지막에 나왔다는 점뿐만 아니라 내용 면에서도 그런 이야기를 들을 만한 특색이 있었나.

서 중 석 1975년 총력 안보 궐기 대회가 최고조에 이르렀을 때인 5월 13일, 박정희는 긴급 조치 9호를 선포했다. 긴급 조치 9호는 여러 면에서 그 이전 긴급 조치와 구별되는 점이 있다.

먼저 반유신 민주화 운동이 없을 때 선포됐다는 점에서 이전의 긴급 조치와 확연히 다르다. 긴급 조치 1호는 1973년 말 유신 헌법 개정 운동이 고조되자 1974년 1월 선포됐다. 긴급 조치 4호는 학생들이 일제히 반유신 투쟁을 벌이려 한 시점에 맞춰 발동됐다. 긴급 조치 7호는 고려대에서 시위가 벌어지자 선포됐다. 그렇지만 긴급 조치 9호는 그러한 활동이 있기는커녕 총화 단결로 유신 체제를 지지한다는 운동이 거세게 벌어질 때 선포됐다. 긴급 조치 9호는 예방적 차원에서 발동되기도 했지만, 총력 안보 체제를 한층 더 강고히 해 어떠한 반유신 운동도 일어나지 못하게 하겠다는 차원에서 선포된 것이다.

또 이 긴급 조치 9호는 1호나 4호와 다르게 유신 헌법 반대 운동만 표적으로 삼지 않았다. 유신 체제뿐만 아니라 박정희 정권을 비난하고 불평불만을 얘기해도 걸리게 돼 있었다. 그뿐 아니라 삶이 고달파서 불평해도 유언비어로 몰려 걸려들 수 있었다.

세 번째, 긴급 조치 9호는 반유신 민주화 운동 세력을 일반 사

國家安全·公共질서위한 緊急조치 9號 宣布

憲法 비방·反對 禁止

유언비어·學生 政治간여·集會

違反者 所屬體 休業·廢刊·解散

高大 休校令해

令狀없이 체포·1年이상懲役, 財產

「總和저해」嚴斷

朴大統領 特別담화

◇大統領緊急措置 第9號

1975년 5월 13일 자 동아일보. 이날 박정희는 긴급 조치 9호를 선포했다. 긴급 조치 9호는 총력 안보 체제를 한층 더 강고히 해 어떠한 반유신 운동도 일어나지 못하게 하겠다는 차원에서 선포된 것이었다.

람들로부터 격리하는 데 중점을 뒀다. 박정희는 1975년 4·29 특별 담화에서 "반국가적 행위를 하거나 국론을 분열시켜 총화에 배치되는 행위 및 유언비어를 유포하는 행위는 적을 이롭게 하는 것"이라고 경고했는데, '적을 이롭게 하는 자들'을 처벌하는 것은 물론 일반 사람들로부터 격리하겠다는 것이 긴급 조치 9호의 중요한 목표였다. 그러나 아무리 고문하고 엄벌에 처한다고 하더라도 4월 11일 김상진이 자결하면서 외친 바대로 "우리는 하나가 무너지고 또 무너지더라도 무릎 꿇고 사느니 차라리 서서 죽"겠다는 정신은 없앨 수가 없었다.

긴급 조치 4호의 경우 자신의 활동이나 행위를 자진 신고하는 자에 한해 처벌을 받지 않게 하겠다는 조항을 통해 운동권을 분열시키려 했으나, 일반 국민으로부터 격리한다는 발상은 미약했다. 그런데 긴급 조치 9호는 그러한 격리를 대단히 중시했고, 격리하기 위한 효율적인 방안으로 반유신 활동을 일반 국민이 전혀 알 수 없도록 언론 등을 철저히 통제했다. 굉장히 특이한 방식으로 운동권을 격리하려 한 것이다.

이 점이 아주 중요하다. 민청학련 사건(1974년)을 최대한 키워서 보도하게 한 것과는 너무나 다른 정반대 모습이고 큰 변화였다. 동아 광고 사태에서 단단히 맛을 봤기 때문일 것이다. 긴급 조치 9호 시기에는 사실 일반 국민만 몰랐던 것이 아니고, 다른 곳에서 반유신 민주화 운동을 하고 있거나 하려는 사람도 언로가 철저히 통제됐기 때문에 도무지 세상이 어떻게 돌아가는지 알 수가 없었다. 두 번째나 세 번째 부분은 앞으로 더 구체적으로 논의하자.

긴급 조치 9호는 박정희 1인 권력 체제를 수호하는 데 결정판으로, 다른 긴급 조치와 다르게 유신 체제가 붕괴할 때까지 장기간 지속됐다. 4대 전시 입법이나 학도호국단, 그 밖의 어떤 것도 이 긴급 조치 9호처럼 큰 역할을 하지는 못했다.

적용 범위가 매우 넓었던 긴급 조치 9호

— 긴급 조치 9호, 구체적으로 내용이 어떠했나.

긴급 조치 9호 첫머리에 유언비어 날조·유포, 사실 왜곡 전파 행위를 금지한다고 나온다. 유신 헌법을 부정하고 비방하는 행위는 그다음에 가서야 언급된다. 대단히 특이한 형태다. 두 번째로는 다양한 수단을 통해 헌법을 부정, 반대, 왜곡 또는 비방하는 행위, 헌법 개정이나 폐지를 주장, 청원, 선전 또는 선동하는 행위를 일절 금한다고 규정했다.

긴급 조치 9호에서 아주 중요한 것이 그다음에 나온다. 지금까지 얘기한 것을 위반한 내용을 방송, 보도, 기타 방법으로 전파하는 어떤 행위도 금지했다. 그리고 5항에 가서 다시 방송, 보도, 제작, 판매 또는 배포를 금지하고 이를 위반하면 그 사업체나 단체의 승인, 등록, 인가, 허가 또는 면허를 취소하는 조치를 취할 수 있다고 명시했다. 긴급 조치 4호에서는 위반자가 소속된 대학을 폐쇄할 수 있다고 했는데, 9호에서는 언론 기관 등 모든 사업체와 단체의 승인 등을 취소할 수 있다고 한 것이다. 이로써 폐쇄 범위가 엄청나게 넓어졌다.

또한 국회의원이 국회에서 직무상 한 발언이 긴급 조치 9호에 저촉될 경우 그것을 방송, 보도, 기타 방법으로 전파하면 처벌받는다고 규정했다. 국회의원의 활동을 국회 의사당이라는 건물에 묶어 둔 것이다. 모든 사람의 입을 틀어막고 국회 활동을 제한한, 무시무시한 민주주의 파괴 조치였다. 그리고 다른 긴급 조치와 마찬가지로 위반자는 영장 없이 체포한다고 돼 있다.

긴급 조치 9호는 제일 오랫동안, 유신 체제가 망할 때까지 갔을 뿐만 아니라 이렇게 적용 범위가 굉장히 넓었다. 특히 유언비어 날조라고 돼 있는 그 부분을 보면 모든 사람의 대화가 다 해당될 수 있었다. 어떤 게 유언비어인지 아닌지는 당국만이 재단할 수 있었다. 얘기하는 사람은 그걸 알 수 없었다. '너 유언비어 퍼뜨렸지?', 이러면 잡혀 들어가는 식이었다. 그렇게 돼 있었기 때문에 온 국민이 대상이 될 수 있었다.

그리고 형량도 긴급 조치 1호라든가 4호처럼 아주 높거나 하지 않았다. 긴급 조치 9호의 경우 위반자는 1년 이상의 유기 징역에 처한다고 돼 있는데, 정찰제처럼 징역 3년 내지 5년을 많이 때렸다. 집행 유예도 때릴 수 있었다. 그래서 '긴급 조치 9호는 긴급 조치 시리즈를 집대성한 것이다. 그때까지 나온 긴급 조치들이 부정적인 효과를 많이 낸 것과 달리, 나름대로 융통성을 발휘해 아주 간특하다고 할까, 요령 있게 만들어낸 게 바로 9호다', 이런 이야기를 들었다. 박정희가 고심하고 또 고심해서 만들어낸 작품이었다. 여기서 긴급 조치 이야기를 전체적으로 한 번 하고 넘어가는 게 좋을 것 같다.

긴급 조치 칼춤에서 민초들도 결코 자유롭지 못했다

— 긴급 조치에 걸려든 건 대부분 사회적으로 소수인 이른바 운동권이고 하루하루 평범하게 살아간 대다수의 보통 사람들은 그것과 무관하지 않았느냐고 여기는 이들이 일각에 있어 보인다. 실제로 어떠했나.

그게 그렇지가 않다. 진실·화해를 위한 과거사 정리 위원회에서 1974년부터 1979년까지 있었던 긴급 조치 관련 판결, 그러니까 긴급 조치 1호에서 9호까지 위반 사건 판결문 1,412건을 분석해 2007년 발표했다. 이 1,412건을 판결한 판사는 492명인데 그중 100명 정도가 나중에 지방법원장 이상의 고위직을 지낸 것으로 조사됐다. 거기에는 헌법재판소 재판관이라든가 대법원 판사 같은 사람도 들어 있었다.

위반 사건 판결문 1,412건을 보면 48퍼센트가 국민들의 일상적 발언을 유언비어 유포라는 명목으로 처벌한 것으로 나와 있다. 긴급 조치, 유신 체제를 정면으로 반대한 학생들의 반유신 활동은 32퍼센트를 차지했다. 재야 정치인, 종교인, 언론인, 지식인 등의 반유신 활동은 14.5퍼센트였다. 그러니까 전체의 거의 절반이 꼭 막걸리 반공법처럼 어디서 발언 한 번 한 것이 문제가 돼서 '유언비어를 퍼뜨렸다'는 명목으로 처벌된 것이다.

이 점은 긴급 조치 위반자 직업에서도 드러난다. 긴급 조치 위반 사건 판결문에 피의자로 등장하는 사람이 1,140명으로 나와 있는데 그중 대학생이 464명으로 제일 많은 건 충분히 이해가 간다.

그런데 이 가운데 무직이 116명이나 되고 자영업자가 81명이나 되고 농업이 43명, 막노동이 40명이나 된다. 이건 그야말로 민초들이다, 이 말이다. 어디서 말 한마디 한 것을 가지고 긴급 조치 위반 혐의를 뒤집어씌운 것으로 보인다. 그리고 판결 가운데 긴급 조치 9호 위반과 관련된 게 1,289건이다. 다시 말해 대부분이 긴급 조치 9호 위반으로 걸렸다. 긴급 조치 1호와 4호 위반자는 그렇게 많지 않았다. 긴급 조치 9호 위반으로 구속된 사람은 1,387명으로 나와 있다.

판사들은 '중앙정보부원하고 무슨 차이가 있느냐'는 얘기를 들었다. 무죄도, 집행 유예도 거의 없었다. 1976년에 긴급 조치 9호 위반으로 221명이 재판을 받았는데, 무죄 선고를 받은 건 단 한 명뿐이었다. 여고 교사가 수업 도중 "후진국일수록 1인 정권이 오래가는데 우리나라 정권은 동해물과 백두산이 마르고 닳도록 해 먹는다"고 말했다가 긴급 조치 9호 위반으로 기소됐는데, 이영구 판사가 무죄를 선고했다. 이 판결이 있은 지 3개월도 안돼서 이 판사는 법복을 벗었다.

애인한테 보낸 편지까지 훔쳐본 박정희 정권, 통신 자료 무더기로 털어간 박근혜 정권

— 긴급 조치 위반 사례로 어떠한 것이 있나.

긴급 조치 위반 사례를 보면 당시 어떤 방식으로 국민이 통제받고 감시를 당했는가를 이해하는 데 많은 도움이 된다. 여기서는 한겨레와 경향신문에 보도된 사례를 중심으로 살펴보자.

1974년 1월이니까 이건 긴급 조치 1호 위반일 텐데, 어떤 사람이 이웃 주민과 이야기하던 중 3선 개헌과 긴급 조치에 대해 "현 정권이 무너지는 징조로 보인다"고 말하고 주민들에게 "현 정부가 부패해서 공화당과 박 정권이 망한다"고 말했다. "군대 가면 중동전쟁에 나가서 죽는다", 이런 얘기도 했는데 이것도 문제가 됐다. 이 사람은 1심, 그러니까 비상보통군법회의에서 징역형을 12년이나 받았다. 속초의 한 다방에서 친구들에게 "물가를 잡는다더니 너무도 물가가 오르고 있다. 정부가 국민을 기만하는 것 아니냐"고 말했다가 징역 5년을 선고받은 사람도 있다.

1974년 5월에 발생한 다른 한 건을 보자. 이 사람은 이웃한테 "박정희가 여순 반란에 가담했는데 운이 좋아 대통령이 됐다"고 말했다가 긴급 조치 위반으로 걸려들었다. 이 사람도 1심에서 징역형을 12년이나 받았다. 또 한 건은 술집에서 "유신 헌법은 독재를 위한 것이며 긴급 조치는 정부를 비판하는 학생들을 억압하기 위한 것"이라고 발언한 사례인데, 이 사람은 징역 10년을 선고받았다.

평범한 농부였던 오종상은 버스에서 옆에 앉은 여고생에게 "유신 헌법 체제 아래에서는 민주주의가 발전할 수 없으니 이런 사회는 차라리 일본에 팔아넘기든가 이북과 합쳐서라도 배불리 먹었으면 좋겠다"고 말했다가 징역 3년을 선고받았다. 중학교에서 사회과목을 가르치던 최모 교사는 수업 시간에 "유신 헌법은 장기 집권을 위해 만들어졌다"고 말했다가 징역 8개월을 선고받았다.

설교 때문에 신고당한 목사도 있다. 설교 중 "박 정권이 인권탄압을 지속하고 있으며 농민, 근로자들을 억압하고 있다"고 얘기했다가 징역형을 6년이나 받았다. 수업 중에 유신 체제에서 단독

입후보한 대통령을 비판하면서 “차라리 북한의 김일성이 똑똑하다”고 발언했다가 잡혀 들어간 사례도 있다. 그런데 목사가 잡혀 들어간 사례는 보도됐지만 신부가 그렇게 된 사례는 안 나온다. 정의구현사제단을 중심으로 해서 유신 체제를 그렇게 강하게 비판했는데, 천주교 신자들이 그걸 신고하지는 않은 것 같다.

— 정치인도 긴급 조치 9호로부터 자유로울 수 없지 않았나.

진실·화해를 위한 과거사 정리 위원회에서 나온 긴급 조치 피해 사례 보고서에는 정치인의 피해 사례로 34건이 실려 있다. 그중 두 건만 소개하겠다.

박정희 정권에 밉보여 판사를 그만둔 신민당 김인기 의원은 “법원이 검찰이 하라는 대로 끌려다니는 등신이 되고 말았고, 긴급 조치라는 죄명을 씌우면 헤어날 길이 없다”고 비판했다가 긴급 조치 9호 위반 등으로 3년형을 선고받았다. 무소속으로 당선된 오세응 의원은 1978년 국회의원 입후보자 합동 연설회에서 “긴급 조치로 인해 사람들이 말하는 것도, 듣는 것도 자유롭게 하지 못한다”고 말한 것이 긴급 조치 9호 위반이라 하여 기소돼 선고 유예 판결을 받았다.

— 박정희가 유신 쿠데타를 일으켜 독재한 것도, 박정희 정권이 부패한 것도, 인권을 유린한 것도, 농민을 이등 국민으로 전락시키는 정책을 펴고 노동 탄압을 지속한 것도 명확한 사실 아닌가. 상식선에서 보면, 왜 잡혀가야 했는지 납득이 안 되는 사안들이다.

1975년 5월 행락 질서 바로잡기 가두 캠페인.
긴급 조치 위반 사례를 보면 당시 어떤 방식으로
국민이 통제받고 감시를 당했는가를 이해하는 데 많은
도움이 된다. 이 시대에는 다방에 가서도 말하기가
굉장히 어려웠다. 사진 출처: e영상역사관

또 이렇게 걸린 사람도 있다. 한 충남대 학생은 애인한테 보낸 편지 때문에 걸려들었다. 서울, 대전 등 대학가에서는 데모가 일어나고 있고 학생에 대한 감시가 시작됐고 긴급 조치 때문에 말도 못 하고 산다고 편지에 썼는데, 당국에서 이걸 검열해 처벌한 것이다. 그러면 전 국민이 검열을 받은 것 아니냐고 볼 수 있다. 도대체가 신고를 당해서 잡혀 들어가는 건 백번 양보해서 '그런 일이 있는가 보다' 생각할 수도 있지만, 편지가 검열에 걸려 이렇게 잡혀 들어가는 건 어떻게 봐야 하는 건가. 한국에서는 민주주의가 소멸되고 많은 지식인, 학생들이 정치적 문제로 고통을 받고 있다는 내용의 편지를 미국 유명인들과 언론에 보냈다고 1심에서 징역 7년을 받은 사례도 있다.

그런 일이 있었다. 그런가 하면 박정희 대통령은 물론 유신 권력의 고위직에 있던 아무개, 아무개 등이 김아무개, 윤아무개, 정아무개 등 유명한 영화배우나 탤런트와 성적 관계를 맺었다는 소문이 그 시기에 돌았는데 그런 소문을 퍼뜨린 수많은 사람이 감옥에 가거나 집행 유예를 선고받고 전과자가 됐다. "(박정희 아들) 박지만이 영화배우와 썸씽이 있다"고 말했다가 유언비어 날조·유포죄로 교도소에 들어간 사람도 있다. 고등학교의 한 윤리 교사가 수업 중에 "박 대통령과 각 부 장관들이 연예인들과 스캔들이 많다"고 얘기했다가 기소되는 일도 있었다. 그런 시절이었다.

— 국정원을 비롯한 여러 정보·수사 기관이 기자, 야당 정치인, 노동 운동가, 시민 단체 활동가, 대학생, 그에 더해 세월호 유가족에 이르기까지 통신 자료를 무더기로 조회한 사실이 근래(2016년 3월) 드러났다. 이 사실이 드러나기 전에도, 민감한 개인

정보인 이용자들의 통신 자료가 이동 통신사를 통해 정보·수사 기관들로 어마어마한 양이 흘러들어가고 있다는 사실이 여러 차례 문제가 되기도 했다. 그런 상황에서 국가 기관들이 자초한 이러한 광범위한 사찰 의혹은 애인한테 보낸 편지를 훔쳐보고 그 내용을 문제 삼아 처벌한 유신 체제의 기괴한 풍경을 그저 흘러간 옛일로 치부할 수 없게 만든다. 어쨌건 말 한마디를 문제 삼아 마구잡이로 잡아들인 유신 체제에서는 대통령을 노골적으로 찬양하는 정도의 이야기가 아니면 언제든, 어디서든 걸려들 수 있었던 것 아닌가.

그래서 이 시대에는 다방에 가서도 말하기가 굉장히 어려웠다. 다방에 별의별 사람이 다 왔고 거기에는 프락치들도 있었기 때문이다. 그렇기 때문에 어디서든 얘기를 하기가 무척 힘들었다. 그런 것 때문에 조심하는 차원에서 조용히 이야기하면 '저 사람들은 은밀히 무슨 얘기를 하나', 이런 식으로 정보원이 달라붙고 그랬다.•

이런 긴급 조치들은 2000년대에 와서 다 위헌 판결이 났다. 긴급 조치 1호에 대해 2010년 대법원 전원 합의체에서 "긴급 조치 1호는 유신 헌법에 대한 논의 자체를 전면 금지함으로써 이른바 유

• 이러한 분위기를 잘 보여주는 것 중 하나가 칸막이 문화의 확산이다. 채백 부산대 교수의 글에 따르면, 긴급 조치 시대에 접어든 후 접객업소에서 칸막이 문화가 널리 퍼졌다. 그 이전에도 일부 접객업소에 칸막이가 있긴 했지만, 긴급 조치 남발로 대화할 때마다 우선 주변부터 둘러보고 목소리를 낮춰야 하는 상황이 되면서 칸막이 문화가 술집뿐만 아니라 다방, 레스토랑, 음식점 등으로 퍼진 것이다. 아울러 이 시기에는 적잖은 공중 화장실이 낙서로 도배가 될 정도로 화장실 낙서도 증가했고, 권력 쪽의 발표를 믿기 어려웠기 때문에 유언비어도 늘어날 수밖에 없었다. 언론 보도를 강하게 통제한 것에 더해 마음 편히 말도 할 수 없을 정도로 사람들을 옥죈 유신 정권이 만들어낸 풍속도다.

신 체제에 대한 국민적 저항을 탄압하기 위한 것이 분명하다"고 지적하면서 "현행 헌법은 물론이고 당시 유신 헌법상의 긴급 조치 발동 요건조차 갖추지 못한 채 한계를 벗어나 국민을 침해했기 때문에 위헌이다"라는 판결을 내렸다. 긴급 조치 9호도 비슷한 이유로 2013년 4월 대법원에서 위헌 판결이 났다. 그로부터 한 달 후 대법원은 긴급 조치 4호에 대해 같은 이유로 위헌이라고 판결했다.●●

●● 2010년부터 박근혜 정부 출범 직후인 2013년 상반기까지 긴급 조치가 위헌이라고 연이어 판결했던 대법원은 그 후 다른 모습을 보였다. 대법원의 위헌 판결을 근거로 긴급 조치 피해자들이 국가를 상대로 낸 손해 배상 청구 소송에서 대법원은 2015년 3월 뜻밖에도 국가의 손을 들어줬다. 대법원은 "긴급 조치 발령 행위는 고도의 정치 행위이므로 …… 국가 배상 책임이 인정되지 않는다"고 판결했다. 긴급 조치는 위헌이지만, 헌법을 짓밟고 긴급 조치를 발동한 박정희 전 대통령의 행위로 인해 피해를 본 국민들에게 국가가 배상할 필요는 없다는 기묘한 논리였다.
대법원의 이러한 판결은 국가의 불법 행위에 대한 손해 배상 청구 시효를 '형사 보상 결정일로부터 6개월'이라는 짧은 기간으로 대폭 줄인 판결(2013년), 민주화 운동 과정에서 고문당했더라도 생활 지원금 등 보상금을 받았다면 국가의 손해 배상을 받을 수 없다는 판결(2015년), 1975년 동아일보 언론인 대량 해직 사태와 관련해 진실화해위의 조사 결과를 인정하지 않고 동아일보사의 손을 들어준 판결(2015년)과 함께 박근혜 정부 들어서 이뤄진 과거사 사건에 대한 퇴행적인 판결이라는 비판을 받았다.
대법원에서 긴급 조치 피해자들에 대한 국가 배상 책임을 부정한 후 여러 하급심에서도 피해자들의 배상 청구를 기각해 "정찰제 기각 판결"이라는 비판을 받았다. 이와 달리 일부 하급심(광주지법 민사 합의 13부, 서울중앙지법 민사 11부, 광주지법 목포지원 민사 1부)에서는 "(국가 배상 책임 부정은) 대법원이 전원 합의체로 내린 긴급 조치 위헌 결정의 역사적 의미를 훼손하는 일", "긴급 조치 발령은 대통령의 헌법 수호 의무를 위반한 것으로 고의 내지 과실에 의한 위법 행위"라며 대법원과 달리 국가 배상 책임을 인정해 눈길을 끌었다.

박정희 라이벌 장준하는 왜 의문의 죽음을 맞아야 했나

전 국가의 병영화, 여섯 번째 마당

'김상진의 죽음을 헛되이 할 수 없다'
긴급 조치 9호에 정면으로 대항한 5·22 시위

김 덕 련 1975년 인도차이나 사태가 발생하고 긴급 조치 9호가 선포되면서 여러모로 어려운 속에서도 5·22 시위가 일어났다. 5·22 시위는 어떤 시위였나.

서 중 석 그러한 상황에서 긴급 조치 9호에 정면으로 대항하고 나선 학생 운동이 서울대에서 일어나게 된다. 김상진 의사의 죽음을 어떻게 헛되이 할 수 있느냐고 하면서 시위를 벌이게 된다. 1975년 5월 22일에 일어난 시위인데 다들 '오둘둘 시위'라고 부른다. 대학가를 풍미했던 탈춤이라든가 가면극 쪽 학생들이 상당히 큰 역할을 했다는 점에서도 사람들 입에 오르내리는 시위다. 서울대 문리대의 민속가면극연구회와 문학회, 사범대의 야학문제연구회 같은 곳이 중심이 돼서 고 김상진 열사 장례식 추진위원회 이름 아래 5월 22일 시위를 벌이게 된다.

— 시위는 어떻게 전개됐나.

정오쯤 돼서 하늘을 찢는 듯한 꽹과리 소리와 복학생들이 누른 화재 비상벨 소리를 듣고 학생들이 나왔다. 탈춤패 같은 데에서 중심 역할을 했으니까 꽹과리를 크게 치지 않았겠나. '의로운 죽음, 암장이 웬 말이냐'라고 쓴 플래카드를 펼쳐들고, 교직원과 기관원의 저지를 뚫고, 김상진 열사 조시를 숨 가쁘게 읽고 반독재 선언문을 낭독할 때 1,000여 명의 학생이 모였다. 학생들은 애국가, 정의

기, 선구자 등의 노래를 불렀다.

학생들도 순식간에 모였지만 경찰 병력이 그보다 더 순식간에, 말 달리듯 쳐들어왔다. 학생 500여 명이 교문 쪽으로 스크럼을 짜고 나아갔다. 그렇지만 경찰은 로마 병정처럼 일정하게 보조를 맞춰 밀고 들어오면서 학생들의 기를 죽였다. 경찰은 작전을 펴듯이 일시에 쫙 퍼지더니 시위대를 순식간에 검거했다. 두 달 전인 1975년 3월 14일 서울대가 관악 캠퍼스로 옮기자 정문 앞에 새로 지어진 '동양 최대 규모의 파출소'에 기동 경찰 300명이 군대의 '5분 대기조'처럼 대기하고 있었는데, 5월 22일 이날 그 위력을 보여준 것이었다.

이 5·22 시위에서 제일 나이 많은 사람으로 65학번 김근태가 들어가 있고, 제일 아래 학번이 스크럼 짜고 나아간 500여 명 속에 있다가 체포된 1학년 박원순이다. 박원순은 100일 동안 유치장에 갇혀 있었다. 기소 유예로 석방은 됐는데, 서울대에서 추방당해서 다른 대학으로 옮겨 나중에 사법 시험에 합격한다.

— 유신 정권은 5·22 시위에 대해 어떤 태도를 취했나.

박정희 정권은 총력 안보를 그렇게 내세우고 긴급 조치 9호까지 내렸는데도 이런 시위가 일어나니까 굉장히 강하게 나왔다. 서울대 한심석 총장이 사임했고, 치안본부장도 갈아치웠다. 그러면서 서울대 연극회, 가면극회, 문학회 등의 학생 300여 명이 연행됐는데 그 가운데 56명이 구속되고 24명이나 재판에 회부되는 상당히 큰 사건이 됐다.

긴급 조치 9호 발동 직후 이렇게 5·22 시위가 일어나긴 했지만, 이 시기는 워낙 어려운 시기였기 때문에, 또 학도호국단 같은 것이 조직되고 경찰과 정보원이 캠퍼스에 상시적으로 주둔한다고 할까 지키고 있어서 5·22 시위 이후 1975년에는 거의 시위가 없었다. 다만 희생이 상대적으로 적은 지하 유인물은 중앙대, 고려대, 수도여사대, 이화여대, 부산대, 서강대, 한신대, 서울대, 계명대 등에서 꾸준히 돌았다. 1976년에 가서도 몇 개의 중요한 시위가 있었을 뿐 큰 시위가 일어나지는 못했다. 1977년 10월에 가서야 드디어 서울대, 연세대에서 규모가 큰 시위가 일어나기 시작한다.

일제에 이어 박정희 정권과 맞서다
의문의 죽음 맞이한 장준하

— 1975년 4월 인혁당 사건에 휘말린 8명, 그리고 김상진의 안타까운 죽음에 이어 8월에 다시 많은 이들은 충격적인 죽음을 맞이해야 했다. 숱한 의문을 불러일으킨 장준하의 의문사다.

1975년 8월 17일 장준하가 경기도 포천군 약사봉에서 변사체로 발견됐다. 장준하 이분은 유신 체제 반대의 상징적 인물 아니었나. 그런데 이런 죽음을 맞이하고 그 죽은 상태도 이상했기 때문에 많은 사람이 의혹을 품게 됐고 진상을 규명하기 위한 활동이 오랫동안 계속됐다. 이것에 관한 기록도 아주 많다. 기자들이 쓴 글도 많은데, 여기서는 의문사진상규명위원회에서 밝힌 것을 중심으로 간략하게 살펴보도록 하자.

의문사진상규명위원회 조사에 따르면, 장준하 사체는 약사봉

1975년 8월 명동성당에서 열린 장준하 선생 장례식. 장준하 사체는 머리의 귀 뒷부분 급소의 함몰 골절 외에는 외견상 손상을 발견할 수 없었다. 사진 출처: 장준하기념사업회

절벽 아래 모로 누워 있었는데 머리의 귀 뒷부분 급소의 함몰 골절 외에는 외견상 손상을 발견할 수 없었다. 의복에도 암벽에서 미끄러지거나 긁힌 흔적이 전혀 없었고, 사체의 위치 또한 절벽에서 50센티미터 정도밖에 떨어져 있지 않아 추락한 사체의 위치로는 어울리지 않았다. 사체 주변에 깨지기 쉬운 안경이라든가 보온병 같은 것이 깨지거나 긁힌 흔적도 없었다. 또 중앙정보부가 1975년 3월경 장준하에 대한 공작 문건까지 작성한 사실까지는 인정되지만 장준하가 이러한 공작의 연장선상에서 중앙정보부에 의해 살해됐는지, 당시 동행인 중 장준하 관련 사설 정보원이 있었는지 여부는 현재로서는 확인할 수 없다고 밝혔다.

그러면서 결론적으로 "장준하가 사체 발견 장소 위 암벽 지대에서 추락하여 사망하지는 않은 것으로 추정되고 또한 관계 기관이

장준하 묘소에 있는 표목. 사진
출처: 장준하기념사업회

그 사망 사실을 사전에 인지하였을 개연성이 있으나 진상 규명은 불가능하다"고 판단하고 진상 규명 불능 결정을 내렸다. 다만 "변사사건 기록 폐기, 수사 관련 경찰관들의 사망, 국가정보원 자료 미확보 등으로 인하여 이 사건 진상을 규명하는 데 한계가 있으나, 관계자들을 조사하여 본 바 당시 정부가 발표한 것과 같은 취지의 단순 추락사는 아닐 것으로 판단된다"고 밝혔다.

2000년대에 들어와서도 장준하 죽음의 진상 밝히기는 계속됐다. 약사봉에서 변사체로 발견되고 37년이 지난 2012년 8월 장준하의 묘를 옮기던 중 유골의 머리 뒤쪽에서 지름 6~7센티미터쯤 되는, 원형으로 함몰된 자국이 발견됐다. 단순 추락으로는 생길 수 없

1973년 12월 24일 서울 YMCA 2층 총무실에서 개헌 청원 100만 인 청원 운동을 발표하고 있는 장준하. 이 운동을 주도하면서 장준하는 반유신 민주화 운동의 상징적 인물이 됐다.
사진 출처: 장준하기념사업회

는 정밀한 함몰이었다. 그래서 재조사를 정부에 요구했는데 제대로 되지는 않았다.

— 원형 함몰 발견 이듬해인 2013년 100명이 넘는 국회의원이 '장준하 사건 등 진실 규명과 정의 실현을 위한 과거사 청산 특별법안'(장준하 특별법)을 발의했다. 야당 의원뿐만 아니라 여당에서도 이재오, 정의화 의원이 발의에 동참했다. 특히 외과 의사 출신인 정의화 국회의장은 원형 함몰 발견 후 "선생의 두개골이 신경외과 전문의인 내게 외치고 있는 듯하다. 타살이라고!"라고 밝혀 관심을 모으기도 했다. 그렇지만 이 특별법은 국회에서 통과되지 않았고, 국가 차원의 재조사와 진상 규명도 이뤄지지 않았다. 다시 돌아오면, 의문사 전 장준하는 활동 과정에서 어떤 모습을 보였나.

장준하는 1970년대에 들어와서, 특히 1972년 7·4남북공동성명 이후 민족의식이나 역사의식이 크게 확대되는 모습을 보였다. 그와 함께 장준하는 1973년 12월 100만 인 개헌 청원 운동을 주도하면서 반유신 민주화 운동의 상징적 인물이 됐다. 감옥소에서도 이 양반이 운동하러 나가면 '잡범'이라 불리던 일반 죄수들이 막 박수를 보내고 그랬다. 그걸 보면서 '이래서 박정희 정권이 장 선생을 두려워했구나' 하는 생각이 들더라. 그처럼 호응을 받으면서 그 시기에 새로운 통일론을 제창하고 새로운 민족 사회 건설을 주장했지만 장준하의 비원은 피어나지 못했다.

추도식에서 함석헌은 자신이 그 몇 해 동안 하루도 장준하의 죽음을 생각하지 않은 날이 없었다고 고백했다. 그렇게 장준하는 가슴이 답답해서 터질 것 같은 심정으로 민족이 가장 암울한 시기로 접어드는 것을 목도하면서 의문의 사고로 저세상에 갔다.

장준하는 중국에서 광복군 훈련을 받을 때 다음과 같은 비장한 글을 남겼다. "내 영혼 저 노을처럼 번지리 / 겨레의 가슴마다 핏빛으로 / 내 영혼 영원히 헤엄치리 / 조국의 역사 속에 핏빛으로", 이렇게 노래했던 장준하는 결국 의문의 죽음으로 저세상에 갔다.

장준하에게 한 가닥 위안이 있다면 정치와 사회 문제에 직접 참여하지 않던 동갑 친구 문익환이 그의 뒤를 잇기 위해 민주화, 자주화, 통일 운동에 뛰어들었다는 점이다. 그것이 위안이 되지 않을까 싶다.

— 박정희의 라이벌로 꼽히기도 하는 장준하의 삶은 박정희의 생애와 여러 측면에서 대조적이지 않았나.

장준하를 박정희와 비교해서 얘기하는 사람들이 매우 많다. 장준하가 일제 때 학병으로 끌려갔다가 탈출해 광복을 위해 투쟁하는 과정과 박정희가 만주에 가서 일본 군인, 만주국 군인으로 어떤 활동을 하게 되는가가 크게 대비되지 않나. 또한 해방 후 두 사람의 생애에도 너무나 대비되는 게 많을 뿐만 아니라 1960년대에 와서는 두 사람이 정면으로 맞서서 대결하는 모습을 계속 보여줬다. 그런 것들 때문에도, 그리고 박정희의 유신 체제에 가장 강력하게 맞서 싸운 분들에 장준하가 들어간다는 점 때문에도 많은 사람이 장준하와 박정희를 비교하면서 두 사람이 너무나 차이가 난다고 이야기하고 있다.

재야의 반유신 운동 중 최대 규모였던 3·1 민주 구국 선언 사건

전 국가의 병영화, 일곱 번째 마당

3·1절에 터져 나온 유신 독재 규탄, 명동성당 민주 구국 선언

김 덕 련 1975년 인도차이나 사태를 계기로 박정희가 유신 독재를 강화하면서 민주화 운동을 펴기가 쉽지 않았다. 그런 상황에서도 1976년 3·1절에 민주화를 촉구하는 목소리가 터져 나오지 않았나.

서 중 석 3·1절 명동성당 민주 구국 선언 사건은 재야인사들의 반유신 민주화 운동 중 가장 규모가 컸고, 그것이 끼친 영향도 중요하다. 1976년 3월 1일 명동성당에서 700여 명의 신구 교회 관계 인사 및 신자가 참석한 가운데 3·1절 기념 미사가 열렸다. 1부에서는 정의구현사제단 김승훈 신부가 강론을, 2부에서는 문익환 목사의 동생인 개신교의 문동환 목사가 설교를 했다. 이어서 문정현 신부가 김지하 시인 구명을 촉구하는 어머니의 편지를 낭독했다. 마무리 기도 형식으로 서울여대 이우정 교수가 윤보선, 함석헌, 정일형, 김대중, 윤반웅, 안병무, 이문영, 서남동, 문동환, 이우정 등 10명이 서명한 3·1 민주 구국 선언을 낭독했다.

"이 나라는 1인 독재 아래 인권은 유린되고 자유는 박탈당하고 있다. 이리하여 이 민족은 목적의식과 방향 감각, 민주주의에 대한 신념을 잃고 총파국을 향해 한 걸음씩 다가서고 있다." 1975년 인도차이나 사태 이후 한국이 가고 있는 상황에 대한 강한 위기의식이 표출돼 있다. 그러고는 긴급 조치 철폐, 투옥된 민주 인사 및 학생 석방, 의회 민주주의 회복 등을 촉구했다. 또한 "민족 통일은 오늘 이 겨레가 짊어진 지상 과제"라고 지적했다. 이 3·1 민주 구국 선언부터 1980년대에 걸쳐 통일 문제가 재야인사들에 의해 특히

3·1 민주 구국 선언 사건과 관련해 침묵시위를 벌이고 있는 재야인사들. 한화갑, 이우정, 이희호, 안병무, 함석헌 등의 얼굴이 보인다.

강조된다는 점에서도 이 선언은 의미가 적지 않다.

— 이 선언은 어떻게 해서 나오게 됐나.

이 3·1 선언에 개신교 관계자들이 많이 참여했다는 점이 눈길을 끈다. 그중 문동환, 안병무, 이문영, 이우정은 한국기독자교수협의회 회원들로 1975년 8월 갈릴리교회를 설립해 활동했다. 연세대의 서남동, 고려대의 이문영, 한신대의 안병무와 문동환은 모두 1975년 5월부터 6월 초에 걸쳐 학교에서 쫓겨났다. 총력 안보 운동이 일어나면서 첫 번째로 해직 교수가 된 사람들이었다. 이들은 문이한과 함께 1980년대에 개신교 측 민주화 운동을 이끌어가는 주축이 되기도 한다.

이 선언을 문익환, 김대중이 이끌어갔다는 점도 주목할 만하다. 장준하가 죽은 뒤 문익환이 본격적으로 민주화 운동 전면에 나선 것이다. 이들은 1975년 광풍처럼 몰아치는 총력 안보 체제, 반공 운동, 긴급 조치 9호로 온 사회, 온 국가가 병영화되는 것을 목도하고 1976년 2월에 들어 결심을 했다. 문익환은 함석헌, 문동환, 이문영, 윤보선, 서남동으로부터 동의를 받고 초안을 작성했다. 김대중은 별도로 초안을 만들었다. 윤보선은 김대중의 초안보다 내용이 더 강경해야 한다고 요구했고, 그렇게 해서 3월 1일 발표한 민주 구국 선언이 나오게 됐다.

미사에서 나온 유신 체제 비판조차 정부 전복 선동으로 몰아간 정권

— 박정희 정권은 어떤 반응을 보였나.

유신 정권은 이걸 정부 전복 기도로 몰아갔다. 3월 10일 서정각 서울지검 검사장은 이 사건을 "일부 재야인사들의 정부 전복 선동 사건"이라고 규정하고 긴급 조치 9호 위반 혐의로 20명을 입건했다고 발표했다. 언론도 이들을 비판했다. 조선일보는 3월 14일 자 사설 '한국 국민의 생각–1976년 3·1절에 있은 정부 전복 선동 사건에 부쳐'에서 종교가 정치에 개입하면 베트남과 같은 패망을 초래한다고 주장했다.

이 사건을 보통 검찰은 3·1절 명동성당 민주 구국 선언 사건이라는 긴 이름으로 부르는데, 줄여서 3·1절 구국 선언 사건으로 부르는 사람도 있다. 그런데 서명자가 10명인데, 어떻게 된 건지 기소된 사람은 18명이나 됐다.

— 왜 그렇게 된 것인가.

이 사건이 나기 전인 1976년 1월 신구 교회 연합 기도회가 원주에서 있었고 거기서 원주 선언을 발표했는데, 그쪽과 연결지었다. 그리고 개신교에서 목요 기도회를 주도한 이해동 목사, 천주교의 문정현, 김승훈, 장덕필 신부까지 얽었다. 신구 교회에서 문제가 되는 인사들을 이 기회에 거세하겠다는 의도였다. 마치 민청학련 사건 때 몇몇 교수라든가 지학순 주교 등을 싹 잡아들여서 반대 세력을 발본색원하겠다고 한 것과 비슷하게 이때도 한 것이고, 그래서 기소된 사람이 18명이나 된 것이다.

이 사건이 난 시기는 인도차이나 사태 이후 이른바 총력 안보 태세가 잡혀가고 반공 운동이 거세게 일어나 정국이 유신 체제에 유리하게 전개되던 때였다. 그뿐 아니라 1976년 1월 박정희가 연두 기자 회견에서 '포항에서 석유를 발견했다'고 기만적으로 말해 많은 사람이 방향 감각을 잃고 들떠 있었다. 모든 것이 유신 권력에 유리하게 돌아가는 것 같았다.

이러한 상황에서 이들을 개신교나 천주교로부터 고립시킬 수 있다고 판단해 또다시 큰 칼을 빼든 것이다. 특히 유신 권력으로서는 김대중이 관계했다는 점이 중요했을 것이다. 야비하고 쩨쩨하기는 하지만 1967년 대선 때 있었던 일을 가지고 김대중을 선거법 위

밖으로 묶어놓기는 했으나, 그것으로는 미흡하지 않았겠나. 그러나 3·1 민주 구국 선언 사건이 박정희에게 유리하게 작용했는지는 쉽게 판단하기 어렵다.

— 이 사건에 연루된 사람들은 어떤 처분을 받았나.

1976년 8월 28일 재판부는 전 대통령 윤보선, 전 대통령 후보 김대중에게 각각 징역 8년형을 선고하는 등 피고인들에게 중형을 선고했다. 12월 29일 항소심 판결에서 윤보선, 함석헌, 김대중, 문익환은 징역 5년, 다른 사람들은 그 아래 징역 처분을 받았다.

윤보선, 함석헌, 정일형, 이우정, 이태영의 경우 전직 대통령, 고령, 여성이라는 이유로 형 집행을 정지시켰다. 그렇지만 최다선 의원이었던 정일형은 유죄가 인정되면서 국회의원직을 박탈당했다. 윤보선은 민청학련 사건(1974년)으로 징역 3년형을 선고받았으나 구속되지는 않았는데, 이번에도 구속되지 않았다. 그런 속에서 함세웅, 문익환, 문동환, 서남동, 이문영, 문정현 같은 사람들이 나중에 형 집행 정지로 석방된다.

3·1사건으로 다시 수감된 김대중은 1977년 12월 진주교도소에서 서울대병원으로 옮겨졌다가 1978년 12월 27일 유신 제2기가 시작되는 제9대 대통령 취임을 기해서 형 집행 정지로 석방된다. 그런데 다른 사건과 마찬가지로, 이 사건이 박정희 정권에 꼭 유리하게만 작용한 건 아니다.

'깜깜이' 긴급 조치 9호 시대에 천주교 성당, 기도회 열고 유인물 돌려

— 어떤 면에서 그러한가.

전직 대통령, 야당 지도자로서 대통령 후보였던 인사를 포함해 대단한 사람들이 일으킨 사건이기 때문에 사회의 주목을 크게 받아 마땅했다. 그렇지만 이 사건에 대해 처음에는 한 줄도 보도되지 않았다. 정부가 3월 10일 발표하자 그제야 보도했는데, 조선일보처럼 훈계하거나 비난하는 보도가 많았다. 그리고 침묵했다.

하지만 외신은 이 사건을 크게 보도했다. 재판 받을 때 피고인 가족들이 언론 자유가 십자가에 못 박혔다는 상징으로 입에 십자가형 검정 테이프를 붙이고 시위를 한 것도 국내 신문은 보도하지 않았지만 AP통신은 시위 사진과 함께 세계에 내보냈다. 1976년 12월 항소심 구형 법정에서 김대중이 길게 최후 진술한 것을 일본 아사히신문은 두 면에 걸쳐 실었다. 유신 체제에 대한 반감 때문이기도 했다.

그런데 국내에서도 이 사건에 대해 계속 소식을 돌린 곳이 있었다. 천주교였다. 사실 이 사건에서 3·1 민주 구국 선언에 서명한 10명 중 천주교 신부는 한 명도 없었다. 그러나 함세웅, 문정현, 신현봉 신부 등 유신 권력이 미워했던 신부들을 이 사건에 많이 끼워 넣은 것이다. 그러자 대전 교구 이계창 신부 등 재판을 방청한 신부들이 매번 각기 교구 주보에 방청기를 실어 재판 과정을 자세히 알렸다. 신부들이 석방될 때까지 천주교 성당에서 기도회를 많이 열었고 그러면서 유신 체제를 비난, 비판했다. 특히 문정현, 함세웅

그분들은 얼마나 대단한 법정 투쟁을 벌였나. 그런 내용이 자세하게 실린 유인물이 성당마다 많이 돌았다.

긴급 조치 9호 시대는 완전히 '깜깜이' 시대, 그야말로 암흑 시대였기 때문에 세상에서 무슨 일이 일어났는지를 대다수는 전혀 몰랐다. 학생들이 '뭔가 움직임이 있나', 이런 걸 알아보려면 미국 문화원이나 일본 문화원에 가서 미국 신문, 일본 신문을 봐야 했다. 거기서 1단 기사로라도 실린 것을 보면서 '아, 한국에서 이런 일이 있었구나' 하는 걸 알 수가 있었다. 그전에는 그래도 그 정도까지는 아니었는데, 긴급 조치 9호로 완전히 보도를 못하게 막아버렸기 때문이다.

제일 기막힌 사례가 1979년 부마항쟁이다. 부마항쟁이 그렇게 크게 일어나면서 부산에 계엄, 마산에 위수령까지 선포되지 않나. 그런데 그 계엄과 위수령이 선포되기 전까지는 부산, 마산을 제외한 다른 지역 사람들은 부산과 마산에서 무슨 일이 일어나고 있는지를 신문에서 한 줄도 읽을 수가 없었다. 보도가 일절 금지됐기 때문이다. 그러다가 갑자기 계엄, 위수령이 선포되고 나서야 '이런 엄청나게 큰 사건이 있었구나' 하는 걸 알 수 있었다. 그런 정도로 깜깜했다. '반유신 세력과 세상을 완전히 격리하자. 양자를 철저히 분리시키자', 그게 바로 긴급 조치 9호의 제일 큰 노림수였던 것이다.

그런데 1976년 이 사건으로 천주교 신부들을 많이 잡아 가둠으로써 그 일각이 무너져 내린 것이다. 천주교 성당 쪽은 정권의 강력한 보도 통제와 상관없이 기도회라는 집회를 하고 유인물을 돌릴 수 있었기 때문이다.

“민주주의는 십자가에 달려 죽었다”
사건 관련자들, 김대중의 동지가 돼

— 피고인 가족들이 언론 자유 부재를 비판하는 의미로 입에 검정 테이프를 붙이고 시위한 것 이외에 재판 과정에서 눈길을 끈 다른 모습은 없었나.

이 재판에는 이야깃거리가 아주 많았다. 20여 명의 변호인이 '사실 왜곡'에 대해 기소 내용을 항목 또는 분야별로 나눠 변론했다. 3·1 민주 구국 선언 내용이 왜 사실 왜곡이냐에 대해 특히 치열한 공방전이 벌어졌다. 유신 체제를 사실대로 표현한 것이 왜 사실 왜곡이 되느냐가 논쟁의 핵심이었다. 이 논쟁은 다른 사건에서도 계속 일어난다.

변호인이 윤보선 전 대통령을 '각하'로, 김대중 전 신민당 대통령 후보를 '후보'로 부른 것을 놓고도 싸움이 붙었다. 함석헌 피고인은 하느님의 법정, 역사의 법정에 선다는 마음가짐으로 베옷을 입고 서서 재판을 받았다.

구속자 가족들도 양심수가족협의회를 만들어 기도회를 열었고, 재판이 열릴 때마다 여러 가지 방식으로 '투쟁'을 벌였다. 남편들의 수인 번호를 가슴에 달고 시위에 나서기도 했고 “민주주의는 십자가에 달려 죽었다”, “공개 재판하라”고 외치며 그 자리에 앉아서 입에 십자가형 검정 테이프를 붙이기도 했다.

유신 권력은 이 사건을 통해 김대중을 핍박하고 고립시키려 했으나, 이 사건 관련자 대부분은 이 사건 재판을 통해 김대중의 열렬한 동지가 됐다. 무엇보다 이 사건을 통해 다져진 민주화에 대한

1976년 5월 3·1 민주 구국 선언 사건 구속자
가족들은 가두시위를 하며 재판부에 항의했다.
사진 출처: 연세대학교 김대중도서관

구속자 가족들은 재판이 열릴 때마다 여러 가지 방식으로 '투쟁'을 벌였다. 투쟁 방식의 하나로 입에 십자가형 검정 테이프를 붙여 항의하기도 했다.

강렬한 기대가 새로운 재야 민주화 운동 단체를 탄생케 했다는 점이 중요하다. 구속자 가족들이 중심이 된 양심수가족협의회는 1980년대의 맹렬 민주화 운동 단체인 구속자가족협의회(구가협)의 본보기가 됐다. 그러나 민주화 운동이 위축된 상태였고 언론 통제가 워낙 지독해서 1976년 그해에 3·1 민주 구국 선언이 사회에 끼친 영향은 그리 크지 않았고, 파급력도 미흡한 편이었다.

— 유신 정권에 불리하게 작용한 다른 영향은 없었나.

이 사건에 휘말렸다가 석방된 안병무, 서남동 이런 분들이 그 전부터 주장한 자신들의 신학을 더 깊이 있게 얘기하는 것을 볼 수 있다. 그것은 개신교뿐만 아니라 사회에도 상당한 영향을 끼쳤다.

안병무는 사회 구원, 나아가 세계 구원을 촉구해야 한다는 신학 논리를 더욱더 정교하게 발전시켰다. 서남동은 해방 신학이 꽃을 피운 라틴아메리카, 그리고 아프리카의 교역자들이 주위 현실을 각성하면서 다시 펴본 성경 속의 예수는 굶주린 자, 병든 자, 억압받는 자 등 밑바닥 인생을 옹호했지 결코 강한 자, 권세 있는 자를 편들지 않았다는 논리를 전개하면서 하나님의 선교로 사회악, 구조악 등에 도전해야 한다고 역설했다. 그러면서 사회 구원, 나아가 전 세계를 구원해야 한다는 새로운 하나님 선교 신학을 펴게 된다. 그런데 서 목사 이 양반은 너무 빨리 세상을 떠났다. 안병무 박사도 아주 오래 살지는 못했다. 참 안타까운 일이다.•

• 안병무와 서남동은 한국 민중 신학 1세대를 대표하는 이들이다.

박정희 거짓말에 깜빡 속은 김영삼

전 국가의 병영화, 여덟 번째 마당

김덕련 1975년 5월 13일 긴급 조치 9호 선포 후 야당은 어떤 모습을 보였나.

서중석 그해 인도차이나 사태 이후 야당에서 큰 변화가 일어났다. 그러면서 야당이 맥이 빠진 야당, 꿀 먹은 벙어리 야당이 됐다는 이야기를 듣는다. 인도차이나 사태 이후 안보 바람 속에서 김영삼이 이끄는 신민당도 태도가 크게 바뀌어간다고 지난번에 얘기했는데, 긴급 조치 9호 선포 직후인 1975년 5월 21일 유명한 박정희-김영삼 영수 회담이라는 게 열린다.

대통령 면담은 박정희나 여당 쪽이 아니라 김영삼 총재가 제의했다. "당면한 오늘의 현실에서 내일을 대비할 수 있는 길을 진지하게 논의하자"고 제의한 것이다. 면담과 관련된 사전 조건도 제시하지 않았다. 이 영수 회담은 결과적으로 수많은 사람의 이야깃거리가 되는 아주 유명한 영수 회담이 되고 마는데 거기엔 이유가 있다.

5·21 영수 회담과 김영삼의 이상한 침묵

— 왜 그렇게 됐나.

뭐냐 하면, 회담 후 김영삼이 이 영수 회담에 대해 수년 동안 침묵으로 일관했다. 그러면서 김옥선 의원의 유신 비판 발언에 유신 정권이 반발하자 대응하지 못했고, 각목 대회라는 전당 대회를

1975년 5월 21일 박정희 대통령을 만난 김영삼 신민당 총재. 이 회담에서 정확히 무슨 얘기가 오갔는지는 알려지지 않았다. 사진 출처: e영상역사관

치르는 사태를 맞이하면서 김영삼은 총재직에서 어이없게 밀려나게 된다. 그렇게 되니까 사람들이 역으로 궁금증이 생겼다. 도대체 그 회담에서 무슨 얘기를 했기에 김영삼이 그렇게 입을 꾹 다무느냐는 것이다. 그렇게 김영삼이 몹시 심한 비난을 받으면서 세간의 관심을 모았는데, 김영삼은 자신의 야당 활동 가운데 최악의 정치 활동이라고 할 수 있는 이 5·21 영수 회담 이후 참으로 이상한 침묵으로 일관했다.

— 보통 회담 직후 그 내용에 대해 발표하지 않나.

이 영수 회담이 끝났을 때 김성진 청와대 대변인은 "박 대통령과 김 총재는 지금 미증유의 난국에 처해 이를 극복하기 위해서는 여야가 다 함께 국가적 차원에서 노력을 기울여야 한다는 데 의견을 같이했다"고 발표했다. 그다음 날(5월 22일) 신민당 확대 간부 회의에서 김영삼은 청와대 회담에서 격의 없이 충분한 의견을 교환했지만 "박 대통령과의 약속을 지키기 위해 면담 내용을 얘기하지 못하겠다"고 말했다. 김영삼은 이 회담이 '퍽 유익한 것이었다'고 덧붙였다. 김영삼이 입을 다물자 별의별 얘기가 돌았는데, 그중에는 돈이나 '허리 아래'에 관한 추잡한 얘기도 많았다.

— 어떤 이야기가 돌았나.

제일 많이 거론된 것이 거액의 정치 자금을 받았을 것이라는 얘기와 박정희가 김영삼의 여자관계 약점 같은 것을 이용했을 거라는 글들이었다. 그러나 김영삼이 돈 문제에서 지저분하지 않다는 반론도 강했다. 박정희와 관련된 소문이 더 많이 돌았지만 김영삼도 여자관계가 많아 난봉꾼이라는 얘기를 들었는데, 그래서 이 회담에서 박정희 쪽이 김영삼의 여자관계 약점을 움켜쥐고 그걸 이용했을 거라는 난잡한 글들이 적지 않았다. 이 부분과 관련해 박정희는 자신이 한 짓도 있고, 일본 군인들이 가지고 있었던 '신조'도 있어서 허리 아래 부분을 가지고 상대방을 공격하지 않았을 것이라는 반론도 만만치 않았다.

5·21 영수 회담에 대한 괴담은 1980년대에도, 그 이후에도 돌았다. 이 회담에서 정확히 무슨 얘기가 오갔는지는 영원히 알 수 없을지도 모른다. 그래도 김영삼이 당사자 아닌가. 그러니 이 회담에서 뭐라고 얘기했다고 자기 회고록에서 주장하는지 그걸 한 번 보자.

박정희의 눈물 어린 거짓말에 제대로 속아 넘어간 김영삼

— 5·21 영수 회담에서 박정희와 김영삼은 어떤 이야기를 나눴나.

여러 가지 얘기를 처음에 주고받았는데 박정희가 손수건을 꺼내 눈물을 닦고 하니까 김영삼이 마음이 짠해서 '안됐다', 이런 생각을 했던 모양이다. 그렇지만 박정희 말이 끝나자, 김영삼은 '민주주의 하자. 대통령 직접 선거를 하자'고 다그치면서 유신 헌법을 빨리 철폐해 멋진 민주주의를 하자고 거듭 얘기했다.

그러자 박정희가 "김 총재" 하고 부르더니만 말을 끊었다가

"나 욕심 없습니다. 집사람은 공산당 총 맞아 죽고", 육영수 피격 이야기를 한 건데, "이런 절간 같은 데서 오래 할 생각 없습니다. 민주주의 하겠습니다. 그러니 조금만 시간을 주십시오"라고 얘기했다고 한다. 그런데 박정희가 울지만 않았으면 그다음에 '그럼 언제 할 거냐'고 따져 물었을 텐데 박정희가 울고 있어서 자신이 추궁을 못했다는 것이다. 어쨌든 '민주주의를 꼭 하겠다. 이번 임기를 마지막으로 물러나겠다', 이런 뜻으로 들었다는 것이다.

박정희가 이어서 이렇게 얘기했다고 한다. "김 총재, 이 이야기는 절대 우리 둘만의 비밀로 합시다." 공표하지 말자는 것이었다. "조선놈들은 문제가 있어요. 내가 정권을 내놓는다고 미리 알려지면 금방 이상한 놈들이 생겨날 겁니다", 이렇게 얘기했다고 한다. "조선놈"이란 말도 박정희다운 말이다.

— 유신 헌법 철폐를 주장했다는 부분, 사실일까?

김영삼이 적어도 유신 체제를 바꾸자는 얘기를 했다는 건 김정렴 회고록에도 나온다. 대통령 비서실장 김정렴도 김영삼이 이때 민주 회복을 강조했다고 밝혔다. 그리고 박정희가 "북한의 남침 위협이 현저히 줄어들면 현행 헌법도 '개정'될 수 있다"고 말하고 영수 회담을 마쳤다고 김정렴은 써놓았다. 이런 걸 보더라도 김영삼이 자기 회고록에서 얘기한 게 일부는 맞지 않겠느냐는 생각이 들기는 한다. 그렇지만 얘기를 할 수 없거나 하지 않은 부분도 있는 것 같다.

그러고 나서 이 회담에서 김영삼은 가택 연금 중이던 김대중 문제를 제기했는데, 그것에 대해 박정희가 '김대중이 이런저런 짓을 했다'고 막 얘기하니까 더는 말을 제대로 못한 것 같다. 그다음에 김한수를 비롯해 1972년 유신 쿠데타 직후 고문당하고 석방되지 않은 신민당 의원이 몇 명 있었는데 그 사람들을 석방해달라고 김영삼이 얘기하자, 그것에 대해서는 박정희가 호의적인 고려를 약속했다고 한다. 김한수, 김상현 등 4명은 얼마 후에 석방된다.

회고록에서 김영삼은 동아일보 광고 사태가 자기 때문에 해결됐다고 주장했다. 박정희한테 자기가 얘기해서 7월 16일부터 광고 게재가 '정상화'됐다는 것이다. 아마 이 부분도 사실에 가깝지 않겠느냐는 생각이 든다.

김영삼이 박정희 눈물에 녹아든 데에는 다른 이유도 있을 것이다. 육영수를 쏜 문세광은 공산당원이 아니었지만, 김영삼은 일찍이 공산당에 의해 어머니가 참혹하게 돌아가셨기 때문에 반공적인 면이 상당히 있었다. 더구나 인도차이나 사태 이후 불어닥친 엄청난 규모의 총력 안보 캠페인, 반공 캠페인에 현실 정치인으로서 영향을 받았거나 주눅이 든 상태에서 회담에 임한 것도 김영삼이 상황 판단을 제대로 못하게 만들었을 것이다.

핵심 문제는, 거듭 얘기하지만 김영삼이 주장한 것처럼 "1979년 10월 26일 박정희가 살해될 때까지 나는 1975년의 회담 내용에 대해 함구했다"고 돼 있는 바로 그 부분이다.

— 어떤 점에서 그렇게 큰 문제가 된 것인가.

이게 왜 문제가 심각하냐 하면, 5·21 영수 회담 이후 김영삼이 반유신 투쟁을 제대로 안 하기 때문이다. 이 회담 후 얼마 지나지 않아 김옥선 사태가 일어나는데 그때도 대응을 하지 않았다. 유신 정권이 다루기 좋은 야당이 됐다. 그뿐 아니라 '반김영삼' 비주류는 당 대표를 선출할 전당 대회를 맞아 김영삼의 함구를 굉장한 호재로 만들어 사정없이 김영삼의 '선명성'을 공격했다. 그러면서 신민당 전당 대회가 각목 대회로 파행이 되고 결국 김영삼 자신이 총재 자리에서 물러나게 되지 않나.

그러면 박정희한테 속았다는 게 확실해지는 것 아닌가. 그리고 박정희 정권은 그해 9월에는 김영삼 비서 김덕룡도 구속해버렸다. 그뿐 아니라 김영삼도 긴급 조치 9호를 위반했다고 하면서 입건하고 계속 검찰에서 소환했다. 회담 얼마 후인 8월 4일부터 김영삼이 홍콩, 필리핀, 대만, 일본 등을 순방한 후 기자 회견을 열고 중공과 적극적인 외교 활동을 펴야 하며 필요하다면 북경을 방문하겠다고 말했는데, 기자 회견 내용 일부가 긴급 조치 9호를 위반했다는 것이었다. 김영삼은 이때도 속았다. 검찰에 가기만 하면 김덕룡까지 풀어주겠다고 해서 김영삼이 출두했는데, 박정희 정권은 약속대로 하지 않았다.

이런 각목 대회라든가 입건이라든가 제일 믿었던 비서를 구속한 것이라든가, 또 김영삼 자신이 밀려나고 이철승이 야당 당수가 된다든가 하는 여러 가지를 보면 박정희가 그렇게 물러날 사람이 아니라는 것, 최소한 이건 판단할 수 있는 것이었다. 그렇다면 김영삼이 영수 회담 내용을 얘기하면서 '박정희라는 사람이 이렇게 신용이 없는 사람이다', 이렇게 공격할 수 있는 건데 끝내 그렇게 하지 않았다. 김영삼이 그런 모습을 보이면서, 앞에서 언급한 대로 일각에서 금품 수수설이 강하게 돌았고 박정희나 김영삼이나 여자를 좋아하니까 여자 문제가 낀 것 아니냐는 얘기까지 나돌았다.

김영삼이 비난을 감수하며 침묵한 이유

— 김영삼은 왜 5·21 영수 회담 내용에 대해 얘기하지 않은 건가.

내가 보기에 김영삼이 계속 입을 다문 건 박정희한테 너무 우습게 바보같이 속았기 때문 아닌가 싶다. 너무나도 창피해서 말을 꺼낼 수 없지 않았을까 하는 생각이 든다. 박정희가 5·21 영수 회담에서 그런 말을 했다고 해서 김영삼 자신이 입을 다물고 투쟁도 멈춰버렸는데, 그렇게 한 게 자기가 보기에도 우스꽝스럽고 변명하기가 아주 구차하게 돼 있었기 때문 아니겠나. 그러니까 아예 영수 회담에 대해 계속 함구해버리는 쪽으로 간 것이 아니겠느냐, 나는 그런 생각이 든다.

— 1975년이면 김영삼이 정치에 발을 들인 지 이미 20년이 넘었을 때다. 그런 시기인데, 오랫동안 '정치 9단'으로 불리게 되는 김영삼이 그렇게 허무하게 당했다는 건 여러모로 이해하기 어려운 일이다. 어쨌건 김영삼은 1979년 5월 다시 신민당 총재가 된 후 유신 체제에 맞서 강경하게 투쟁한다. 그런데 다시 총재가 된 때부터 10·26이 날 때까지도 5·21 영수 회담에 대한 이야기는 하지 않았나?

안 했다. 김영삼은 1979년 5월에 다시 총재가 되고 나서 박정희 유신 체제와 정말 강력하게 맞서 싸우는데, 그렇게 된 데에는 5·21 영수 회담 문제가 상당히 작용했다고 본다. 뭐냐 하면 5·21 영수 회담 때문에 김영삼이 얼마나 우습게 됐느냐, 세상 사람들에게 얼마나 이상한 정치인 취급을 받았느냐, 이 말이다. 또 박정희한테 속은 것에 굉장히 강한 분노를 느꼈을 것이고, 그와 더불어 총재직에서 너무나 어이없게 밀려나 몇 년 동안 마음고생을 몹시 심하게 해야 하지 않았나. 김영삼이 1979년 다시 총재가 된 후 유신 체제에 맞서 그렇게 강력한 투쟁을 벌인 데에는 이런 여러 가지가 가슴속에 응어리질 대로 응어리진 것이 크게 작용했을 것이라고 본다.

사실 1979년 그해에 유신 정권을 무너뜨리는 데 한 개인으로서는 김영삼만큼 대단한 역할을 한 사람이 없다. 김영삼이 5·21 영수 회담과 관련해 취한 태도는 정말 이해하기 어렵고 용납받기도 쉽지 않은 용렬한 짓이지만, 박정희 정권을 무너뜨리는 데 최고의 역할을 한 정치인이 김영삼이라는 얘기는 할 수 있다.

김옥선 파동과
들러리로 전락한 야당

전 국가의 병영화, 아홉 번째 마당

김 덕 련 5·21 영수 회담 다섯 달 후 김옥선 파동이 일어난다. 유신 체제를 정면으로 비판했다가 된서리를 맞은 사례 중 하나인 김옥선 파동, 어떤 사건이었나.

서 중 석 1975년 5월 21일 이상한 영수 회담이 있은 후 김옥선 파동이라고 불리는 사건이 그해 10월 일어난다. 신민당 김옥선 의원이 면책특권이 있는 국회의원으로서 국회 본회의에서 발언한 것인데도 면책특권이 용납되지 않고 결국 의원직을 사퇴하는 것으로 끝나게 되는 사건이다. 거기까지 가는 김옥선 파동을 살펴보자.

사실 김옥선 의원 이전에 정일형 의원도 강한 발언을 한 적이 있다. 1974년 12월 14일 정일형 의원은 국회에서 "10월 유신은 정치적 변란이다"라고 규정하고 "매카시즘적 수법"이니 하면서 "대통령이 하야를 준비할 용의가 없는가"라고 물었다. 그러자 공화당, 유정회 의원들이 벌떼같이 단상으로 쏟아져 나와서 본회의장이 아수라장이 돼버렸다. 이때 제일 날쌔게 단상으로 돌진한 사람이 유정회의 정재호 의원이었다. 유정회 대변인을 오랫동안 하는 사람인데 이때 날쌔게 돌진했다고 해서, 야유도 섞였겠지만, 비호라는 별명을 얻었다.

김옥선 파동에 대해서는 희한하게도 유정회에서 만든 책에 그 내용이 잘 나와 있다. 그때 가슴이 찔렸는가 보다. 김옥선 의원 발언은 국회 회의록에서 삭제돼 있고, 신문에도 제대로 보도가 되지 않아 《유신정우회사》의 그 기록은 중요하다. 김옥선 의원은 1975년 10월 8일 국회 본회의에서 8분 동안 발언했다.

유신 독재 비판했다가 금배지 내놓아야 했던 김옥선

— 어떤 얘기를 했나.

"오늘 우리 의회는 1인 통치를 합리화해주는 한갓 장식물에 불과하게끔 돼버린 정치적 현실", "이제는 아주 드러내놓고 독재 정치를 할 정도로 배짱이 두둑해졌다", 이런 이야기도 하고 "누가 우리보고 독재 국가의 국회의원이라고 낙인을 찍을 때 우리가 설 자리는 어디인가", 그리고 "독재자의 온갖 실정과 또 그로 인한 민생고는 국가 안보라는 절대적인 명제 아래 깔려 묻히게 됨으로써 국민은 독재 체제를 뒷받침하는 정치적 사병이다", 이렇게 발언했다.

그러면서 톤을 높여 "지금과 같이 극에 달한 전쟁 위기 조성 이면에는 남침 대비라는 본래 목적을 넘어선 정치적 의도가 깔려 있음을 간과할 수 없고, 지난 한여름 전국을 뒤흔든 각종 관제 안보 궐기 대회와 민방위대 편성, 학도호국단 조직, 요즘도 TV에 나오는 군가 그리고 정부의 끊임없는 전쟁 위험 경고 발언, '싸우면서 건설하자'는 구호", 이렇게 총력 안보를 구실로 독재 체제를 구축해나간다는 얘기를 해나간다.

정말 솔직하고 대담한 발언이었다. 박정희 유신 권력의 정체를 정면으로 비판하고 나선 것이다. 속사포 쏘듯 발언을 계속하자 유정회, 공화당 가릴 것 없이 고함을 지르고 아우성을 쳤다. 단상으로 달려 나가기도 했다. "관제 데모가 뭐냐", "신민당도 안보 궐기 대회에 나가지 않았느냐"고 소리 지르면서. 결국 본회의가 정회됐다.

유정회와 공화당은 즉시 긴급 의원 합동 총회를 열었다. 김옥

國會, 金玉仙議員

與, 除名方針 懲戒

新民 "全議

8일 국회본회의에서 문제된 발언을 하고있는 金玉仙의원(新民).

김옥선 의원의 발언을 보도하고 있는 1975년 10월 9일 자 동아일보. 김옥선 의원은 국회에서 솔직하고 대담한 발언으로 박정희 정권을 정면으로 비판했다.

선 의원을 제명해야 한다, 국가 안보를 위태롭게 하는 의식적인 이적 행위를 국민의 이름으로 규탄하는 강경한 징계 조치를 취해야 한다는 결의를 한 후 성명을 발표했다. 그러면서 강경 조치를 취해야 한다고 목소리를 높였다. 국회는 다음 날부터 공전 상태에 빠졌다.

— 신민당에서는 어떻게 대응했나. 청와대의 심기를 거스르는 발언을 했다고 해서 야당 의원이 여권 의원들에 의해 제명되도록 놔둔다면, 그건 타당하지 않을 뿐만 아니라 그 야당의 존재 이유에 대한 의문을 품게 만드는 일 아닌가.

처음에 신민당에서는 좀 강하게 나오기도 했지만, 유신 체제 아래에서 뭘 어떻게 싸울 것이냐에 대해 제대로 감을 잡기가 어려웠던 모양이다. 그러면서 뒷전으로 물러섰다. 총재를 대신해서 김옥선 의원이 발언했다고 볼 수도 있는데, 김영삼은 대응다운 대응 조치를 취하지 못했다.

결과적으로 제명하는 대신 김옥선 의원의 사퇴서가 제출되는 형태로 끝나고 만다. 이런 식이면 의원들의 면책특권이 도대체 무슨 의미가 있느냐는 얘기를 듣게끔 돼 있었다. 신민당 비주류 세력이 연합해 김영삼의 총재직 인책 사퇴와 명확한 지도 노선 제시를 요구하면서 당은 혼란에 빠졌다.◉

이 파동 후 40년이 지난 2015년 9월, 김옥선 의원은 정의화 국회의장에게 청원서를 냈다. 1975년에 자신이 한 유신 정권 비판 발언이 "의장이 게재하지 아니하기로 한 부분임", 이런 설명과 함께 국회 회의록에서 삭제돼 있는 것을 확인하고 '속기록을 복원해달라. 사초를 바로잡아야 한다'는 요구를 한 것이다. 한 가지 덧붙이면, 김옥선 의원은 여성인데 남성 복장을 하고 다닌 것으로도 유명한 정치인이다.

— 청와대의 심기를 거스른 정치인이 국회의원직에서 쫓겨난 1975년 풍경은 바로 그 유신 체제에서 퍼스트레이디 대행을 한 박근혜가 대통령이 된 후 자신과 다른 뜻을 밝힌 정치인에

◉ 유신 독재를 정면 비판한 후과는 의원직 사퇴로 그치지 않았다. 유신 정권은 김옥선 파동이 일어나기 4년 6개월 전인 1971년 4월 선거 때 불법 선거 운동을 한 혐의가 있다며 김옥선을 기소했다. 1976년 12월 1심에서 징역 1년, 집행 유예 2년이 선고됐다. 1978년 3월 대법원은 1심 형량을 그대로 확정했고, 그로써 김옥선은 그해 총선에 출마할 길이 막혔다.

게 배신의 정치라는 해괴한 낙인을 찍는 현실을 떠올리게 만든다. 어쨌건 김옥선 파동 후 한동안 어떤 국회의원도 발언하기가 쉽지 않고, 뭔가 이야기하기 전에 청와대 눈치부터 살펴야 하는 분위기였을 것 같다.

그 정도가 아니었다. 그 후에는 김영삼이 1979년 다시 총재가 될 때까지 야당은 아무런 힘을 발휘하지 못했다. 그런 점에서도 김옥선 파동은 대단히 중요하다.

볼썽사나운 각목 대회 거쳐 총재에서 밀려난 김영삼

— 김영삼은 얼마 후 총재직을 내놓게 되는데 그 계기가 된 것이 이른바 각목 대회다. 어떻게 전개됐나.

1976년 5월 25일 신민당 전당 대회가 열렸는데, 대회가 열리기 전부터 폭력 사태가 일어났다. 5월 22일 주류 측, 즉 김영삼 쪽은 전당 대회를 열기 위해 주류 중심으로 전당 대회 대의원 접수를 시작했다. 그러자 비주류 청년 당원 150여 명이 폭력으로 중앙당사를 점거하고 총무국장과 조직국장을 감금하는 사태가 벌어졌다. 김영삼은 비상문을 통해 뛰어내리다 발목을 다쳤다. 그런데 이때 김영삼은 있을 수 없는 잘못을 저질렀다.

— 그게 무엇인가.

新民 兩派두갈래全黨大會

暴力亂舞속 主流는黨舍,非主流는市民會館別館서

金泳三總裁

集團指導體

"流血

最高

1976년 5월 25일 자 동아일보. 신민당 전당 대회가 폭력이 난무하는 가운데 열렸다고 보도하고 있다.

비주류 측의 중앙당사 점거 사건 후 조윤형이 비주류 측 당수 후보로 등록하자 김영삼은 정당법에 의거해 무효라고 주장했다. 똑같은 이유로 김상현, 조연하도 대의원 자격이 없다고 발표했다.

그러나 이들 세 명이 감옥 생활을 한 것은 박정희 권력에 밉보였기 때문이다. 1972년 10·17 유신 쿠데타 후 고문도 심하게 당했고, 구속됐다가 1975년 5·21 영수 회담 후 석방됐다. 한마디로 유신 치하에서 야당이 고난을 당하고 박해받은 것을 상징하는 대표적 정치인들이었다. 그런데 밉다고 이들의 대의원 자격을 박탈한 것은 있을 수 없는 처사였다.

김상현 등이 어쩔 수 없었다고는 하더라도 결과적으로 이철승 체제 출범에 기여한 것도 아이러니다. 그보다 훨씬 더한 아이러니

1976년 5월 25일 자 동아일보에 실린 청년 당원들의 집단 난투극 장면.

는 3년 후 일어났다. 선명 야당을 내세우고 김영삼이 야당 총재가 되어 박정희와 정면으로 맞붙자 새로운 사태가 일어났다. 김대중의 권유로 1979년 5월 전당 대회 때에는 조윤형, 김상현 등이 김영삼을 지지했다. 그러자 '조윤형 등은 대의원 자격이 없고 따라서 김영삼 총재 선출은 무효다'라는 비주류 측 일각의 소송에 유신 권력이 작용했고, 법원은 비주류 쪽 손을 들어줬다. 그 판결에 따른다면 김영삼은 총재 활동을 할 수가 없게 됐다.

— 1976년 각목 대회로 다시 돌아오면, 비주류 쪽의 중앙당사 점거 이후에도 폭력 사태가 계속되지 않았나.

폭력 사태는 5월 24일 자정 무렵부터 심하게 일어났다. 이때부터 다음 날(5월 25일)에 걸쳐 주류와 비주류는 대회장을 점거하기 위해 난투극을 벌였다. 양측 청년 당원들이 몽둥이를 휘두르며 두 차례나 난투극을 벌여 각목 대회로 불리는, 야당 역사상 최악의 사태가 일어났다.

이 과정을 동아일보 기사를 중심으로 요약하자. 5월 24일 밤 12시경 주류 측 청년 당원들이 대회장을 선점하기 위해 농성을 벌였다. 남대문경찰서에서 퇴거 명령을 내려 이들은 25일 오전 1시경 철수했다. 4시가 조금 지나자 주류와 비주류는 난투극을 벌였다. 6시 43분경 경찰이 주류 청년들을 마구 잡기 시작했다. 그 후 비주류는 몽둥이를 휘두르고 쇠의자를 던지는 난투극 끝에 주류 측을 밀어내기 시작했고, 7시 36분경 대회장인 시민회관을 완전히 점거했다. 비주류 측 보스들이 대회장 단상에 앉았다. 조윤형, 김상현 등도 단상에 앉았다. 오전 8시 15분경에는 김옥선이 박수갈채를 받으며 단상에 앉았다.

당황한 김영삼 쪽은 당사로 가서 거기서 전당 대회를 열고 다시 김영삼을 총재로 선출했다. 대회장을 점거한 비주류는 시민회관에서 따로 전당 대회를 열어 집단 지도 체제의 당헌을 채택하고, 10인 전형위원을 뽑아 최고위원과 대표 최고위원을 선출하게 했다. 10인 전형위원회는 이철승 등을 최고위원으로, 김원만을 대표 최고위원으로 뽑았다.

이게 유명한 각목 대회 또는 반당半黨 대회라는 것이다. 유신 체제에서, 그것도 긴급 조치 9호가 발동된 이른바 총력 안보 체제에서 이런 사태가 일어난 건 말할 것도 없이 배후가 있기 때문이다.

— 누가 배후로 지목됐나.

김진 기자의 책에 이 폭력 사태의 배후에 대통령 경호실장 차지철이 있었던 것으로 시사돼 있다. 사람들은 보통 1979년 5월 30일 신민당 전당 대회에서 김영삼이 총재로 선출되지 못하도록 박정희와 차지철이 중앙정보부를 제치고 맹렬히 활동한 것만 기억하고 있다. 차지철은 박정희의 비호를 받으며 신민당 이철승 대표와 굵직굵직한 거래를 하기도 했지만, 각목 대회에도 깊숙이 관여했다. 박정희가 5·21 영수 회담으로 김영삼을 바보 당수로 만든 데 이어 각목 대회에서 김영삼을 내치고 '제2의 유진산'을 당수에 앉힌 것이다.

당시 내무부 장관이던 김치열은 비주류가 당사를 폭력으로 점거한 다음 날(5월 23일) 박정희, 신직수 중앙정보부장, 김정렴 비서실장이 있는 자리에 불려가서 차지철로부터 '왜 이철승 쪽 사람들을 구속했느냐'는 얘기를 들었다고 증언했다. 각목 대회 때 차지철 등 권력 핵심부가 김영삼을 배척하고 이철승을 감쌌다는 얘기도 했다.

— 신민당 주류와 비주류에서 각각 전당 대회를 연 후 상황은 어떠했나.

양측의 싸움은 중앙선관위로 장소를 옮겨 계속됐다. 중앙선관위는 '주류는 대회 장소를 바꿨기 때문에, 비주류는 대회 진행 권한을 부여받지 않았기 때문에 둘 다 하자가 있다. 둘 다 안 된다', 이렇게 유권 해석을 내렸다. 주류와 비주류가 각각 치른 두 대회 모두 무효가 됐다.

그런 속에서 1976년 9월 다시 전당 대회가 열렸다. 1차 투표에서 김영삼 349표, 이철승 263표, 정일형 134표를 얻었다. 아무도 과반수를 확보하지 못해 2차 투표에 들어갔는데, 김대중과 가까운 정일형 쪽이 이철승을 밀었다. 처음에는 유신 체제에 맞서 선명 투쟁을 하겠다고 했던 김영삼이 인도차이나 사태 이후 영 달라져버렸다, 이 말이다. 얼마나 김영삼이 밉보였으면 정일형이 이철승 쪽으로 갔겠나. 그 결과 이철승 389표, 김영삼 364표로 이철승이 대표최고위원이 되고 김영삼은 정치인으로서 무력한 존재가 됐다.

중도 통합 명목 아래 들러리로 전락한 야당

— 이철승은 어떤 노선을 제시했나.

이철승 지도부는 유신 권력과 큰 마찰을 빚지 않았다. 유신 체제 아래서 이철승의 노선은 중도 통합론으로 얘기된다.

이철승은 1977년 2월 미국과 일본을 방문하면서, 미국에서 반유신 활동을 하고 있는 인사들을 통렬히 비판해 충격을 줬다. 유진산이라고 하더라도 그렇게까지는 말하지 않았을 것이다. 일본 외신기자 클럽에서는 "자유는 안보와 균형을 맞춰나가야 하며 당을 초월한 안보 일체감의 조성이 긴요하다"고 말하면서 중도 통합론이라는 걸 내세웠다.

서울대 외교학과 모 교수가 코치했다는 소문도 있는데, 말이 중도 통합이지 유신 체제 철폐 투쟁과 거리가 먼, 실질적으로 유신 체제 안에서 야당 역할을 찾아야 한다는 주장이었다. 체제 부정은 있을 수 없고 안보 논의나 자유에는 한계가 있으며 그런 속에서 중도 통합으로 가야 한다는 괴이한 논리였다. 이철승의 중도 통합론 등 해외 발언은 당내에서 큰 논쟁을 야기했다. 이철승 반대파는 해외 발언으로 국민들로부터 불신을 받았다며 당 지도 체제 인책을 요구했다.

1978년 4월, 전 주한 미국 대사 윌리엄 포터가 '미국이 청와대를 도청한 적이 있었다'는 발언을 미국에서 했을 때 이철승은 도청 사건은 우리 주권을 침해한 중대 사건이라며 진상을 철저히 규명해야 한다고 주장했다. 이런 주장을 하면서 이철승은 1979년 5월 전당 대회 때까지 당을 이끌어간다.

이건 옛날 유진산 당수 때 그랬던 것처럼 사실상 야당이 야당임을 포기한 것 아니냐, 유신 체제에 함몰된 것 아니냐는 비판을 받았다. 야당은 1978년 12·12총선이 있을 때까지 아주 무기력한 존재로 들러리 역할에 지나지 않는 위치에 있게 된다.

죽이고 고문해서 조작 간첩 양산,
만만한 표적이 된 재일 동포의 비극

전 국가의 병영화, 열 번째 마당

김덕련 1975년 인도차이나 사태 이후 국내 상황을 조금 더 짚어 봤으면 한다.

서중석 1975년 4월 29일, 박정희는 금년에 북괴가 남침을 도발할 가능성이 농후하다는 특별 담화를 발표했다. 그러면서 불어닥친 휴일 없는 총력 안보 궐기 대회, 4대 전시 입법과 학도호국단, 반상회, 극단적인 반공 운동, 그리고 긴급 조치를 집대성한 긴급 조치 9호의 발동으로 학원 병영화는 물론이고 전 사회, 온 국가의 병영화가 전체주의적인 방식으로 이뤄졌다. 민주화 운동을 봉쇄하고 질식시키기 위한 활동이었다. 선명 야당을 내세운 김영삼의 신민당도 침몰해 유신 체제에 흡수됐다.

그러나 그것으로 그친 것이 아니었다. 박정희 유신 권력은 1975년의 총력 안보 운동, 반공 운동을 마무리하려는 것처럼 그해 11월 22일 학원 침투 북괴 간첩단을 일망타진해 21명을 구속 송치했다고 발표했다. 이것은 신문에 1면 톱기사, 6면 중앙정보부 발표 박스 기사로 활자화됐고, 7면 사회면에는 사이드 톱이긴 하지만 10단 또는 11단 크기로 중앙정보부 관계자와 기자들의 일문일답이 실렸다. 민청학련 사건(1974년) 못지않게 대대적으로 보도한 것이다. 중앙정보부 관계자는 이 사건을 교훈 삼아 금후 '현실 참여', '학원 자유', '민주 회복'을 명분으로 하는 집단행동을 절대 삼가고, 대공 경각심을 높임으로써 총력 안보 태세 확립에 기여해야 한다고 강조했다. 재일 교포 사회에서 얘기하는 제1차 모국 유학생 간첩단 사건(11·22사건)이 터진 것인데, 12월 11일에는 제2차 모국 유학생 간첩단 사건이 생겨났다.

이 사건에서 일문일답을 한 중앙정보부 관계자는 김기춘이다.

學園침투 北傀간첩단打盡

情報部발표 騷擾·煽動등 背後조종

留學生가장 地下網구축

'학원 침투 북괴 간첩단' 사건을 보도한 경향신문 1975년 11월 22일 자 1면 머리기사.

유신 헌법 초안 작성에 참여했고 박근혜 밑에서 비서실장이었던 바로 그 김기춘이다. 김기춘에 관해 흥미 있는 글을 쓴 한홍구 교수는 11·22사건이 중앙정보부 대공수사국장 시절 김기춘의 대표작이라고 평가했다. 김기춘은 1974년 8월 15일에 일어난 문세광 사건 수사를 맡은 후 막강한 중앙정보부 대공수사국 책임자가 됐다. 이때 35세였으니 김기춘이 얼마나 벼락출세를 했는지 알 수 있다.

진짜 간첩은 별로 안 내려오는데
조작 간첩은 양산된 이상한 시대

— 반공 일색 교육·선전에서 물리도록 활용된 것이 간첩 아닌가.

반공 교육에서 떼어놓을 수 없는 것이 간첩이다. 그 당시 우리가 어떤 식으로 반공 이데올로기를 주입받았는가를 간첩 문제를 얘기하면서 되돌아볼 수 있다. 간첩이나 국가보안법에 관해 연구를 많이 했고 그것에 관해 논문을 쓴 한홍구 교수는 1972년 7·4남북공동성명 이후에는 북한에서 간첩이 별로 내려오지 않았는데도 1970년대 내내 어디에나 간첩이 있다는 식으로 반공 교육을 해서 한국에는 어디에도 간첩이 있고 어디에도 간첩이 없는 상황이 초래된 게 아니냐는, 상당히 풍자적인 말을 했다.

국가정보원 과거사 위원회의 기록을 보더라도 1970년대, 그중에서도 1975년 이후 간첩이 현저히 줄었다. 1951~1959년에 생포·사살하거나 자수한 간첩이 1,674명이었고 1960~1969년에는 1,686명이었는데, 1970~1979년에는 681명으로 줄었다. 1980~1989년에는 더욱 줄어 340명이었다.

나도 1970년대 초를 지나면서부터는 북한에서 간첩이 얼마 안 왔다고 본다. 1950~1960년대와는 비교가 안 되게 줄었다, 이 말이다. 왜냐하면 1970년대 북한에서 간첩을 내려보내면 너무 손해를 본다고 할까, 시쳇말로 밑지는 장사를 할 수밖에 없게 된다. 간첩 한 명을 교육시켜 내려보내는 데 비용이 얼마나 많이 드나. 여러 가지 부대 비용이 많이 들어가기 마련인데 내려와서 뭘 얻어 가느냐, 이 말이다. 그 당시에는 그 이전에 비해 정보 통신이 얼마나 발전했나. 아주 특수한 곳에는 간첩이 접근하는 것 자체가 쉽지 않았을 것이고, 일반적인 사안의 경우 구태여 간첩을 보내 뭔가를 탐지해서 알아와라, 이럴 만한 것도 그렇게 많지 않았다고 볼 수 있다. 그렇기 때문에 북한에서는 이전과는 다른 방식을 더 많이 택하지 않았겠느냐고 본다.

文人·知識人間諜團검거

檢察발표 李浩哲·任軒永·金宇鍾·鄭乙炳·張秉禧씨 구속

文人 千寬宇씨등도 調査중

李浩哲씨

任軒永씨

金宇鍾씨

'문인 간첩단 사건'을 보도한 1974년 2월 5일 자 경향신문.

— 이 시기에 북한에서 간첩이 얼마 안 내려왔을 것이라고 했는데, 대규모 간첩 사건은 많이 발표되지 않았나.

큰 규모의 간첩단 사건이 있지 않았느냐고 반문했는데, 거대 규모 간첩단 사건 같은 게 1970년대에 많았다. 그런데 그것들은 대부분 조작된 것이라는 데 문제가 있다. 1970년대에는, 진짜 간첩도 있었겠지만, 조작 간첩이 아주 많았다.

예컨대 1974년 민청학련 사건이 일어나기 직전에 문인 간첩단

울릉도 간첩단 사건에 연루된 47명이 재판을 받고 있다. 이 사건도 중앙정보부에서 사람들을 고문해서 조작한 사건으로 나중에 재심에서 무죄 선고를 받았다.

사건이라는 것이 발표됐다. 그해 1월 7일 문인 61명이 '헌법 개정 청원은 당연한 권리다'라고 강조하면서 유신 헌법 개정 운동에 동참하는 성명을 발표하지 않았나. 그로부터 20일도 안 지났을 때 유신 정권은 문인 간첩단 사건을 발표하고, 서명 문인 가운데 이호철, 임헌영, 김우종, 정을병, 장병희 이렇게 5명을 반공법과 국가보안법 위반 혐의로 구속했다.

— 무슨 명목으로 잡아들인 것인가.

일본에서 재일 조선인들이 발행하는 《한양》이라는 잡지가 있는데, 거기에 한국을 비방하는 글을 기고하고 그쪽 잡지 간부들과 회합했다는 게 주된 혐의 내용이다. 그런데 이 《한양》은 조총련계 잡지가 아니다. 당시 한국에도 많이 들어왔고 나도 여러 번 봤던 책인데, 온건한 민족주의 성향을 지니고 있었다. 창간호에 '5·16 혁명 공약'을 실었고 1960년대에는 박정희 정권을 좋게 보는 글을 많이 실었던 잡지다. 그런데 문인들이 밉보였다고 해서 그렇게 엮어서 잡아넣은 것이다. 이 중 4명이 유죄 판결을 받았는데, 나중에 재심을 청구한 사람들은 당연히 무죄가 됐다.

또 전에 최종길 교수에 대해 이야기할 때 유럽 거점 간첩단 사건이 있었다고 말했는데, 그 당시에는 대단히 큰 사건으로 발표됐다. 무려 54명이나 관련돼 있다고 1973년 중앙정보부에서 발표했다. 그러나 이 사건을 재조사한 의문사진상규명위원회에 따르면, 당시 중앙정보부도 끝내 간첩 혐의자를 찾아내지 못했다고 한다. 이 사건은 결국 단 한 명의 간첩도, 연루자도 없는 조작 사건이라고 이 위원회에서는 2002년 규정했다.

이 두 가지보다 더 큰 사건으로 울릉도 간첩단 사건이 있다. 사형을 당한 사람만 3명이나 된다. 사건 규모가 아주 컸다. 1974년 3월 박정희 정권이 울릉도를 거점으로 한 간첩단 47명을 검거했다고 발표했고, 언론에서도 대대적으로 보도한 사건이다. 그런데 이것도 중앙정보부에서 사람들을 고문해서 조작한 사건이었다. 나중에 재심에서 무죄 선고를 받았다. 그래서 국가로부터 보상금까지 받았다.

— 조작 간첩 사건이 계속 일어난 이유는 무엇인가.

1970년대 이후에는 조작 사건이 많았다. 기본적으로 유신 체제, 전두환·신군부 체제의 성격과 직결된 문제이고, 중앙정보부-안기부나 보안사가 간첩이 적게 내려오는데도 방대한 조직을 운영하며 '권력'을 행사하려 한 것이 주요 요인이다. 그렇지만 간첩 사건에 대한 사법부의 나쁜 판례들도 한몫했다.

신문에 난 공지 사항이라도 국가 기밀이 북괴에 알려지면 북괴를 이롭게 한 것이라는 판례를 대법원이 남기고, 피의자가 북한에 기밀을 전달하지 않았는데도 탐지한 것만으로 '목적 수행'이 된 것으로 간주해 사형까지 처할 수 있게 됐다. 그러면서 국정원 과거사 위원회에 의하면 무전기나 난수표도 없는 함량 미달의 간첩이 나오게 됐다. 사법부가 2000년대처럼 고문이나 불법 구금을 외면하지 않았다면 간첩 조작 사건은 일어나기 어려웠을 것이다. 물론 사법부가 이렇게까지 타락하게 된 것은 중앙정보부-안기부, 곧 박정희 유신 권력과 전두환 권력이 압력을 넣고 양심적 법관을 추방했기 때문이다.

조작 사건 중 어느 하나 마음 아프지 않은 게 없지만, 그중에서도 개인적으로 제일 가슴 아픈 사건은 바로 재일 교포 간첩단 사건 또는 간첩 사건이라고 하는, 간첩단이라고도 부르고 간첩이라고도 하는데, 바로 그 사건이다. 대규모 간첩단 사건 중에서 제일 큰 사건은 뭐니 뭐니 해도 재일 교포 간첩단 사건이라고 이야기하지 않을 수 없다.

일본에선 차별을 당하고 조국에선 간첩으로 조작되고

— 그렇게 여기는 이유는 무엇인가.

재일 교포들은 대대로 일본에서 지독한 차별을 받았다. 1980년대 이후에는 그래도 그전에 비해 외견상으로는 많이 달라졌지만, 1970년대까지는 그야말로 대를 물려가면서 모든 면에서 심한 차별을 받았다. 그렇기 때문에 모국에 대한 정성과 관심이 유난히 클 수밖에 없었다.

그런데 모국이라는 게 둘로 갈라져 있지 않았나. 이들은 국내 한국인들보다 분단 문제에 훨씬 마음이 더 쓰였고, 통일을 열망하면서 나름대로 분단 극복 방안을 생각하고 또 생각했다. 그러면서 어떤 사람들은 양쪽을 다 방문해봤다. 북한은 어떤지, 남한은 어떤지를 직접 살펴보겠다는 생각으로 그렇게 한 것인데, 얼마나 간절한 마음으로 북한을 찾아가고 남한을 찾아오고 그랬겠나.

또 재일 교포들은 극우 반공 체제의 울타리 안에서 사고하는 국내 한국인들에 비해 폭넓은 시각을 가질 수 있었다. 일본에서는 무슨 책이든지 자유롭게 읽을 수 있지 않았나. 재일 교포 유학생 간첩으로 몰려 장기간 감옥 생활을 한 서준식은 이렇게 말했다. “1960~1970년대에 이런 자유와 진보의 사회적 분위기를 몸에 익히며 살았던 민족의식이 강한 젊은 동포 지식인들이 설령 그가 ‘민단’에 소속을 두고 있었다 할지라도 시대에 뒤떨어져 미국을 무조건 추종하는 조국의 반공 군사 독재 정권에 대하여 비판적인 시각을 가지는 것은 너무도 당연한 일이었던 것이다.”

그래서 1970년대에 많은 재일 한국인 청년들, 똑똑하다는 젊은 사람들이 조국에 대한 뜨거운 열정과 유달리 큰 기대, 희망을 가지고 공부를 하러 왔다. 얼마나 벅찬 마음으로 조국을 찾아왔겠나. 일본에서는 사귈 수 없는 좋은 친구를 많이 사귀고 싶다는 기대, 그러면서 공부도 열심히 해서 민족을 위해 정말 뜻깊은 일을 해보고 싶

僑胞 母國유학생에도 魔手

간첩단詳報 北傀,放学中에 데려가 교육

學園에 地下조직構

검거후도暗號지령, 民衆봉

'재일 교포 유학생 간첩단 사건'을 보도한 1971년 4월 20일 자 경향신문.

다는 큰 뜻을 품고 오지 않았겠나. 그런데 이 사람들이 대거 간첩으로 체포돼버렸다. 그래서 사형 선고도 받고 지독한 고문도 당했다. 그때 이 사람들의 심정이 어떠했겠나.

— 당국이 1970년대에 재일 동포 쪽을 간첩으로 의심하며 주시한 계기는 무엇인가.

재일 동포 간첩에 관해 한겨레 김효순 기자가 2015년에 책을 한 권 냈다. '재일 동포 유학생 간첩 사건의 기록'이라는 부제를 단 《조국이 버린 사람들》이라는 책인데, 여기서 이 문제를 집중적으로 다뤘다.

1971년에 서승, 서준식 형제가 휘말린 재일 교포 유학생 간첩단 사건이라는 게 일어났다고 전에 얘기하지 않았나. 대선에 이용하기 위해 보안사에서 터트린 것으로 얘기하는 사건이다. 김효순 글에 의하면, 정부 기관은 1972년 7·4남북공동성명 등의 영향으로 북한에서 보내는 간첩 수가 눈에 띄게 줄어들자 일본을 경유한 우회 침투 가능성 쪽에 눈을 돌렸다고 한다.

재일 동포 간첩 사건 관련자 중에는 북한에 다녀온 사람도 있고 경우에 따라서는 북한과 연결된 사람도 있을 수 있다. 그런데 그런 것들을 월등 넘어선 정치적 공작이 간첩단 사건이라는 이름으로 일어났다는 데 문제가 있다. 그리고 재일 교포가 북한에 갔다 왔다는 그 자체를 그렇게 큰 범죄로 본다는 것도 문제가 있다.

재일 동포 모국 유학 제도가 1962년에 생겨서 그 이후 한국에 계속 들어왔는데, 특히 1970년대에 많은 학생이 들어왔다. 김효순 기자가 쓴 글을 보면 일본이라는 지역과 연관된 간첩 사건에 연루된 사람은 약 150명인데, 이 중에서 유학, 사업 또는 친지 방문 목적으로 일본에 갔다가 구속된 이들을 제외하면 재일 동포는 80여 명으로 추정된다고 나와 있다. 재일 동포 간첩 사건은 오랜 기간 제대로 검증되지 않다가 나중에 여러 가지 조사, 증언 같은 걸 통해 실체가 밝혀지게 된다.

— 대개 어떤 식으로 휘말렸나.

재일 동포로서 정체성 문제 때문에, 그리고 조국의 분단 현실과 한국의 민주화 투쟁을 보면서 깊은 고민에 빠졌던 사람들이 어느 날 갑자기 정보 기관에 끌려가 간첩으로 조작된 사례가 많이 생졌다. 재일 동포 유학생 간첩으로 양산된 단체가 일본에서 '한학동'으로 불린 재일한국학생동맹, '한문연'으로 불린 한국문화연구회, '유학동'으로 불린 재일본유학생동맹 이런 것들이 있다. '유학동'은 조총련 계통이고, 민단 계통으로는 '한학동'이 있고 '한문연'도 그 계통이라고 볼 수 있다. 이쪽에서 김대중, 김지하 구명 운동 같은 걸 많이 벌였다.

그런데 이 사람들은 유학생으로 들어오기만 하면 언제든 간첩 용의자로 만들어질 수 있었다고 한다. 재일 동포 유학생 사건의 피해자들 중에는 정보 기관에 끌려가 무자비한 고문을 당하고 재판에 회부되지 않은 사람도 있고, 수사관의 가혹 행위와 회유를 이겨내지 못하고 누군가의 이름을 대야 했던 사람도 있고, 검찰 쪽 증인으로 끌려나와 불리한 증언을 했던 사람도 있고, 자신의 친구와 동료가 간첩으로 몰려 나락으로 떨어지는 걸 보고도 침묵을 지킬 수밖에 없었던 사람들도 있다. 김효순 기자는 이 사람들이 전부 피해자라고, 말할 수 없는 정신적 상흔을 입은 사람들이라고 봤다.•

재일 동포, 그중에서도 모국 유학생이 간첩 조작 사건의 '황금어장'이 된 데에는 몇 가지 이유가 있다.

• 군사 독재 시절, 재일 교포와 더불어 납북 어부를 비롯한 섬사람은 고문으로 간첩을 조작·제조하던 자들에게 손쉬운 표적이었다. 박정희 집권기뿐만 아니라 전두환 정권 때에도 간첩 조작 사건 중 상당수가 섬마을을 배경으로 해서 터진 것도 그 때문이다. 울릉도뿐만 아니라, 예컨대 박정희 정권 후반기인 1976년부터 전두환 정권 때인 1983년까지 다섯 차례나 간첩 사건이 터진 서해의 작은 섬, 미법도의 비극도 그러한 사례 중 하나다. 더 비극적인 건, 이러한 사건에 휘말린 섬마을 사람들은 대개 교육 수준도 그리 높지 않았고 유력자 또는 저명인사와는 거리가 멀었는데, 바로 그런 점 때문에 사회에 억울함을 호소해 관심을 모으는 데에도 어려운 부분이 많았다는 것이다.

간첩 조작의 지렛대,
영사 증명 제도

— 무엇인가.

한국의 운동권은 중앙정보부나 보안사가 어떤 곳인지를 잘 알고 있어서 그곳에 끌려갈 때 마음의 준비가 단단히 돼 있는 경우들이 있었다. 그러나 재일 교포, 특히 나어린 유학생은 이들 기관의 무시무시한 고문을 당하면 엄청난 공포감에 휩싸이기가 쉬웠다. 생전에 들어본 적도, 목격한 적도 없는 일 아닌가. 또 이들 기관의 취조관들이 간특하게 엮어내는데, 그 함정에 아주 쉽게 빠질 수 있었다.

제2차 모국 유학생 간첩단 사건으로 끌려가 사형 선고를 받고 나중에 재심에서 무죄 판결을 받은 강종헌은 이렇게 말했다. “원시적 구타를 당해보지 않고 일본에서 자란 사람이 원시적 폭력 앞에 노출되면 공포감밖에 없다. …… 이대로 가면 죽이겠구나 하는 절망감에 빠진다. 일단은 저 사람들이 원하는 대로 써줘야지, 더 이상 버틸 수가 없겠다고 생각했다.”

국정원 과거사 위원회에서 나온 책에는 재일 동포 간첩 사건에서 부모 형제, 친지를 만나 얘기를 나눈 것이 회합·통신죄, 의례적으로 주고받은 여비가 금품 수수죄, 우연히 대화한 내용이나 전달한 일간 신문 또는 잡지 등이 간첩 활동으로 되기 쉬웠다고 쓰여 있다. 김병진의 《보안사》에는 재일 동포가 간첩으로 만들어지는 풀코스가 더 구체적으로 나온다.

— 간첩 조작 과정에서 지렛대로 삼은 제도는 무엇이었나.

재일 동포 간첩을 만들어내는 데 손오공의 여의봉이나 마법의 지팡이 역할을 한 것이 영사 증명 제도다. 이 점은 2010년대 유우성 간첩 사건에서 언론에 폭로된 바 있는데, 이 영사 증명 제도는 이미 1970년대부터 그런 목적으로 크게 활용됐다.

재일 교포 간첩 사건은 대개 직접적인 증거가 없다. 또 간첩으로 몰린 재일 동포나 내국인이 일본에서 만난 정체불명, 신원 미상의 사람이 북한 공작원인지 아닌지가 확실하게 밝혀진 적도 거의 없다. 그런 상태에서 모모 기관 '협조자'가 자신의 실제 신분을 밝히지 않고 자수 간첩 또는 귀순자라는 이름으로 진술서를 작성하면, 그 진술서가 보강 증거로 활용됐다. 때로는 법정에 나와 증언을 하기도 했다.

그런데 이것보다 위력적인 것이 있었다. 주일 대사관에 나가 있는 중앙정보부(1970년대)-안기부(1980년대) 직원이 발행한 '영사 증명서' 또는 신원 확인서가 법정에서 이 문제를 해결하는 만병통치약이 됐다고 국정원 과거사 위원회는 밝혔다. 문제의 인물을 북한 공작원으로 단정하는 데 활용됐다는 말이다. 북한 공작원이라면 정확한 소속이나 북한 당국과의 지시·명령 관계가 명확히 밝혀져야 하는 것 아닌가. 그런데 '영사 증명서'는 그러한 점을 밝히지 않은 채 영사 개인의 단정적인 견해를 서술하거나, '일본 공안 당국의 통보에 의하면'이라는 식으로 몹시 애매하게 처리했다. 국정원 과거사 위원회는 "'영사 증명서'라는 마법 지팡이가 없었다면 그 수많은 일본 우회 간첩 사건이란 존재할 수 없었다고 해도 과언이 아니다"라고 단언했다.

— 영사 증명서에 대해 문제 제기하는 경우는 없었나.

국방부 과거사 위원회에 따르면, 영사 증명은 본국 안기부의 지시에 의해 하는 것으로 외무부의 일반 영사 업무와 별도로 진행됐다. 짜고 치는 고스톱이란 말이 있지만, 이것은 짜고 치는 고스톱을 훨씬 넘어서는 것이었다. 또 재외 공관 공증법상 '영사 증명서' 제도가 없이 중앙정보부-안기부 '업무 지시'로 이뤄졌다.

가장 놀라운 일은 변호인들이 이러한 영사 증명의 작성 경위 등을 몰라서, 1977년에 유영수 형제 사건으로 엮인 김정사 등의 재일 동포 간첩 사건 공판에서 '증거 동의'를 해줘버렸다는 것이다. 그러니 유우성 간첩 사건처럼 '영사 증명서'의 증거 능력 문제가 아예 쟁점이 되지 못했다.

재일 동포 간첩 사건을 중앙정보부-안기부 외에 보안사에서 많이 취급한 것도 관심을 끈다. 보안사 대공처에는 재일 동포 및 일본 우회 간첩에 대응하기 위한 별도의 조직이 존재했고, 정보망에 야쿠자 조직원도 있었으며, 재일 동포 중 대공 용의자에 대해 광범위한 민간인 사찰을 했다. 국방부 과거사 위원회는 이것을 보안사 권한을 넘는 위법한 공권력 행사로 판단했다. 이 위원회에 따르면 관련 사건 중 군 형법 제13조를 따른 것은 단 2건이었는데, 경찰과 중앙정보부-안기부, 검찰이 다뤄야 할 것을 보안사에서 한 것이다. 그래서인지 보안사는 자신들이 수사한 사건들에서 중앙정보부-안기부 수사관 명의로 구속 영장을 신청했고, 중앙정보부-안기부 명의로 사건을 검찰에 송치했다.

조국 찾은 재일 교포 짓밟은 모국 유학생 간첩단 사건

전 국가의 병영화, 열한 번째 마당

김 덕 련 한국에 왔다가 수사 기관의 손쉬운 표적으로 전락한 재일 동포는 어느 정도 되나.

서 중 석 재일 한국인 정치범 일람표라는 것을 재일한국인정치범가족협의회에서 만들었는데 거기에 162명이 들어 있다(사건명을 알 수 없는 2명 포함). 재일한국인정치범가족협의회는 1974년 울릉도 간첩단 사건에 연루됐으나 체포되지 않아 이 사건 진상 규명에 헌신한 이좌영이 주도한 단체다. 162명 가운데 1970년대에 체포된 사람들만 살펴보면, 1971년 대선 때 서승 등 3명이 있고 그 이후에도 몇 명 더 있다. 1973년부터 많이 늘어나는데 이해에 12명이 체포됐다. 1974년에는 울릉도 간첩 사건에 연루된 재일 동포가 8명이나 되는 등 아주 많아져 모두 17명에 이른다.

1975년에 가면 유명한 11·22사건이 터진다. 모국 유학생을 가장해 학원에 침투한 간첩 일당 21명을 체포했다고 11월 22일 중앙정보부에서 크게 발표한 사건이다. 제1차 모국 유학생 학원 침투 간첩단 사건으로 얘기되는데, 재일 동포 유학생 12명이 이때 재판을 받아 2명이 사형, 1명이 무기 징역형을 받았다.

그해 12월 11일 이철, 강종헌을 비롯한 다섯 명이 더 묶인다. 제2차 모국 유학생 간첩단 사건으로 불리는 사건이다. 이 12·11사건에서 이철과 강종헌, 두 사람 다 사형 선고를 받게 된다. 이 사건에 관련된 사람들이 많이 포함되면서 1975년에 21명이 간첩 사건에 휘말렸다. 1976년에는 3명, 1977년에는 6명, 이렇게 계속해서 체포되고 그랬다. 1980년대까지도 이런 모습이 많이 나타난다.

11·22사건과 김기춘

— 11·22사건을 구체적으로 짚어봤으면 한다.

1975년 총력 안보 선풍을 마무리 짓듯 그해 11월에 발표된 사건이다. 이 사건을 얘기하기 전에 지금은 MBC 사장이 된 뉴스타파 최승호 PD가 2015년에 김기춘을 만나 나눈 대화를 먼저 살펴보자.

최승호 PD가 감독한, 극장가에서 독립 영화로서 흥행 돌풍을 일으켰던 영화 〈자백〉에서 가장 명장면은 카메라를 거침없이 들이대며 김기춘을 인터뷰한 장면이 아닐까 싶다. 최승호가 접근할 때만 해도 김기춘 표정이 부드러웠다. 그런데 최승호가 "스파이 조작 사건에 대해 사과하실 생각 없습니까", 이렇게 단도직입적으로 묻자, 김기춘은 얼굴이 굳어지면서 "저와 관계없는 일입니다"라고 잡아떼고 "잘 모릅니다"라고 얘기한다.

김효순 전 한겨레 대기자에게 들은 얘긴데, 최승호 PD는 이날 마음이 꼭 좋았던 것은 아니라고 한다. 11·22사건으로 중앙정보부 취조관들한테 윤간을 당한, 이제는 손자를 둔 할머니가 지금 그 얘기를 꺼내고 싶지 않다고 하는 등 일이 뜻대로 되지 않았기 때문이다. 그래서 11·22사건 40주년 기념식에만 참석하러 김포공항에 갔는데, 거기서 정말 뜻밖에도 11·22사건을 수사하고 발표한 김기춘을 만났던 것이다. 막말로 대박이 터진 것이다.

김기춘은 자신에게 불리한 사건에 대해서는 "모른다"로 일관하는 사람 같다. 그 점에서 그의 주군主君 박근혜나 최순실과 닮았다. 그러나 11·22사건 조작에 대해 "관계없는 일입니다", "모릅니다"라고 대답하는 것은 손바닥으로 하늘을 가리는 행위가 아닐까?

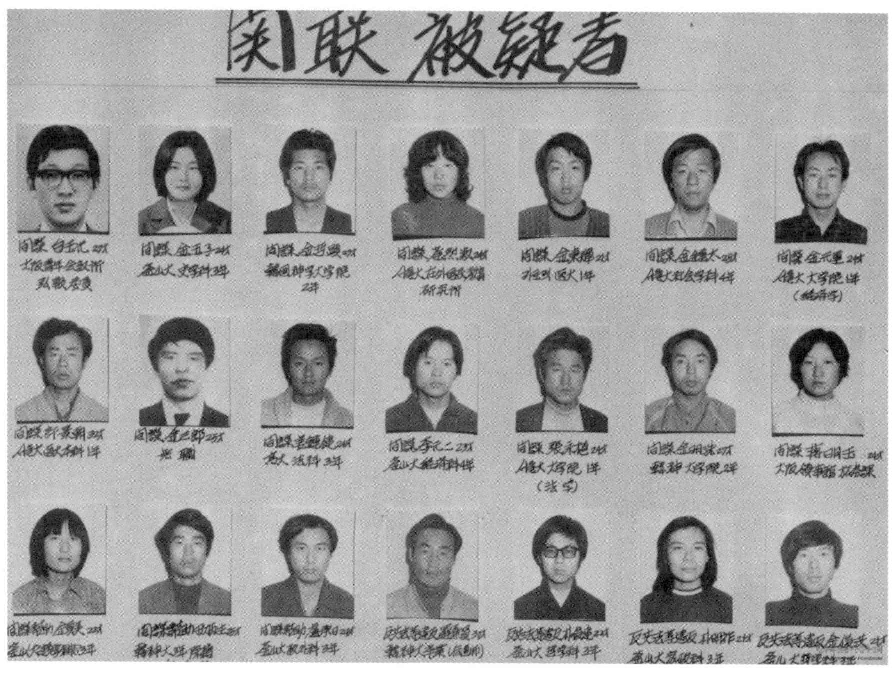

중앙정보부가 발표한 학원 간첩단 사건의 피의자 명단.
이 사건으로 서울교대에 재학 중이던 26세의 재일
동포 여학생이 중앙정보부에서 윤간을 당하기도 했다.

학원 간첩단 사건의 증거품.

김기춘은 지금도 11·22사건 발표가 정말 멋진 작품이었고, 기자들과 한 일문일답에서도 정말 멋진 답변을 했다고 생각할까? 교도소 안에서 과거를 반추하며 11·22사건, 최승호 PD의 직설적 질문이 떠오른 적은 없을까?

— 11·22사건 당시 상황, 어떠했나.

중앙정보부가 1975년 11월 22일, 날짜를 일부러 이날을 택해 사건을 발표했다. 각 신문 1면 톱기사로 실린 요지는 이렇다. "이 대규모 간첩단은 북괴가 대한민국을 전복, 적화할 목적으로 그들의 공작원을 유학생으로 가장시켜 …… 소위 '통일혁명당 지도부'를 학원에서 구성 …… 소요를 일으켜 사회 불안과 혼란을 유발, 결정적 시기에 국가 변란을 일으키려 획책했다."

김기춘 중앙정보부 대공수사국장이 기자들과의 일문일답에서 한 답변은 이 사건을 일으킨 의도가 무엇인가를 잘 보여준다. 과거의 사건과 비교해 특기할 만한 것이 뭐냐는 물음에 김기춘은 "최근 수년간 대학가에서 벌어졌던 데모가 북괴 간첩의 배후 조종에 의한 것임을 증명한 케이스라는 점"이라고 답했다. 반유신 민주화 시위가 북괴 간첩의 배후 조종에 의해 일어났다는 것이다. 그러면서 이번 사건 주모자인 '입북 간첩' 김오자가 부산대 학생 소요를 배후조종했다고 말했다. 김오자는 교토에서 살다가 부산대 사학과에 들어온 학생인데, 광풍처럼 몰아치는 총력 안보 운동 속에서 아무도 발언이나 행동을 하지 못하자 혼자서 유인물을 쓰고 뿌렸다.

더 포복절도할 얘기는 그다음에 나왔다. 김기춘은 "(서울대 사회학과) 김종태는 1973년 당시 동급생이던 이철에게 '현 체제 전복에는 폭력 혁명이 필요하다'는 등 폭력 혁명으로 국가를 전복할 것을 사주 선동했다"고 밝혔다. 민청학련 사건 주모자인 이철에게 폭력 혁명을 사주했다는 얘기였다.

1986년 부천서 성고문 사건과 관련해 검찰이 '성을 혁명의 도구로 삼았다'고 발표해 두고두고 조롱거리가 됐는데, 김기춘은 그것보다 10년도 더 전에 비슷한 얘기를 했다. 김기춘은 11·22사건의 또 다른 특징으로 여학생이 다수 포함됐다는 것을 들면서 "(여학생들이) 버스 정거장이나 길거리에서 국군 장교에게 추파를 던져 군사기밀 탐지와 군부 침투를 노리는 수법을 쓰고 있다"고 말했다. '길거리'에서 '추파'를 던지는 방식으로 성을 혁명의 도구로 사용해 기밀을 탐지하고 군부 침투를 노렸다는 것이 얼마나 어이없고 가소로운 주장인가.

일문일답 결론으로 김기춘은 "'학원 소요의 배후에는 북괴가 있다'는 이번 사건이 준 교훈을 명심하여 (학생들은) 제아무리 순수하다 하더라도 결국은 북괴를 이롭게 할 뿐이란 사실을 인식하고 …… 총력 안보 태세 확립에 기여"하라고 당부했다. 어디서 많이 듣던 소리 아닌가. 11·22사건 발표 6개월 전인 1975년 5월에 벌어졌던 총력 안보 궐기 대회에서 했던 주장과 너무 흡사하지 않은가.

고문 조작으로 모자라 집단 성폭행까지

— 이 사건에 휘말린 이들 가운데 집단 성폭행을 당한 피해자도 있다고 앞에서 언급했다.

부천서 성고문 사건과 다른 형태로, 이때 서울교대에 재학 중이던 26세의 재일 동포 여학생이 윤간을 당했다. 이 여학생은 자신이 중앙정보부에서 조사받을 때 얘기했던 유학생들이 11·22사건으로 구속된 것을 알고 큰 충격을 받았다. 그러면서 자신이 알고 있는 진실을 말해야겠다고 결심했다. 이 여학생은 그해 12월 23일 도쿄 중의원 제2의원회관에서 기자 회견을 열고, 11·22사건이 완전 조작이라고 주장하면서 자신이 성폭행까지 당했다고 말했다. 그리고 그해 12월, 자신이 당한 일을 수기로 남겼다. 그 수기에 자신의 성명을 다 밝혔지만, 여기서는 권 씨라는 것만 밝히겠다. 이 수기는 김효순의 책에 수록돼 있다.

권 양은 1975년 8월 5일 남산 중앙정보부 본부 근처 2층 집 거실로 끌려가 심문을 받았다. "넌 왜 여기에 온 줄을 알지"라는 똑

같은 질문과 "모릅니다"라는 대답이 반복됐다. 그들은 권 양의 뺨을 후려갈기며, '전문적인 고문 기술자'들이 권 양을 살려 보내지 않을 것이라고 협박했다. 그날부터 10일간 밤낮 쉴 새 없이 고문하면서 진술서를 고쳐 쓰도록 강요했다. 권 양은 일종의 몽유병자처럼 됐다.

한밤에 그들끼리 "이년이 말을 안 들으면 죽여버리자"고 얘기하는 것을 잠결에 우연히 들었을 때 죽음의 공포가 권 양을 엄습했다. 절망에 빠져 권 양은 자신이 알지 못한 것, 사실이 아닌 것들을 그들이 부르는 대로 쓰겠다고 승낙했다.

석방되기 전날(8월 14일) 자정 무렵 한 남자가 침입해 권양을 강간하려 했다. 권 양이 필사적으로 저지하자 옆방에서 남자들끼리 뭐라고 했다. 8월 15일 '각서'를 쓰고 석방됐는데, 그다음 날 중앙정보부 사람들이 권 양 아파트에 찾아와 '또다시 구속하고 여권을 빼앗겠다'고 위협하면서 권 양의 정조를 요구했다. 그 부분은 이렇게 쓰여 있다. "그들은 미친 짐승처럼 나를 범했다. 나는 처녀성을 상실했고 견딜 수 없는 수치를 당했다. 나는 정신을 잃었고 정신 착란 상태에 빠졌다."

권 양은 8월 18일에도 "KCIA(중앙정보부) 짐승들에게 아스트리아 호텔에, 8월 21일에는 프린스 호텔에 불려가 거기에서 또다시 윤간을 당했고, 언제 일본으로 떠나느냐는 질문을 받았다. …… 나는 새로운 희망에 뛰는 가슴을 안고 서울에 갔지만 몸을 버리고 비참하게 일본으로 돌아왔다. 돌아온 후 나는 일본에 잘 돌아왔노라고 엽서를 KCIA에 보냈다. 나는 그 짐승들의 지시에 따른 것이다."

권 양은 중앙정보부의 11·22사건 발표를 보고, "남한의 젊은 세대가 수모당하는 것을 방지하고 박 정권이 빨리 무너지고 민주주의가 회복되고 우리 고국이 가능하면 빨리 통일되기를 바라는 마음에서" 수기를 썼다. 부모가 받을 충격도, 결혼할 수 없으리라는 것도 뚜렷이 느꼈지만, 그렇게 했다. 수기를 쓴 시점이 그해 12월이라고 했는데, 아마도 12월 23일 폭로한 직후에 쓰지 않았을까 싶다.

표적은 재일 교포 유학생만이 아니었다

— 간첩으로 몰린 사람은 재일 교포 유학생만이 아니지 않나.

모국 유학생만 간첩으로 몰린 것이 아니다. 일본 유학생들도 상당수가 간첩으로 재판을 받았다. 대표적 인물로 서울대를 졸업하고 도쿄대에 유학한 최상룡과 김영작이 있다.

도쿄대에서 해방 직후 정치 상황에 관한 뛰어난 박사 학위 논문을 쓴 최상룡은 1973년 체포돼 "북한에서 밀봉교육을 받고 돌아온 간첩임을 자백하라"고 닦달을 당했다. 강신옥 변호사가 변론을 맡았는데, 1심에서 징역 3년형을 받았으나 2심에서 집행 유예로 풀려났다. 최상룡은 나중에 고려대 정외과 교수, 주일 대사 등으로 활약한다.

최상룡이 체포되고 나서 그 이듬해에는 역시 도쿄대 유학생으로 북한에 다녀오기도 했던 김영작이 보안사에 끌려가 통일 전선을 펼친 간첩으로 엮여 징역 10년형을 받았다. 그러나 일본 수상 후쿠다 다케오, 서울대 은사로 유신 정권에서 고위직을 지낸 이용희 등의 노력으로 1978년에 석방됐다. 얼마 후 김영작은 전두환·신군부 정권의 민정당 싱크 탱크에서 야당의 논리를 격파하는 등의 활동을 했다. 국민대 교수로 재직했다.

일본에서 뛰어난 연구자로 일하다가 고국에 와서 기여하려다 간첩이 된 경우도 있다. 포항제철을 준공할 때 상무 이사 겸 건설본부장으로 포철 산파역이었던 김철우는 도쿄대에서 공부하고 도쿄대 연구 담당 교수였다. 박태준 등의 설득으로 제철 공장 설립을 위해 한국에 온 김철우는 1973년 보안사에 끌려갔다. 1970년 동생을 만나게 해준다고 해서 북한에 갔다가 동생은 만나지도 못하고 황해제철소에 관해 조언을 해준 일 때문이었다. 1심에서 사형이 구형됐으나 징역 8년형을 선고받고(2심에서 징역 10년으로 확정), 1979년에야 가석방돼 포철 원로 전문가로 활동했다. 홋카이도대학 조교수였던 김철우 동생 김길우는 형보다 한 달 늦게 끌려가 징역 7년형을 선고받았다.

국내에 들어와 활동한 재일 실업인이 간첩단 사건으로 엮인 경우도 있다. 제주 출신 재일 실업인 강우규는 국내에 들어와 대영공업주식회사에 자본을 투자하고 기업인으로 활동했는데, 1977년에 끌려가 '위장 잠입했다'며 사형 선고를 받았다. 강우규는 1989년 일본에 돌아갈 수 있었다.

중앙정보부는 강우규와 김추백 등 한국인들을 재일 교포 실업인 간첩단으로 묶어 김추백 등에 대해서도 징역형 등을 선고했다. 이 사건도 신문에 크게 보도됐다. 2010년대에 강우규, 김추백 등 관련자들은 재심에서 무죄 선고를 받았다. 그러나 3년 6개월 징역형을 받은 김추백은 1979년 교도소에서 쓰러져 형 집행 정지로 출소했으나 곧 사망했고, 집행 유예로 석방된 김문규는 고문 후유증으로 이미 자살한 상태였다.

간첩 조작 피해자들, 대부분 재심에서 무죄

— 간첩으로 조작된 피해자들 가운데 훗날 재심을 청구한 사례는 얼마나 되나.

재일 동포 간첩 사건으로 엮인 사람들 중에서 일부가 나중에 재심을 청구했다. 체포돼 고생한 사람들 중에는 일본에 돌아가서 '그러고저러고 악몽을 다시 기억하기도 싫고, 이제 와서 재심을 받아봤자 뭐가 좋으냐. 그래서 재심 청구를 못 하겠다(또는 안 받겠다)'고 한 경우가 많은데, 여기서는 재심을 청구한 이들 중 몇 사람 사례만 보자.

유영수는 부산대에서 공부하다가, 한양대로 유학 온 동생과 함께 1977년 체포됐다(유 형제 사건). 무기 징역을 받았다가 7년간 감옥 생활을 했는데, 2012년 대법원에서 간첩 혐의를 비롯한 대부분의 혐의에 대해 동생과 함께 무죄가 확정됐다. 재심 과정에서 법원은 당시 보안사 수사관들이 불법 구금한 상태에서 각종 고문과 가혹 행위로 허위 자백을 하게 했다는 점을 인정했다.

강종헌은 12·11사건으로 들어갔는데 사형 선고를 받고 13년이나 감옥소 생활을 했다. 이 사람은 서울대 병원 같은 데에서 사람들이 피를 파는 걸 보고 너무 딱해서 '의학을 공부해서 어려운 사람을 돕자'는 생각으로 서울대 의대에 들어갔다. 그런데 이 사건에 휘말려 사형 선고를 받고 13년이나 감옥에서 살아야 했다. 강종헌은 재심을 청구해 2015년 대법원에서 무죄가 확정됐다.

고려대 대학원에 다닌 이철도 12·11사건으로 약혼자와 함께 끌려갔다. 이철은 사형 선고를 받고 13년이나 감옥소에서 고생했다. 역시 2015년에 대법원에서 무죄 확정 판결을 받았다. 11·22사건으로 들어간 김원중, 김동휘, 최연숙 등도, 12·11사건에 휘말린 조득훈도 무죄가 됐다.

재일 한국인 정치범 일람표에는 재심을 청구한 사람이 31명으로 나오는데 이게 다는 아닐 것이고 그 당시까지 조사된 인원일 것이다. 1970년대에 걸려든 사람들이 많이 들어가 있고 1980년대에 휘말린 사람들도 좀 들어가 있는데, 재심을 청구한 사람들은 대부분 무죄 확정 판결을 받았다.•

• 김병진의 책《보안사》에는 1970~1980년대에 간첩단 사건이 어떤 식으로 조작됐는가를 간명하게 보여주는 대목이 나온다. "이 나라의 재판은 형식적인 것이야. 우리가 간첩이라고 하면 간첩인 것이지." 김병진이 기록한 어느 준위의 말이다. 재일 한국인 3세로 한국에 건너와 연세대에 다니던 중 1983년 보안사에 끌려가 고문을 당하고 북한 공작원으로 날조된 김병진은 그 후 보안사에 강제로 채용돼 다른 재일 한국인을 간첩으로 조작하는 일에 투입되는 기막힌 일을 겪었다. 무고한 사람을 고문해 공작원으로 몰아간 것으로 모자라 자신들을 위해 일하게 만들기까지 한 보안사의 행태는 1951년 거창 학살을 자행한 군부대가 학살 현장의 생존자를 끌고 다니며 잡일까지 하게 한 것을 떠올리게 만든다. 김병진은 보안사를 떠난 후 자신의 체험을 정리한 책《보안사》를 통해 간첩을 조작한 한국 현실을 고발했다.

애인·친척·이웃 할 것 없이 전 국민을 간첩으로 서로 의심케 한 유신 정권

전 국가의 병영화, 열두 번째 마당

김 덕 련 간첩 이야기가 범람한 1970년대에는 간첩을 어떻게든 찾아내 신고하라는 압박도 강하지 않았나.

서 중 석 1970년대에는, 1980년대까지 연장은 되는 것이지만, 간첩을 잡자는 운동이 그야말로 범국민 운동 벌어지듯 광범위하게 벌어졌다. 그러면서 간첩 식별법이라는 게 여기저기 붙어 있었다. 파출소 근처는 말할 것도 없고 전봇대, 담벼락, 술집, 찻집, 식당, 상점 같은 데 붙어 있고 그랬다.

— 간첩인지 아닌지 어떻게 알아낼 수 있다는 것인가.

간첩 식별법으로 붙어 있던 것 중 하나를 살펴보자. "알리는 말씀"이라고 해놓고 이렇게 돼 있다. "이러한 사람이 있으면 경찰 관서나 출장 중인 경찰관에게 연락, 신고합시다. ① 야간과 아침 일찍 낯모른 사람이 부락을 통행하거나 음식점에서 취식하는 자 ② 6·25 때 행방불명되었다 갑자기 나타난 사람 ③ 촌가에서 좌우를 살피며 행로에 익숙하지 않다고 인정되는 자 ④ 좋은 날씨에 옷이나 신발에 '뻘'이 묻어 있는 사람 ⑤ 물건을 살 때 물가에 밝지 못한 자와 적은 물건을 사고 큰돈을 내는 자 ⑥ 밤 12시 이후 남몰래 라디오 듣는 사람", 심야 방송 듣는 사람도 여기에 해당될 수 있을 텐데, "⑦ 이웃 사람 중 사업, 취직 또는 친척 방문을 구실로 오랫동안 나타나지 않는 자 ⑧ 일본이나 북한, 만주, 중국 등지에 갔던 사람이 나타났을 때." 내 제자 이임하 박사가 쓴 책에 이 내용이 들어 있는데, 이보다 더 구체적으로 적시한 것도 있다.

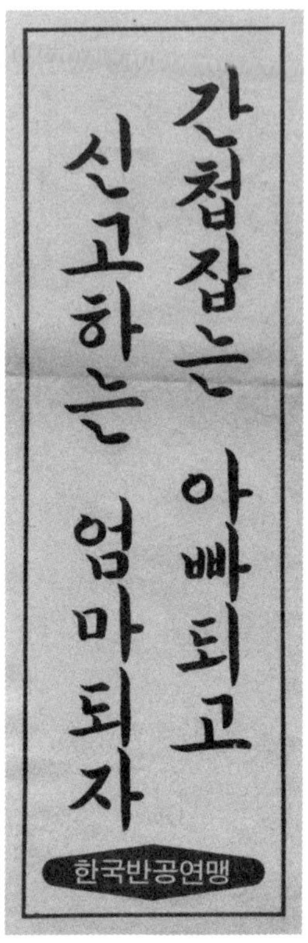

간첩잡는 아빠되고
신고하는 엄마되자
한국반공연맹

간첩
신고하면 상금타고
안하면 벌받는다
충청남도

1970년대 반공 표어. 1970년대에는 간첩을 잡자는 운동이 범국민 운동처럼 광범위하게 벌어졌다.

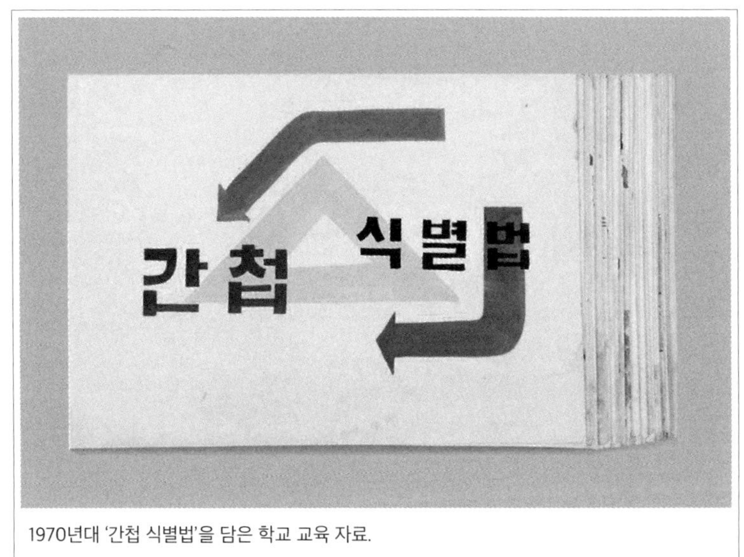

1970년대 '간첩 식별법'을 담은 학교 교육 자료.

— 어떤 것들이 있었나.

"아침 일찍 산에서 신사복을 입고 내려오거나 손과 다리에 산속을 헤매서 긁힌 자국이 있는 사람", "구겨진 옷을 입고 손가방이나 보따리를 들었거나 물건값을 잘 모르는 사람", "얼른 보아 초조한 태도를 하고 은연중 사람의 눈을 피하려 하는 수상한 행동을 하고 신기한 듯 주위를 살피며 당황하는 사람", "평소 가난하거나 직업이 없던 자가 갑자기 부유한 생활을 하고 돈을 낭비하는 사람", "자기 직업에 대한 상식이 없고 주소지에 대하여 사정을 잘 모르는 사람", "세수, 이발을 못하고 신발이 이상하고 산 이름, 파출소, 검문소 등과 길을 묻는 사람", "이웃에 이사 온 사람 가운데 남의 눈을 피하거나 필요 이상으로 친절을 베푸는 자", 이런 것들이다.

지금 생각해봐도 이런 것에 해당될 만한 사람이 꽤 많을 것 같다. 생사람 잡기 좋은 이런 것들을 가지고, 마을 회의나 반상회 같은 데에서 이런 사람이 나타나면 반드시 신고하라고 거듭 강조했다.

그런데 관심을 끄는 건 그 당시 간첩 신고 포스터를 주로 공안 계통, 경찰 계통에서만 만들어서 살포하고 부착했던 게 아니라는 점이다. 이임하 박사는 당시 백제관광여행사라는 데에서 간첩 신고 포스터를 붙여놓은 것을 책에 실었다. 공주에 있는 조그마한 여행사일 텐데, 이런 여행사조차 신고 포스터를 만들어서 붙여야 할 정도로 여러 업체에서 이런 걸 자진해서 만들어 붙인 것 아닌가 하는 생각이 든다.

귀에 걸면 귀걸이, 코에 걸면 코걸이 식 간첩 식별법

— 간첩 식별법이라는 것을 온갖 장소에 붙여놓은 것 자체가 논란이 될 수 있지만, 그 내용이 부적절하거나 애매하거나 지나치게 자의적이었던 점도 문제다. 좌우를 살피며 행로에 익숙하지 않다는 부분을 예로 들면, 이건 처음 가본 여행지에서 누구나 겪게 되는 상황이다. 또 2008년 '버스비 70원' 발언으로 세간의 관심을 모은 정몽준 전 의원 사례에서 잘 드러난 것처럼, 물가에 밝지 못하다는 것을 문제 삼은 조항의 경우 재벌가 사람들을 비롯한 부유층, 상류층 중 과연 몇 명이나 여기에 해당되지 않을까 싶기도 하다. '버스비 70원' 발언이 상징하는 서민경제에 대한 무지가 오늘날 정몽준 한 사람만의 것이라고 볼

근거도, 1970년대 부유층은 그렇지 않았다고 여길 근거도 전혀 없다. 그렇다고 간첩 식별법에 따라, 물가를 잘 모른다고 해서 그러한 최고 부유층을 간첩으로 규정할 수는 없는 것 아닌가.

그리고 간첩 식별법에 담긴 문장이 지역에 따라 조금씩 차이가 나던데 예를 들면 "과거의 악질 부역자 처단자 가족과 남몰래 가까이 교제하는 자", "정부 시책을 은근히 비난하고 북괴를 지지, 찬양하는 자" 같은 조항이 있는 경우도 있다. 전자는 예컨대 한국전쟁 발발 직후 이승만 대통령이 혼자, 몰래 도망간 다음 거짓 방송을 내보낸 탓에 피란을 못 간 많은 서울시민처럼 어쩔 수 없이 '부역자'가 될 수밖에 없었던 또는 억울하게 '부역자'로 몰린 시민들을 다시 한 번 나락에 떨어뜨린 행위라고 볼 수 있다.

후자의 경우, "북괴를 지지, 찬양하는 자"라는 단서를 달긴 했지만, 숱한 공안 조작 사건에서 드러난 것처럼 현실에서는 "정부 시책을 은근히 비난"이라는 부분에 초점을 맞춰 무고한 사람을 얼마든지 괴롭힐 수 있는 조항 아니었나 하는 생각이 든다. 민주주의를 지향하는 사회에서는 정부 시책 비판 자체를 문제 삼아 간첩으로 규정해서는 안 된다는 점에서도 이런 식의 규정은 위험하다. 예컨대 김대중·노무현 정권 때 야당이던 한나라당 인사들이 "은근히" 정도가 아니라 시쳇말로 잡아먹을 듯이 정부를 강도 높게 비판·비난했지만, 그렇다고 해서 그들을 간첩으로 몰아간다는 건 말이 안 되는 것과 마찬가지다.

문제투성이인 간첩 식별법이 독재 정권 때에만 있었던 게 아니라는 점도 눈에 들어온다. 한겨레(2014년 3월 21일, 인터넷판)에 따르면, 1996년 강릉 앞바다에 북한 잠수함이 침투했을 때 경찰청이 하달한 '직파 간첩 식별 요령'에는 '집이나 직장 전화번호를 물었을 때 답변을 회피하거나 말을 더듬는 경우', '여관이나 여인숙 등에 오랫동안 투숙하면서 매춘부를 찾지 않은 경우' 같은 내용이 있었고 2000년대 초반 국정원 홈페이지에 올라온 식별 요령에는 '20~30대 청년으로 직업과 용모에 어울리지 않게 휴대폰, 자판기, 버스 카드 사용이 서툰 사람'이라는 항목이 있었다고 한다. 이처럼 자의적이고 어이없는 규정은 2013년에 불거진 서울시 공무원 간첩 조작 사건에 이르기까지 수십 년간 양산된 각종 공안 조작 사건과 무관하다고 볼 수 없다. 다시 돌아오면, 박정희 집권기에 간첩 식별법 이외에 또 어떤 것이 있었나.

간첩 잡기 노래라는 것도 있었는데, 뭐냐 하면 영화 〈새드 무비〉 주제곡의 노랫말을 간첩 신고에 관한 것으로 바꿔 부르는 것이었다. "아침에 산에서 양복 입고 내려오는 자, 광화문 앞에서 중앙청을 찾는 자, 술집에서 취한 김에 동무 동무 하는 자, 이런 사람 보~면 지체 없이 113으로, 오오오", 바로 다음이 원곡에서 sad movie 대목인데, "간첩 신~고는 국번 없이 113으로", 이런 노래가 유행했다고 그런다.

애인도, 친척도, 이웃도
간첩인지 우선 의심하라는 무서운 세상

— 간첩 신고 표어 중에도 인상적인 게 많지 않았나.

간첩 신고 표어를 보면 별의별 게 다 있었다. “의심나면 다시 보고 수상하면 신고하자”, “자수하여 행복 찾고 신고하여 애국하자”, “간첩 신고 너나없고 간첩 자수 밤낮 없다”, “간첩 잡는 아빠 되고 신고하는 엄마 되자”, 이런 것은 그렇다고 쳐도 좀 심한 것도 있다.

예컨대 “간첩은 휴식 없다 내가 먼저 말조심”, 이런 것도 있었다. 전에도 얘기했지만 이때는 어디서건 말을 마음 놓고 할 수가 없었다. 1970년대에는 그랬다. 어떤 일에 기분이 상해 한마디 했다가, 잘못하면 신고당할 수 있었다. 그런 시대였다. 하여튼 어디서나 말조심하라고 아예 포스터를 붙여놓았다. 이건 뭐겠나. ‘박정희 정권을 비판하는 말, 기분 나쁘다고 하는 말, 이런 말을 하면 넌 어떻게 되는지 알아?’, 이런 의미로도 해석될 여지가 있는 것이다.

“간첩 잡아 애국하고 유신으로 번영하자”, 이건 정치적 의도가 뻔하다. 한국농약은 약 광고를 하면서 “우리 부락 간첩 있나 다시 한 번 살펴보자”라는 표어를 붙여놓았다. 마을 주민 모두 서로 감시하라는 무시무시한 표어다.

그 당시 산에 갔다 오던 사람들이 간첩으로 많이 몰릴 수 있었다. 표어에도 그런 게 있었다. “저기 가는 저 등산객 간첩인가 다시 보자”. 1970년대에는 산에 가는 게 두려웠다. 나도 한두 번 그런 일을 겪은 적이 있다. 죽령을 혼자서 걸어서 넘을 때에도 산동네의 바지저고리 입은 사람이 자꾸 쳐다봐서 겁이 덜컹 난 적이 있다. 그리고 치악산에 가다가 길을 잘못 들어 조그마한 길, 소로로 내려왔는데 어느 동네에서 그 동네의 한 사람하고 언쟁이 붙었다. 그런데 그 사람이 나를 간첩이라고 바로 신고해버렸다. 경찰은 신고가 들어왔다면서 나를 버스에서 내리게 했다. 그래서 내가 강하게 항의하고

"잘못 신고한 사람을 내가 고발하겠다. 이름을 알려달라"고 했다. 그런데 그 순경은 내 신원을 조사하고 미안하다고만 하면서, 신고한 사람은 절대 알려줄 수 없게 돼 있다고 하더라.

— 왜 알려줄 수 없다는 것인가.

그래야 다들 마음 놓고 신고할 것 아니냐, 이러더라. 세상에, 무고한 사람을 얼마든지 신고할 수 있게 장려한 것 아니냐는 생각이 들더라. 누군가에게 기분 나쁜 일이 있으면 그 사람을 신고해버릴 수 있었고, 그러면 신고당한 사람은 간첩이 아니라는 게 판명될 때까지 당하는 것이었다.

이런 국가였다. 그렇기 때문에, 반상회 얘기도 했고 "우리 부락 간첩 있나 다시 한 번 살펴보자"는 표어도 언급했지만, 심지어 이웃 살펴주기 선정 마을이라는 포스터도 붙어 있었다.

— 이웃이 얼마나 어렵게 사는지 서로 살펴보고 돕자는 건 아닐 듯한데, 그건 대체 뭔가.

"우리 마을은 이웃 살펴주기 마을입니다. 수상한 행동을 하는 사람은 경찰 관서에 즉시 신고됩니다", 이렇게 해놓았다. '살펴주기'는 감시하라는 말로 해석할 수도 있다. 그러니까 이웃에 사는 사람도 감시 대상, 신고 대상이 될 수 있는 것이었다.

이렇게 이웃 살펴주기 운동까지 벌이는, 그렇게 해서 간첩으로 신고하자는 운동까지 벌이는 세상이 됐는데 그러면서 "오랜만에 만난 친척 간첩인가 다시 보자"는 표어도 나왔다. 아, 친척을 자주 만

날 수도 있지만 친척이 오랜만에 올 수도 있는 것 아닌가. 그런데 그런 친척이 간첩이 아닌지 다시 보자는 것이었다. 더 무섭다고 할까, 심지어 이런 것도 있더라. "사랑하는 애인도 알고 보니 간첩", 이거 참. 이러니 연애도 맘대로 못하는 것 아닌가. 간첩인지 아닌지 알 수 없으니까. 이런 것도 있었다. 전쟁 통에 가족과 헤어져 가족 소식을 수소문하는 사람도 간첩인가 살펴보라는.

이렇게 '전 국민을 간첩으로 일단 봐야 한다', 그러면서 '말하는 것, 행동하는 것을 다 주시하라', 이게 1970년대였다. 모든 국민이 감시받는 이게 바로 전체주의적 병영 체제가 아니고 뭐냐, 이 말이다. 이처럼 마음 놓고 걸어 다니지도 못하고, 마음 놓고 산에 가지도 못하고, 마음 놓고 얘기할 수도 없고, 연애도 마음놓고 못하고, 다방 가서도 얘기를 제대로 못하게 돼 있었다.

온 국민을 감시하라는 것은 불온한 사람을 감시하라는 말이기도 하다. "부질없는 유언비어는 국가 안보를 해친다", "잘살기 위해 스스로의 자유를 제한하자" 같은 포스터도 여기저기 나붙었다. 유신 체제에서 '부질없는' 얘기를 하고 다니는, '정화'되지 않은, 정부에 복종하지 않는 수상한 사람, 불온한 사람은 간첩으로 몰리거나 간첩과 동일시됐다. 총력 안보가 모든 것에 우선하기 때문에 "나라를 지키고 보존함에 있어 스스로의 허점이 되는 사회 불안은 용서할 수 없으며, 받아주지도 않으려니와 이 같은 불안의 씨를 없앤다", 이것이었다.

— "불안의 씨"로 어떤 것이 지목됐나.

'불안의 씨'를 안고 다니고 퍼트리는 불온한 자는 누구였느냐.

대학생들 속에 많았다. 경남대생으로 부마항쟁(1979년) 때 마산 시위를 선도한 정인권은 부마항쟁 전에 두 가지 어이없는 경험을 했다.

고향인 울릉도로 가는 배를 타는데, 유신 시기답게 검문검색이 심했다. 경찰은 정인권에게 배낭을 열어보라고 했다. 그 안에 책이 100권 정도 들어 있자 경찰은 불문곡직하고 정인권을 배에서 내리게 해 포항경찰서로 끌고 갔다. 조사를 하더니만 그 책들을, 서점에 다 있는 것이었는데, 경찰서 뒤뜰에 가지고 가서 전부 태워버렸다. 대학생은 불온한 존재로 여겨졌는데, 특히 책을 많이 가지고 있으면 더 불온하게 보일 수 있었다. 정인권은 경찰의 불법적인 폭력에 엄청난 충격을 받았다.

그것에 이어서 울릉도에서 또 하나의 어이없는 일을 겪었다. 술 마시며 농담 비슷하게 구호를 외쳤는데, 몇몇 사람이 '누구 아들이냐' 묻더니 다짜고짜 폭행했다. 그 지역 정화위원들이었는데, '정화'되지 않은 불온한 학생을 발견하고 그렇게 폭행한 것이다. 그러고 나서 경찰서에서 정인권을 호출해 의자에 묶어놓고 "완전히 그 간첩 취급으로 별애별(별의별) 조사를 다" 했다. 정인권은 "비로소 유신 체제에 대해 적개심을 가졌다. 도저히 못 참겠다. 용서할 수 없다"고 말했다.

학생들은 술을 마시면서도 주변을 살폈다. 불온한 학생으로 신고당할까 싶어 그랬다. 공포 속에 살았고, 그런 속에서 유신 체제에 대한 불만과 공격 본능을 갖게 되기도 했다.

청년 문화 이야기를 나중에 할 건데 "기타 칠 줄 모르면 간첩이다"를 포함해서 '뭘 못하면 간첩이다', '뭘 모르면 간첩이다', 이런 말들이 유행처럼 번졌다. 하도 모든 걸 간첩으로 몰아세우니까 이런 것들이 유행어가 되고 그랬다. 농담으로도 많이 주고받았는데, 얼마나 싸늘한 모습인가.

— "기타 칠 줄 모르면 간첩이다"는 세태 풍자 의미를 많이 담고 있던 표현인가.

풍자도 아니었다. 농담이었다. 누구나 기타를 치려고 하던 시절이기 때문에 농담으로 그런 얘기들을 한 건데, 그렇게까지 되는 사회가 도대체 어떤 사회인가. 모든 사람을 일단은 간첩으로 봐야 한다는 분위기였기 때문에 그런 식의 농담까지 생긴 것이다.

온 국민이 감시 대상이라는 걸 얘기하는 데 한 사례가 될 수 있을 터인데, 김창남 교수 인터뷰를 보면 이런 대목이 있다. 김 교수가 초등학생 때라고 하는데, 간첩처럼 보이는 사람이 있으면 신고를 하려고 그 뒤를 밟았다고 한다. 툭 튀어나온 광대뼈에 밀짚모자를 쓰고 갈색 가죽 가방을 든 간첩 이미지가 소년 김창남의 머릿속에 잡혀 있었다고 하는데, 고우영 만화를 보고서 '간첩은 이렇게 생겼다'고 생각하게 된 모양이다. 이렇게 초등학생 소년들이 간첩 잡기에 나서고 그랬다. 세상에, 이런 세상이 있었다. 이게 대한민국이라니!

진보당 사건, 2차 인혁당 사건을 지하당 사건으로 날조해 가르친 유신 정권

— 1960년생인 김창남 교수가 초등학생일 때보다 10여 년 후인

전두환 정권 시기에 초등학교에 입학한 제 또래에게도 간첩 신고는 먼 얘기가 아니었다. 우선 이런저런 간첩 신고 표어를 일상에서 쉽게 접할 수 있었다. 신고 포상금 액수(간첩 최고 3,000만 원, 간첩선 최고 5,000만 원)를 정확히 아는 아이들도 주변에 많았다. 제 또래 중에는 요즘 간첩 신고 포상금 액수는 몰라도 '간첩 최고 3,000만 원, 간첩선 최고 5,000만 원'은 기억하는 사람이 꽤 될 것이다. 그 시절에 "여기는 내륙이라 5,000만 원짜리는 우리랑 상관없겠네?"라는 이야기를 하는 친구들도 있었다. 독침을 지니고 다닌다는 간첩이 한편으로는 무서우면서도 다른 한편으로는 '신고 한 번만 잘하면 큰돈 벌 수 있다'는 생각, 다시 말해 '간첩 신고 성공=복권 당첨'이라는 생각을 했던 것이다.

그리고 그때는 북한에서 날려 보낸 전단('삐라')을 신고하면 공책 같은 학용품을 상으로 받을 수 있었다. 김 교수처럼 간첩 같아 보이는 사람의 뒤를 밟은 경우는 제 주변에서 보지 못했지만, '삐라'를 찾겠다며(어쩌면 그 이상까지도 은근히 기대하면서) 인근 산을 다니는 경우는 몇 번 봤다. 물론 '삐라'나 간첩을 발견하지는 못하고 대개 사슴벌레 같은 것만 몇 마리 잡아 오는 것으로 그날의 작전을 마무리하곤 했다. 다시 돌아오면, 유신 정권이 남발한 긴급 조치와 이러한 간첩 신고 독려는 이어지는 면이 있어 보인다. 어떠했나.

긴급 조치 위반으로 신고된 사람들 중 많은 부분은, 내 생각에는 맨 처음에 신고될 때는 간첩으로 신고된 것 같다. 그런 것들을 살펴보자.

2010년 재심에서 무죄 판결을 받을 때 신문에 여러 번 이름이 오르내린, 앞에서 언급한 오종상은 농사꾼이었는데 1974년 중앙정보부에 끌려가 지독한 고문을 당하고 징역 3년형을 받았다. 버스에서 동석한 여고생한테 유신 헌법을 비난하면서 "이런 사회는 차라리 일본에 팔아넘기든가 이북과 합쳐서라도 배불리 먹었으면 좋겠다", 이렇게 말했기 때문이다. 나는 이 여고생이 맨 처음에는 간첩인 줄 알고 자기 선생님한테 '내가 이런 얘기를 들었다'고 한 것이 아닐까 싶다. 그러자 그 선생이 신고해 오종상 사건이 생긴 것이다.

긴급 조치 위반으로 걸려든 사건 중에는 이런 것도 있다. 어떤 강사가 학원 강의 중 군부를 비판하고 국어책이 정부 선전의 매개체라고 얘기했다가 긴급 조치 위반으로 징역 8년형을 받았다. 이것도 공부하던 중 그 이야기를 들은 학생이 간첩으로 신고한 것일 터인데, 간첩으로 처리하지 않고 그쪽으로 처리한 것 아니겠나. 이런 분위기였으니 학교에서건 학원에서건 선생님이 교육 시간에 무슨 얘기를 할 수 있었겠느냐, 이 말이다.

목사도 당했다. 1977년에 설교 중 "박정희 정권이 인권 탄압을 지속하고 있으며 농민, 근로자들을 억압하고 있다", 이렇게 얘기했다가 징역 6년형을 받았다. 또 교사가 수업 중에 단독 입후보하는 대통령, 이게 바로 체육관 대통령인데 그것에 대해 비판하고 차라리 북한의 김일성이 똑똑하다고 발언했다가 걸려들어 징역 3년형을 받은 사례도 있는데, 이것도 학생은 간첩으로 신고했을 것이다. 이런 일들이 많이 있었다.

북에서 내려온 자의 활동 중에서 제일 문제가 된 것이 지하공작일 텐데, 반공 시간 같은 때에 가르치면서 그런 지하공작을 한 사례로 어떤 것을 제시했는지 살펴보자. 이것을 통해 반공 운동의 목표랄까 목적을 엿볼 수 있는데, 지난번에 이야기한 문교부의 《사상 교육, 반공 교육 지도 자료집》, 1975년에 초·중·고 교사용으로 만든 이 자료집에 담긴 사례를 보면 기가 막힌다.

— 어떤 것들이 그런 사례로 제시됐나.

'북괴의 전략·전술'이라고 해서 '북괴의 지하당 공작'이라는 란을 보면 거기서 예를 든 것이 "진보당 사건, 남로당의 국회 프락치 사건, 인혁당 재건위원회 사건, 동백림 공작단 사건" 등이다. 임자도 간첩단 사건, 통혁당 사건 등도 들어 있는데 제일 크게 내세운 게 진보당 사건이었다.

전에도 얘기했지만 어떻게 진보당 사건이 북괴의 지하당 공작이란 말인가. 1949년에 일어난 "남로당의 국회 프락치 사건"이라고 돼 있는 것도 지금 학계에서는 조작이라고 보는 견해가 훨씬 강하다. 인혁당 재건위 사건이 어떤 사건이라는 건 지난번에 얘기를 했고, 1967년에 일어난 동백림 사건이 어떤 사건이라는 것도 내가 자세히 얘기했다.

이렇게 '북괴의 지하당 공작'이라고 하면서 내놓은 사례의 대부분이, 여러 개 중에서 한두 개가 그런 게 아니라 거의 전부가 전혀 지하당이라고 볼 수 없는, 그 점이 아주 명백한 것들이었다. 그런 것을 지하당이라고 하면서 1970년대에 가르쳤다. 정말 이런 나라에서 어떻게 살 수 있는가, 이런 나라에 살고 싶은가 하는 마음이 안 들 수 없게끔 돼 있었다.

마지막으로 재일 동포 모국 유학생들처럼 '간첩 만들기'에 억울하게 희생된 납북 어부 간첩 사건을 간략히 들여다보자.

줄줄이 사탕처럼 간첩으로 엮인 납북 어부들

— 그것에 해당하는 사건도 다수다. 그중에서도 특히 문제가 되는 사건으로 어떤 것을 꼽을 수 있나.

논쟁의 대상이 되는 납북 어부 간첩 사건은 1960년대에서 1971년 사이에 납북됐다가 1970년대 후반에 들어와 간첩 사건이 된 경우다. 그 첫 번째가 1976년 4월에 있었는데, 그 시점을 볼 때 1975년의 총력 안보 운동, 반공 운동, 재일 동포 모국 유학생 간첩 사건의 연속선상에서 일어난 것으로 파악될 수 있는 점이 있다.

납북 어부 간첩 사건은 몇 가지 공통점이 있다. 먼저, 북한에 갔다 왔다는 점이다. 바다에서 고기떼를 쫓다가 북한 경비선에 의해 끌려간 것이다. 이들은 북한에서 '사실'을 봤고, 또 얘기를 들었다. 그 후 주변 사람들에게 "북한에 가보니 기계로 농사를 짓더라", "농촌에도 전기가 들어와 있더라", 이런 얘기를 할 수도 있었다. 1960년대에는 북한이 남쪽보다 꼭 못살았다고 할 수도 없지 않나.

물론 어부들은 기관에 끌려가 장기간의 불법 구금과 고문을 당했다. 그런데 재일 동포 모국 유학생들의 경우 일본에서 구원 단체들이 생겨나고 유력 인사가 나서기도 했지만, 어부들은 대개 공부를 많이 하지 못한 사회적 약자로 어디 가서 하소연할 데가 없었다. 재심 청구도 법적 요건이 까다로워 반드시 변호사가 있어야 하는데, 어부들은 언감생심 꿈도 꾸기가 쉽지 않았다.

또 설령 이들에 대한 공소 사실을 인정한다 해도 군사 기밀로서 가치가 거의 없었다. 이들이 납북됐다가 돌아온 후 다시 북한에

밀입국하거나 지령을 받지도 않았다. 탐지·수집했다는 기밀을 북한에 전달할 방법도 없었다.

이들의 간첩 사건에서 특히 눈에 띄는 것이 있다. 같은 섬사람이 많은데, 함께 납북된 사람들이 약간의 시차를 두고 거의 똑같은 내용으로 줄줄이 사탕처럼 엮여 들어갔다는 점이다.

— 구체적으로 어떤 사례가 있나.

1976년 4월 김이남은 목포경찰서에 연행됐다. 1971년 북한 경비정에 끌려가 1년간 억류됐다가 돌아와 징역 1년, 집행 유예 2년을 선고받고 석방돼 화물선 선장으로 일하다가 잡혀간 것이다. 1968년부터 당국의 태도가 '강경'해져 납북 어부들이 반공법 위반 등의 혐의로 재판에 회부됐다.

김이남은 장기 구금 상태에서 가혹한 고문을 당하며 조사를 받았다. "이북은 이남 농민들보다 잘 먹고 잘살고 있다"고 발언하고 군사 기밀을 탐지한 혐의로 1심에서 무기 징역, 2심에서 징역 20년 형이 선고됐다.

김이남과 같은 배에 탔던 김성학은 1985년 말에 경기도경 대공분실에 끌려갔다. 김근태를 고문한 고문 기술자 이근안한테 거기서 모진 고문을 당했다. 김이남 사건을 그대로 적용한 것이나 다름없었는데, 기적이 일어났다. 전두환 정권 시기인 1986년 7월 무죄가 선고됐다. 동일한 사건인데 한 명은 무기 징역, 다른 한 명은 무죄 선고를 받은 것이다. 한국에서 무기 징역과 무죄는 이렇게 종이 한 장 차이였다.

— 섬사람을 만만한 희생양으로 삼아 간첩으로 둔갑시킨 여러 사건 중에서도 개인적으로 미법도의 비극이 기억에 많이 남는다. 예전에 이에 관한 기사를 몇 번 썼는데, 관련 사실을 확인하는 동안 '어떻게 이렇게까지 할 수 있나' 싶은 생각이 여러 번 들었다.

1976년 9월 강화군 볼음도에 사는 오형근이 체포됐는데, 오형근과 1965년 같은 배에 탔던 안장영, 안희천, 황용윤, 정영이 1977년부터 1983년까지 모두 약간의 시차를 두고 줄줄이 사탕처럼 엮여 들어갔다. 안장영 등 4인은 인구가 100여 명밖에 안되는 작은 섬인 강화군 미법도 사람들이었다.

안장영과 안희천도 이근안에게 고문을 당했다. 정영과 황용윤은 안기부에서 다뤘기 때문에 국정원 과거사 위원회에서 자료 접근이 가능했다. 국정원 과거사 위원회는 의혹의 대부분이 잘못된 의혹이 아니고 상당한 조작 의혹이 제기될 수 있다는 취지로 두 사람에 대한 장문의 보고서를 제출했다.

이 5건(오형근 포함)의 간첩 사건은 판검사, 변호사까지 많이 겹쳤다. 안기부는 당사자 진술 외에 물증이 없고 모순투성이였는데도, 대대적으로 언론이 확대·과장·왜곡 보도를 하게 만들었다. 피고인들이 혐의를 부인하자 사법부와 긴밀히 '협조'해 '비공개 재판'을 열었다.

《한겨레21》 2017년 2월 20일 자에 의하면 납북 어부 귀환자 중 반공법 위반으로 기소된 사람이 1,273명인데 이 중 950명이 유죄를 받았다. 이들 중 재심을 청구해 무죄를 받은 사람은 서창덕 등 극소수였다.

서창덕은 2008년 재심에서 무죄 판결을 받았다. 서창덕 등 5명은 1967년 같은 배를 타고 납북됐다가 돌아와 재판에 회부돼 징역 2년에 집행 유예 등의 형을 받았다. 그런데 서창덕은 다시 1984년 보안대에 끌려가 조사를 받은 끝에 징역 10년형을 받고 7년을 살았다.

10년형을 받은 2차 사건에 대해 서창덕은 재심을 청구했다. 재판부는 고문, 가혹 행위로 인한 허위 자백임을 인정했다. 재심에 관여한 검사조차 "피고인은 참기 힘든 큰 피해를 입었다"며 무죄를 구형했다. 다른 어부도 마찬가지였겠지만, 서창덕은 2차 사건 때뿐만 아니라 1차 사건(1969년) 때에도 지독한 고문을 당했다. 같은 배에 탔던 서창덕의 고모부 이길부는 1976년에 끌려가 12년에 달하는 징역형을 받았다. 이 사건 관련자 중 유재권과 박상돈은 고문 후유증으로 사망했다고 가족들은 말한다.

석유 나와라 뚝딱?
유신 독재 다진 '포항 석유' 거짓말

전 국가의 병영화, 열세 번째 마당

김덕련 긴급 조치 9호를 선포한 다음 해인 1976년 포항 석유설이 세간의 관심을 모았다. 세상을 떠들썩하게 했던 포항 석유설 문제를 찬찬히 되짚었으면 한다.

서중석 1975년에는 인도차이나 사태와 관련해 총력 안보 체제라는 게 아주 강고하게 자리를 잡았다면, 1976년에는 박정희가 포항에서 석유가 나왔다고 얘기한 것이 유신 체제를 굳건히 다지는 데 큰 역할을 하게 된다. 그 발표에 상당히 오랫동안 온 국민이 들뜰 수밖에 없었고, 그건 결국 유신에 반대하는 활동을 어렵게 했다.

그런데 이 포항 석유설은 명백히 박정희 대통령이 국민에게 속임수를 쓴 것으로밖에 이해가 안 된다. 포항에서 석유가 나온 증거가 없었는데도 석유가, 그것도 매우 질이 좋은 석유가 나왔다고 발표했다. 그러면서 온 국민을 그렇게 붕 뜨게 달군 것이다. 유신 체제 유지에서 포항 석유설이 아주 중요한 작용을 했는데 이제 그걸 살펴보자.

— 포항 석유설 문제는 어떻게 불거졌나.

포항 석유설 문제는 당시 청와대 경제 제2수석비서관으로 중화학 정책, 에너지 정책을 총괄했던 오원철의 저서를 중심으로 살펴보는 게 좋을 것 같다. 포항에 유전이 있다는 이야기가 1960년대에도 나돌았는데, 1966년 정부에서 무임소 장관을 위원장으로 하는 조사단을 구성했다. 조사단은 '지질학적으로 경제성 있는 가스나 석유 부지는 없다고 본다. 그렇지만 구멍을 한 번 뚫어보는 건 바람직하다', 이런 결론을 내렸다. 그런데 시추해봤지만 석유는 나오지

年初를 흥분시킨 龍꿈朗報

石油가 나왔다

—— 朴대통령 年頭會見이 던진 충격파

"들뜨지 말고

市民들 부푼

길가던

얼싸안고 萬歲도

석유가 나왔다는 박정희 대통령의 발표에 환호하는 시민들 반응을 전한 경향신문 1976년 1월 15일 자 7면.

않았다. 그래서 조사단에서는 포항에는 가스를 포함해 유전은 없다는 결론을 내렸다. 모든 지질학자가 석유는 없다고 봤다고 오원철은 썼다. 그래서 시추 작업을 끝내기로 한 것이다.

그런데 1975년에 들어와 금년에 북한의 남침 가능성이 농후하다는 박 대통령의 4·29 특별 담화가 나온 바로 그달에 이해하기가 굉장히 어려운 일이 일어났다. 지금까지 살펴본 것처럼 특별한 일이 많이 일어난 1975년 4월이라는 시점도 굉장히 중요하지만, 그달에 중앙정보부 국장을 단장으로 한 특별 석유 탐사단이 발족했다는 점도 눈여겨볼 필요가 있다. "남자를 여자로 바꾸는 것 빼고는 무엇이든지 다 할 수 있다"는 얘기를 듣던 중앙정보부가 축구단도 만들고 하는 일은 있지만, 도대체 석유 탐사 또는 시추를 맡아서 한다는 건 이상해도 너무 이상한 일 아닌가. 석유 탐사는 전문성이 있어야 하는 작업이고 부처로 봐도 상공부 같은 데도 있는데 어떻게 중앙정보부가 이걸 하게 됐는지 도무지 이해할 수 없는 일이 일어났다.

에너지 정책, 중화학 공업을 총괄하는 경제 제2수석비서관의 위치에 있었는데도 오원철은 이 탐사단이 어떤 경위로 생기게 됐는지 알지 못한다고 써놓았다. 에너지 정책을 총괄한 청와대 경제 제2수석비서관이 그 탐사단이 어떤 경위로 생겼는지 몰랐다는 것도 정말 이해가 안되는 대목이다.

어쨌든 1975년 5월부터 시추를 해나갔다. 지하 1,475미터까지 내려갔는데, 현장에 무슨 시커먼 기름 같은 것이 떠 있어서 그걸 링거병 몇 개에 넣었다고 한다. 지질학자 곽영훈 박사는 이것이 지질학적으로 불가능한 곳에서 나왔고 그것도 양이 10리터 정도로 끝난 건 이상하다고 지적했다고 한다. 당연히 이상하다고 생각할 수밖에 없었다. 그래서 한국과학기술연구원KIST에 의뢰해 분석했다. KIST에서는, 이것도 좀 이상한데, 분석 결과만 제시했지 원유 여부 판단은 하지 않았다고 오원철은 얘기하고 있다.

포항 석유라며 청와대에 올라간 물질, 분석해보니 원유가 아니라 경유

— 이 시기에 박정희 대통령은 어떤 모습을 보였나.

현장에서 원유가 나왔다는 보고가 올라온 직후인 1975년 12월

5일 박 대통령이 그제야 오원철을 불렀다. "포항에서 석유가 나왔대. 이걸 보게." 그러면서 시커먼 액체가 들어 있는 링거병만 한 약병을 보여주면서 성냥에 불을 붙였다. 그런데 불을 붙인 순간 오원철은 이상하다고 생각했다고 한다. '저 기름은 원유가 아니다', 이걸 직감적으로 느꼈다고 한다.

그렇다면 정말 이상한 것이, 시추 현장에 있던 전문가들은 왜 그 판단을 못했는가 하는 점이다. 오원철은 '저건 원유가 아니다'라고 직감적으로 느꼈는데, 도대체 석유 전문가들은 뭘 했느냐는 것이다. 그리고 KIST에서 원유 여부 판단은 하지 않았다고 하지만 분석 결과를 보면 '원유가 아닌 것 같다'고 돼 있었는데 어떻게 해서 박 대통령은 이걸 석유라고 이야기하고 있느냐, 이 말이다. 그렇다면 중앙정보부가 이상한 또는 불확실한 보고를 한 것 아니냐고 볼 수밖에 없는데 이처럼 굉장히 중요한 문제에 대해 어떻게 그렇게 보고를 할 수 있느냐, 이 말이다. 중앙정보부가 만일 KIST 분석 결과를 잘 모르겠으면 다시 조사해보면 되는 것 아닌가.

중앙정보부에서 억울한 죽음을 맞은 서울대 법대 최종길 교수의 동생 최종선이 중앙정보부 직원이지 않았나. 최종선이 쓴 글을 보면, 중앙정보부 특명수사국이 '포항 앞바다에서 석유가 나올 수 없다'는 학문적 견해를 전개해온 지질학자 등을 언론으로부터 차단하고 입 다물게 하기 위해 며칠씩이나 잡아두고 겁을 주고 각서를 쓰게 했다고 나와 있다. 내가 얘기하려는 건 중앙정보부가 한 이런 일들이 몹시 이상하다는 것이다. 포항 석유 문제와 관련해 이상한 일이 이렇게 굉장히 많이 일어났다.

원유가 아니라고 직감적으로 느낀 오원철은 대통령한테 "각하, 그 기름을 분석해보겠습니다"라고 이야기했다. 오원철이 자기 방에 있는 김광모 비서관에게 그걸 보여줬더니 김 비서관은 "또 엉터리 보고를 했구만요", 이렇게 얘기했다고 한다. 도대체 오원철이나 김광모가 이렇게 간단하게 '이건 문제가 있다. 원유가 아니다'라고 판단하는데 특별 석유 탐사단이 속해 있는 중앙정보부 같은 거대 기구에서 그것조차 판단하지 못했다? 거듭 이야기하지만 이건 정말 이해할 수 없는 불가사의한 일이다.

— 분석 결과는 어떠했나.

오원철은 미국 칼텍스 쪽으로 보내서 그걸 시험하게 했다. 분석 결과 이건 원유가 아니라 경유라는 판정이 나왔다. 이와 관련해 시추 작업에서 경유가 쓰였다는 점을 생각해볼 수 있다. 시추할 때 경유를 윤활 목적으로 사용한 건 사실이다. 그렇다고 하더라도 시추 전문가들이 그걸 판단하지 못했다? 오원철은 직감적으로 이건 원유가 아니라고 느꼈는데도? 정말 의아스러운 일 아닌가.

오원철은 김정렴 비서실장한테 '이건 경유다'라고 보고했다. 그러자 김 실장이 "오 수석 보고에 의하면 이건 원유가 아니라고 합니다"라고 대통령에게 말하면서 오 수석에게 직접 보고하라고 했다. 그래서 오원철은 그대로 설명했다. 그러자 박 대통령은 중앙정보부장을 당장 불러오라고 했다. 무슨 일이 있을 때 청와대 관계 기록을 보면 이런 식으로 진행된 일이 있다. 신직수 중앙정보부장이 득달같이 달려왔다. "이거 원유가 아니라며?", 박 대통령이 꾸짖는 어조로 이렇게 얘기했다고 한다. 난 이 대목이 몹시 의아하고 또 의문이 든다.

— 무엇인가.

뭐냐 하면, 포항 석유설 문제는 굉장히 중요한 사안 아닌가. 세상에 떠도는 얘기와 달리 역사를 살펴보면, 특히 아주 중요한 사항의 경우 장기 집권을 한 독재자들은 정확히 보고받는 걸 원칙으로 한다. 다른 말로 하면 독재자는 눈감아주는 일은 있지만 자신을 속이는 것은 아주 싫어한다. 특히 독재자 직속이라고 할까 권력의 핵심이 속이는 것은 절대로 용납하지 않는다. 그렇지 않겠나. 잘못된 보고를 받으면 어떻게 장기 집권을 할 수 있겠나. 거짓인지 진실인지 독재자 자신은 알아야 하는 것 아닌가. 그러고 나서 그다음에 어떻게 할 것인가는 독재자의 판단이나 의도에 따라 결정되기 마련이다.

그리고 원유가 아닌 것을 원유라고 중앙정보부에서 대통령에게 갖다 줬다면, 만일 신직수 중앙정보부장이 대통령을 속인 것이라면 이건 굉장히 큰 문제이기 때문에 대통령은 중앙정보부장을 갈아치우거나 잘못에 상응하는 중벌을 내려야 했다. 그렇지 않나.

그런데 신직수가 중앙정보부장에서 물러나는 건 나중에 일어나는 다른 사건, 그러니까 미국에서 활동하던 중앙정보부 요원 김상근이 미국에 망명한 사건 때문이다. 포항 석유설 문제와 관련해 이 부분도 이해하기 어려운 지점이다.* 나는 신직수를 부른 것은 박정희 대통령이 의도한 바가 있었기 때문이 아닐까 하는 생각이 든다. 그런 일은 역사에서 종종 일어난다.

* 김상근은 1976년 11월에 망명했다. 그다음 달인 12월 초, 중앙정보부장은 신직수에서 김재규로 바뀌었다. 포항 시추 작업은 신직수 해임 이후인 1977년 상반기에도 계속됐다.

— 원유가 아니라고 오원철이 대통령에게 보고한 후 상황은 어떻게 전개됐나.

대통령이 신직수 중앙정보부장을 부른 자리에서 오원철은 그게 원유가 아니라 경유라는 걸 중앙정보부장한테 명확하게 얘기했다. 상황이 이렇게까지 됐으면, 대통령이 포항에서 석유가 나왔다는 얘기를 기자 회견에서 하지 말아야 하는 것 아닌가. 다른 글을 보면 김정렴하고 오원철은 기자 회견에서 이 얘기를 안 하는 게 좋겠다고 건의까지 했다. 그렇지만 대통령은 그렇게 하지 않았다.

여기서 비서실장 김정렴에 대해서 한마디 해야겠다. 김정렴은 두 종류의 회고록에서 유신 정권의 경제 정책에 대해서 상세히 설명하고 박정희를 치켜세웠다. 그런데 두 회고록 다 엄청나게 중요한 박정희의 포항 석유 발표에 대해 한마디도 언급하지 않았다. 김정렴은 오원철보다도 중앙정보부 특별 석유 탐사단 발족 전후부터 이 석유 문제에 대해 잘 알 수 있는 위치에 있었다. 그럼에도 이야기를 하지 않았다. 박정희에 대해 너무 불리한 사실이라고 판단했기 때문이었을 것이다.

1976년 1월 15일 대통령의 연두 기자 회견이 열리는데, 이때 기자들은 포항에서 석유가 나왔다는 소문에 대해 묻는다. 그런 소문의 진위를 확인하는 건 당연한 일 아닌가. 내가 이 부분을 왜 중시하느냐 하면, 그때 소문이 많이 퍼져 있었기 때문이다. 바꿔 말하면 어딘가에서 퍼뜨리고 있었기 때문이다.

공식 발표 전에 이미 세간에 쫙 퍼진 포항 석유설

— 어느 정도 퍼져 있었나.

이 얘기가 많이 퍼질 수밖에 없었던 이유를 짐작케 하는 일화가 강준만 교수 책에 나온다. 뭐냐 하면, 박정희가 신문사 사장들을 모아놓은 자리에서 이벤트를 벌였다. 석유가 든 병이라며 뚜껑을 열고 냄새를 맡은 다음에 사장들에게 돌렸다. 신문사 사장들이 석유 문제에 대해 뭘 알았겠나. 다들 끄떡끄떡하는 분위기였는데, 조선일보 사장 방우영은 손가락으로 찍어서 맛까지 봤다. 그러자 박정희가 "어때, 진짜 냄새 나?", 이렇게 물었고 방우영은 "정말 진짜 같다"고 대답했다. 그랬더니만 며칠 후 김성진 문공부 장관이 전화를 걸어서, 1년 가까이 보류한 윤전기 도입을 대통령이 결재했다는 소식을 방 사장한테 전했다고 한다. 참, 웃어야 하는 건지…….

— 언론사는 기본적으로 정보로 먹고사는 곳이다. 그러한 언론 쪽 이외 부문에도 소문이 많이 돌았나.

내가 1976년 1월 2일 서울대 국사학과 김철준, 변태섭 두 분 선생님에게 세배를 갔다. 학교에서는 쫓겨났지만 세배를 갔는데, 변 선생님 집에서 이 얘기가 나왔다. 그만큼 얘기가 많이 퍼져 있었던 것이다. 그래서 내가 이 문제에 대해 설명했는데, 그에 앞서 야당의 한 소장파 중진한테 이 문제에 대해 얘기를 들은 적이 있었다. 박정희가 신문사 사장들을 모아놓고 한 것하고 비슷한 방식으로 총리가

했다는 것을 야당의 한 중진이 얘기하는 걸 듣고 내가 그 의원한테 "그거 믿을 수 없습니다", 이런 얘기를 했었다. 그렇게 이야기할 수 있었던 이유는 어느 신문사에서 일하던 경제부 베테랑 기자한테 그 전에 들은 게 있었기 때문이다. 그 기자는 "포항 석유설 소문이 퍼지고 있는데 포항 근처에서 소량의 석유는 나올 수 있지만", 그 사람도 그렇게 얘기하더라, "경제성이 전혀 없는 것이기 때문에 정치적 쇼로 그걸 이용할 가능성이 많다", 이렇게 얘기했다.

이런 일들이 있었는데, 변 선생님에게 세배할 때 여러 후배들이 있는 자리에서 그 이야기가 또 나와서 내가 설명하게 된 것이다. "저도 그 소문은 들었습니다. 그런데 야당 중진한테도 그게 사실이 아닐 가능성이 있다고 제가 이야기를 했습니다. 그리고 이건 정치적으로 이용당할 가능성이 있지 않겠습니까. 왜 이렇게 소문이 돌고 있는 건지 의심스럽습니다", 그때 이런 이야기를 했다.[•]

'원유 아니다' 사전에 보고받고도 '질 좋은 석유 나왔다'고 거짓말

— 1976년 1월 15일 연두 기자 회견에서 대통령은 포항 석유설 문

[•] 포항 석유설 문제를 취재해 1980년대에 장문의 기사를 쓴 조갑제는 이 부분에 대해 이렇게 썼다. "박 대통령이 (1976년) 연두 기자 회견에서 석유 발견 소문을 사실이라고 확인하기까지의 46일간 이 루머는 전국에 퍼져갔다. 전파의 주된 진원지는 대통령과 총리였던 것 같다. 대통령은 경제계 대표, 장관들, 그리고 박순천 여사 등 내방객들에게 기름을 보여주며 자랑했다. 총리는 국회의원, 기자들에게 '도저히 혼자만 알고 있을 수 없는 이 소식'을 귀띔했다. 박근혜 양까지 연말 기자 회견에서 '새해엔 기름이 콸콸 쏟아졌으면……' 하는 암시적 발언을 하기도 했다."

1976년 1월 15일 연두 기자 회견 장면. 박정희는 이날 '포항에서 석유를 발견했다'고 말했다. 사진 출처: 서울사진아카이브

제에 대해 뭐라고 얘기했나.

포항에서 질 좋은 석유가 나왔다는 항간의 소문이 사실입니까, 기자가 이렇게 질문했다. 이 부분에 대해 우선 오원철이 어떻게 썼는지 보자. 박 대통령은 "사실입니다"라고만 답변했다고 돼 있다. "양이 얼마나 나왔습니까" 하는 질문에 "한두 드럼 나왔습니다. 정부는 외국 전문가들을 불러 경제성을 조사하고 있으니 국민들은 차분하게 기다려주시오", 이렇게 답변했다고 오원철은 썼다.

그러면서 덧붙인 것이, 원유가 한두 드럼 나왔으면 이건 유전 발견이 아니라고 명백하게 썼다. 원유가 나오려면 상당량이 나와야지 아무리 소량이라고 해도 한두 드럼만 나오는 게 어디 있느냐, 그런 유전은 세상에 없다는 것이었다. 그 부분에 대해서는 오원철이 정확하게 썼는데, 다만 박 대통령이 기자 질문에 답변한 내용이라고 오원철이 쓴 부분은 박정희가 실제 답변한 것과는 좀 차이가 있어 보인다.

— 박정희는 실제로 어떻게 답변했나.

박 대통령 연설문집 13권, 대통령 비서실에서 간행한 이 책에서 1976년 1월 15일에 해당하는 대목을 보면, 마지막 질문으로 기자가 "요즘 항간에도 포항 지구에서 석유가 나온다는 말이 많이 퍼져 있습니다. 그래서 국민들이 새해 벽두부터 많은 기대와 흥분으로 지금 들떠 있다고 할 수 있습니다", 이렇게 물었다. 거듭 얘기하지만 석유가 나오지도 않았는데 왜 그렇게 소문이 많이 돌았느냐, 이 점을 깊이 생각할 필요가 있다. 어떤 의도를 가지고 계속 퍼트리는 쪽이 있었다고 볼 수밖에 없다, 이 말이다.

그러자 박정희가 뭐라고 답변했느냐. "지난 연말 12월 초로 기억하는데 영일만 부근에서 우리나라에서는 처음으로 석유가 발견된 것은 사실입니다. 우리나라 기술진에 의해서 오랜 탐사 끝에 서너 개의 공혈을 시추한 결과 그중 한 군데에서 가스와 석유를 발견했습니다." 석유뿐만 아니라 가스까지 나온다는 얘기다. "물론 나온 양은 소량이지만", 이 말을 붙였다. "우리나라에서는 처음으로 발견된 것입니다. 그것도 지하 약 1,500미터 부근에서 석유가 발견된 것입니다. 몇 드럼 정도 나왔는데", 오원철 글에서는 한두 드럼이라고 했지만 여기에는 몇 드럼 정도라고 돼 있다. "이것을 가져다가 KIST에서 여러 가지 성분을 분석한 결과 질이 매우 좋은 석유라고 판명되었습니다. 이것은 우리로서는 매우 반가운 소식이고 고무적인 일이 아닐 수 없습니다." 이렇게 말하면서 "처음으로 석유가 나왔다는 그 자체가 나는 중요하다고 생각합니다. 지금 대단히 궁금하시겠지만 기술자들에 의해 조사가 끝날 때까지 앞으로 4~5개월 동안 지켜보는 수밖에 없습니다", 이렇게 길게 자세히 얘기했다.

— 사실이 아닌데도 사실이라고 공개적으로 발표한 것 아닌가.

내가 이 답변을 보고 놀란 것은 '(포항에서 석유가 나온 것은) 사실이다', '사실이다' 하는 걸 계속해서, 무려 다섯 번이나 얘기했다는 점이다. 한 번쯤 얘기했다면 다른 뉘앙스로 받아들일 수도 있겠지만 다섯 번이나 얘기하니까, '소량이 나왔다'는 말을 덧붙이긴 했고 '앞으로 결과를 더 기다려봐야 한다'는 얘기를 했지만, 이걸 듣는 사람으로서는 '대통령이 이렇게까지 말하는 걸 보면 정말 나오는 건 확실하다', 이런 생각을 안 갖게 할 수 없게 한 답변이었다.

더 심한 거짓말은 "KIST에서 여러 가지 성분을 분석한 결과 질이 매우 좋은 석유라고 판명되었습니다"라고 설명한 대목이다. 이런 터무니없는 말까지 덧붙였다. 오원철 책 어디에도 이런 대목은 안 나온다. 앞에서 살펴본 것처럼, KIST에서는 분석 결과만 제시했지 원유 여부 판단은 하지 않은 것으로 돼 있을 뿐만 아니라 칼텍스에서 분석한 결과 원유가 아니라 경유라는 판정이 나왔고 그에 관한 보고까지 대통령에게 한 것으로 나와 있다. 그런데도 대통령이 그렇게 이야기한 것이다. 오원철 책을 보면 이건 명백한 거짓말인데, 어떻게 대통령이 이렇게 거짓을 얘기할 수 있는 건가.

되짚어보면, 박정희는 5·16쿠데타 때 내건 '혁명 공약'을 지킬 의사가 전혀 없으면서 국민들에게 외우게 했다. 지킬 의사가 전혀 없었다는 사실은 1961년 5월 16일부터 민정 이양 발표를 한 그해 8월까지 군사 정권이 한 행위, 그리고 민정 이양 발표를 하면서 중앙정보부 밀실에서 거대 정당 조직에 착수한 것 등을 통해 확실히 알 수 있다. 민정 이양 과정에서도 1963년 2·18 성명, 2·27 선서 등을 통해 자신은 군으로 복귀하고 민간인에게 정치를 맡기겠다고 국민 앞에 선언까지 해놓고 한 달도 안 지나서 말을 뒤집었다.

그리고 한 번만 더 대통령을 하겠다며 1969년 3선 개헌을 강행해놓고는 그걸 지키지 않았다. 1971년 대선 때에는 장충단 유세와 MBC 방송을 통해 "나에게 마지막이 될 이번 선거에서 다시 한 번 신임해준다면 유능한 후계 인물을 육성하겠다"고 공언했지만, 이듬해 10월 17일 유신 쿠데타를 일으켰다.

그러나 되돌아보면 이런 일이 일어날 수밖에 없지 않았나 하는 생각이 든다. 긴급 조치 1·4호, 민청학련·인혁당 재건위 사건의 조작 발표, 인혁당 재건위 사건 관련자 등 8명의 법살法殺은 도무지 상식적으로는 있을 수 없는 것들이다. 특히 1975년에 있었던 일련의 사건들, 8명에 대한 사법 살인에 이어 같은 달에 있었던 박정희의 4·29 특별 담화와 그것에 이어 일어난 총력 안보 궐기 대회, 긴급 조치 9호 발동, 4대 전시 입법과 반상회, 학도호국단, 11·22 및 12·11 재일 교포 간첩단 사건, 그해에 일어난 대마초 사건을 비롯한 '가요계 대학살'과 문화계 압박 등을 볼 때 포항 석유 공표는 '올 것이 온 것이 아니냐'는 생각을 갖게 하는 점이 있다. 사실 포항 석유 공표 8, 9개월 전에 있던 4·29 특별 담화를 떠오르게 하는 점이 있다. 그 담화에서 '땅굴 완공 시기가 금년 여름'이라고 단정한 것도, 또 '여러 상황을 판단할 때 금년에 무모한 불장난을 저지를 가능성이 농후하다'고 말한 것도 총력 안보 체제를 만들기 위한 정치적 주장이었다.

모두 있을 수 없는 일이긴 하지만, '포항에서 질이 좋은 석유가 나왔다'고 발표한 건 그것과도 차이가 있다는 생각이 든다. 더 작위적이고 기만적이라는 생각이 든다. 분석 결과 너무나 명백하게 원유가 아니라고 했는데도, 발표를 그렇게 한 것 아닌가.

고물가에 허리 휜 국민들에게 환상 불어넣고 유신 반대 움직임엔 찬물 끼얹어

— 석유가 나왔다는 대통령 발표에 대한 반응은 어떠했나.

그때 신문 보도를 보면 정말 굉장했다. 국민들은 1972년 7·4 남북공동성명 이후 최대의 환호작약이라고 할까, '우리도 이제 잘살게 됐다'는 대단히 큰 희망을 품게 됐고 분위기가 굉장히 들떴다. 그럴 수밖에 없었던 이유가 박 대통령 연두 기자 회견에도 나온다. 뭐냐 하면, 박 대통령이 '작년에 우리가 석유 파동, 원자재 파동으로 큰 경제적 시련을 겪었다'고 한 대목이다. 한국은 석유 한 방울 안 나는 나라 아닌가. 1973년 제1차 석유 파동이 나면서 1974~1975년에 한국인들이 고생을 많이 했다. 그렇기 때문에 '석유만 있으면 이제 우리도 정말 잘살게 되는 것 아니냐', 이런 생각을 가질 수 있었다.

박 대통령은 연두 기자 회견에서 이런 말도 했다. "작년의 도매 물가 상승률은 당초 목표인 20퍼센트 선을 겨우 유지해서 20.2

퍼센트였다. 이는 상당히 높은 상승률이나 재작년의 44.6퍼센트에 비하면 절반 이하 수준이다." 무지무지한 물가다. 이렇게 높은 물가 상승률이 있었다는 걸 지금 사람들은 상상도 못할 것이다.

당시 서민들이 살아가는 데 얼마나 힘들고 팍팍했는지를 충분히 짐작할 수 있다. 그런데 연두 기자 회견을 할 무렵에는 어느 나라든 석유만 나오면 '떼부자' 된다는 소문이 퍼져 있을 때이기도 했다. 1973년 석유 파동 이후 중동 국가들이 갑자기 엄청난 부자가 되지 않았나. 그래서 한국인이 1974년 무렵부터, 1975년에는 대대적으로 중동으로 막 가게 되는 것 아닌가. 베트남전쟁에서 벌어오던 '베트남 특수'보다 중동 건설 특수가 훨씬 더 컸다. 사람들이 중동 건설 경기를 피부로 느낄 수 있었다.

거듭 강조해서 얘기하지만 이 회견이 열린 때는 1976년이다. 물가 때문에도 그렇고 여러 가지로 힘들게 살고 있었고, 그래서 석유만 나오면 문제가 다 해결되는 것으로 많은 사람이 생각할 수밖에 없던 때였다. 그렇기 때문에도 그 당시 신문을 보면 여러 신문에서 포항 석유 문제에 굉장한 열기를 보였고, 주식 시장에서도 그랬다. 그러면서 '이제 세금을 안 내도 되는 시대가 온다. 학생들은 학비도 안 내도 된다. 60억 배럴쯤 매장돼 있을 것이다', 별의별 이야기가 당시 다 돌았다.

— 박정희 대통령은 이때 왜 그런 식으로 포항 석유 발표를 한 것인가. 분석 결과 원유가 아니라는 보고를 사전에 받지 않았나. 설령 그런 보고가 없었다고 하더라도 대통령 본인이 말한 것처럼 "기술자들에 의해 조사가 끝날 때까지" 기다렸다가 확실한 조사 결과가 나온 후 발표하는 게 기본 아닌가.

1976년 1월 15일 자 경향신문. 사진 설명에는 "우리나라에서 처음으로 석유가 나온 경북 영일만 시추 현장"이라고 씌어 있다.

포항 석유 발표는 유신 체제를 보위하는 데 굉장한 성과로 이어졌다. 금년에 북괴가 남침할 가능성이 농후하다는 1975년 4·29 특별 담화가 나온 바로 그달에 중앙정보부에서 특별 석유 탐사단을 발족시키지 않았나. 그것이 그 무렵까지 거세게 공세를 취한 반유신 민주화 운동을 포항 석유설로 무력하게 하기 위한 국면 전환용

포항 석유설이 국민들을 얼마나 들뜨게 했는지 보여주는 사례 중 하나가 석유 경축 공휴일 제정 낭설 소동이다. 경향신문 1976년 5월 17일 자에 따르면, 5·16 기념일을 계기로 석유 경축 공휴일을 제정한다는 소문이 파다하게 퍼지면서 공휴일 지정 관계 주무 부처인 총무처에 그에 관한 문의가 쇄도했다. "각의에서 비밀리에 공휴일 지정을 의결했다는데 사실이냐", "공휴일을 하루만 하느냐 아니면 연휴로 하느냐" 등을 묻는 전화가 수없이 걸려 와 업무에 지장을 초래할 정도였다고 한다. 5월 16일이 지나가자 총무처 관계자들이 안도의 한숨을 내쉬고 있다고 경향신문은 보도했다.

프로젝트라기보다는 발표 시기를 볼 때, 유신 체제를 반석 위에 올려놓으려는 총력 안보 운동의 대단원으로 구상됐을 가능성이 큰 것 같다. 분명한 것은 유신 정권의 포항 석유 프로젝트는 유신 체제를 안정시키는 데 굉장히 큰 효력을 발휘했다. 기자 회견 그날부터 파천황적인 효과가 드러나지 않았나.

다시 요약해서 얘기하면, 1975년 인도차이나 사태를 계기로 일어난 총력 안보 운동을 통해 박 대통령은 유신 체제 안정이라는 엄청난 효과를 거두지 않았나. 포항 석유에 대한 발언도 그러한 역할을 했다. 1975년은 인도차이나 사태로 유신 체제가 평온하게 됐고 1976년은 이 석유 발언으로 평온하지 않았느냐고 볼 수 있다. 그 정도로 포항 석유 발언은 국민을 정치로부터 멀어지게 했고 유신 체제 자체에 대한 관심을 갖지 않도록 했다. 그와 함께 유신 체제에 대한 비판이나 유신 반대 움직임을 무력하게 하고 잠재우는 데 대단히 위력적이었다.

오원철 기록에는 1976년 여름 박 대통령이 진해에서, '그때'까지 '들뜬 분위기'가 심하니까 '과열된 분위기'를 가라앉히기로 했다고 나와 있다. 그래서 기자들한테 '아직 경제성이 확인되지 않았다'고 밝혔다고 돼 있다. 이 부분이 박 대통령 연설문집에는 이렇게 쓰여 있다. "석유 탐사 작업의 진척도는 어떻습니까?" 기자가 이렇게 질문하니까 "그동안 몇 군데 탐사와 시추를 해왔는데 기름이 조금씩 나오긴 했지만 아직까지 만족스러운 결과는 못 됩니다", 박 대통령은 이렇게 얘기했다. 이 시점에서도 석유가 상당량 나올 수 있다는 미련을 국민들이 가질 수 있는 발언이 아닌가. 박정희는 참으로 무서운 사람이다.

백지로 끝난 임시 행정 수도 건설 계획, 남은 건 천정부지로 치솟은 땅값

전 국가의 병영화, 열네 번째 마당

포항 석유설에 이어 또다시 전국을 들썩인 새로운 수도 건설 계획

김 덕 련 석유를 발견했다는 발표로 1976년 온 나라를 떠들썩하게 했던 청와대는 이듬해인 1977년 다시 전국을 들썩이는 발표를 한다. 수도 이전 문제다. 이 문제는 어떻게 해서 수면 위로 떠오르게 되나.

서 중 석 1977년 2월 10일 서울특별시 연두 순시 석상에서 박정희는 서울시 인구 억제 얘기를 꺼내면서 이렇게 말했다. "2~3년 전부터 내가 구상하고 있는 것은 수도의 인구는 여러 가지 정책을 써서 강력히 밀어야 되겠지만", 이건 수도 인구 소산책을 가리키는 것인데, "결국은 우리가 통일이 될 때까지 임시 행정 수도를 어디 다른 곳으로 옮겨야 되겠다 하는 것이다." 그러면서 "서울에서 한 시간, 길어도 한 시간 반 정도면 오갈 수 있는 범위 내에서 인구 몇 십만 정도 되는 새로운 수도를 만들자는 생각이다"라고 발표했다.

이 부분과 관련해서는 서울시에서 1970년부터 1977년까지 도시계획국장 등의 직책을 맡았고 그러면서 서울시립대 교수가 된 손정목 교수가 써놓은 것을 중심으로 이야기하려 한다.

박 대통령이 연두 순시에서 이렇게 얘기하자 또 전국이 들뜨기 시작했다. 신문도 굉장히 크게 다뤘다. 수도를 바꾼다는 것, 서울이 수도가 된 지 600년이 다 돼가고 있었는데 그걸 바꾼다는 건 얼마나 큰 뉴스인가. 굉장한 뉴스였다. 물론 포항 석유설보다는 국민들이 흥분하는 건 적었던 것으로 기억한다.

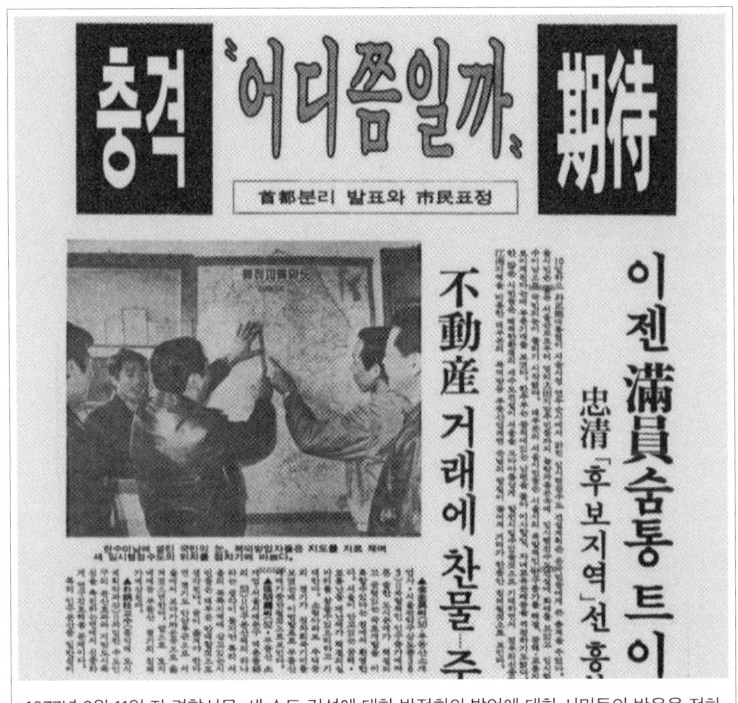

충격 '어디쯤일까' 期待

首都분리 발표와 市民표정

이젠 滿員숨통 트이

忠淸「후보지역」선

不動産 거래에 찬물

1977년 2월 11일 자 경향신문. 새 수도 건설에 대한 박정희의 발언에 대한 시민들의 반응을 전하고 있다.

— 포항 석유 발견 발표와 마찬가지로 새 수도 건설에 대한 박정희의 발언도 유신 체제 수호와 밀접한 관계를 맺고 있었던 것인가?

포항 석유설의 경우 석유가 안 나오는 게 분명한데도 박 대통령이 '나온다'는 얘기를 다섯 번이나, 더욱이 KIST에서 분석한 결과 질이 매우 좋은 석유라고 판명됐다고까지 말한 건 유신 체제 수호와 연결돼 있다고 지난번에 언급했다. 그렇지만 수도 문제에 관한 이날 발언은 그것과 똑같이 판단하기가 쉽지 않은 점이 있다.

수도 이전 필요성에 대한 이야기는 그전부터 몇 차례 있었다. 하필이면 1975년이긴 하지만, 총력 안보 운동이 벌어지고 있던 1975년 8월 대통령은 진해에서 '절대로 발설하지 말라'고 말하면서 수도 이전 필요성을 기자들한테 이야기했다. '절대로 발설하지 말라'가 묘미를 느끼게 하는, 여운을 풍기는 말이다. 당시 서울 인구가 700만으로 늘어난 상황이었다. 너무 많았다. 지금은 1,000만도 별것 아닌 것처럼 보일지 모르지만, 그 당시 700만은 그것과 달랐다. 그렇지만 그때 나는 수도를 옮기는 건 그렇게 쉽지 않을 것이라고 여러 친구, 선후배들에게 이야기했다.

— 그렇게 판단한 근거는 무엇인가.

왜 그런 주장을 했느냐. 몇 가지 이유가 있었다. 남한이 북한에 대해 우월성을 주장할 수 있는 건, 다른 것도 생각해볼 수 있지만 크게 두 가지가 있다. 하나는 남쪽이 인구가 2배라는 것이다. 다른 하나는 1948년에 만들어진 북한 헌법 103조에 "조선민주주의인민공화국의 수부는 서울시다", 이렇게 명백하게 해놓은 것처럼 서울이 어느 쪽에 속했느냐는 건 굉장히 중요한 문제라는 점이다. 남북관계에서 서울이 대한민국에 있다는 건 굉장히 중요하다. 그런 점에서 수도 이전은 그렇게 간단한 문제가 아니다. 역사적인 문제, 남북 대결 문제 등 여러 가지가 다 들어 있다.

그리고 북한에서 기습 남침을 할 경우 엄청난 사태가 일어날 수 있으니까 수도를 옮겨야 한다는 이야기가 당시 많이 돌았다. 그때까지만 해도 서울의 대부분은 한강 이북이지 않았나. '강남'은 막 개발에 들어가고 있었다. 기습 남침 문제와 관련해서는 손정목 교수 얘기를 참고할 만하다.

손 교수는 이렇게 썼다. "다행이었던 것은 여러 가지 정보를 종합해서 볼 때 이북이 당장에 남침해올 태세에 있지 않다는 점이다." 당시 유신 권력 주장과 차이가 나지만 이렇게 썼다. "당장에는 북한에 그런 능력이 없음을 명백하게 알 수 있었다"고 손 교수는 지적했다. 그리고 박정희 정권이 수도 이전 필요성을 거론할 때 기습 남침 문제 때문에 수도를 옮겨야 한다는 얘기는 별로 안 했다. 북한의 남침 때문에 수도를 옮겨야 한다고 하면 그건 또 하나의 비상사태 내지 공포감을 유발할 수 있는 것 아닌가.

그리고 정부에서 제시한 임시 행정 수도 건설 방안은 적극적인 서울 인구 소산책으로 보기 어려웠다. 그 점을 생각할 필요가 있다.

— 인구 소산책으로 보기 어려운 이유는 무엇인가.

서울에 인구가 이렇게 집중한 것은 전에 경부고속도로를 다룰 때 말한 것처럼 도로, 교통망 같은 게 모두 서울로 집중돼 있기 때문이다. 경제 기구를 봐도 1990년대 이후 그 일부를 분산시켰지만, 1977년 이때까지는 주요 기업들의 본사가 거의 다 서울에 있었다. 의료 기관만 해도 지금까지도 중요한 것, 좋은 것은 다 서울에 몰려 있지 않나. 무엇보다도 중요한 문화 시설이 다 서울에 있다는 점이 특별히 주목받아야 한다.

그중에서도 제일 중요한 게, 이른바 일류대라고 하는 게 서울에 다 몰려 있다는 것이다. 1950년대부터 교육은 사람들의 최대 관심사였다. 자식을 좋은 학교에 보낼 수 있다면 부모는 어떤 어려움이라도 감수하려 했다. 1950년대에 이미 소 팔아 자식을 서울에 있는 대학에 보냈기 때문에 상아탑이라는 말 대신에 우골탑이라고 부르지 않았나.

오늘날 세종시를 행정 중심 복합 도시로 만들어 정부 기관 상당수를 그쪽으로 옮겼지만, 물론 이건 1977년에 이야기한 수도 이전은 아닌데, 세종시를 그렇게 만든 것은 서울 인구 소산책이 전혀 아니라고 많은 사람이 지적하고 있지 않나. 그것하고 똑같다. 행정 수도를 만들어 서울을 옮긴다고 하더라도 이런 경제, 의료, 도로 및 교통, 특히 이른바 일류대 문제 같은 것들이 동시에 수반돼 처리되지 않으면 인구 소산책으로서 제 역할을 할 수가 없다. 그런데 박 대통령이 이런 여러 가지를 종합적으로 고려하면서 얘기한 건 아니었다.

행정 수도 건설에 느긋한 박정희
과천에 제2청사 짓기로 결정

— 임시 행정 수도 건설 계획, 어떻게 진행됐나.

언론에서 '행정 수도 후보지가 어디냐', '담당 부처가 어디냐' 하면서 좇고 있었지만 담당 부서가 결정된 때는 대통령 발표(1977년 2월 10일) 다음 달인 그해 3월 7일이었다. 제1무임소 장관실에서 수도권 인구 문제를 맡으면서 수도권 인구 정책 조정실이라는 기구가 설치돼 있었는데, 3월 7일 제1무임소 장관실 박봉환 실장이 보고했다. 그런데 그때 박 대통령답지 않게 느긋하게 건설 시기를 얘기했다. "새 수도의 건설은 아무리 빨라도 10년 혹은 그 이상이 걸릴 것이며, 이를 조금도 무리하게 하거나 조급히 서두를 생각은 없다."

그러면 빨라야 1987년 이후에야 건설되는 것이 아닌가. 많은 일반 사람들도 대통령이 새 수도를 빨리 건설할 것이라고 생각했지만, 투기꾼들은 하루라도 빨리 후보지를 알아내 땅을 사려고 이리 뛰고 저리 뛰고 있는 판이었다. 그런데 느긋해도 너무 느긋하게 추진하는 것이 아닌가. 뭔가 좀 이상하다는 생각이 안 들 수 없는 지시였다.

임시 행정 수도 백지 계획 담당자는 중화학공업추진위원회 기획단 단장 오원철로 결정됐다. 이 사람은 일을 아주 열심히 하는 사람 아니었나. 그리고 1977년 7월에는 임시 행정 수도 건설을 위한 특별 조치법이 나왔다. 그래서 국제 세미나 같은 것도 열고 하면서 행정 수도 건설을 위한 백지 계획안이라는 걸 1977년 12월 6일 대통령한테 오원철 수석이 보고했다.

그런데 그것에 대한 대통령 답변이 몹시 이상했다. 뭐냐 하면 "수고 많이 했어. 앞으로 연구를 더 계속하여 더욱 충실한 내용이 되도록 하라", 이렇게 지시하고 오 수석만 따로 불러 금일봉을 '하사'했을 뿐이다.

— 어떤 면에서 이상하다는 것인가.

이것에 대해 손정목 교수는 이렇게 썼다. "오원철 수석을 비롯한 기획단 직원들의 분위기는 착 가라앉았다. 앞으로 연구를 더 계속하여 더욱 충실한 내용이 되도록 하라는 대통령 지시를 어떻게 받아들일 것인가. 지금까지 연구를 다 해서 내놓은 건데 무엇을, 어떻게 더 연구해서 어떻게 발전시킬 것인가에 관한 자신이 서지 않았던 것이다."

나는 이때 박 대통령 답변이 애매모호했다고 본다. 다시 말해서 새 수도 건설에 대해 강한 의지를 가지고 있었던 건 아니지 않느냐, 아니 별로 마음이 내키지 않았던 것이 아니냐, 그렇게 볼 수 있는 답변이다.

그런데 바로 이 1977년에 또 하나의 문제가 생겼다. 뭐냐 하면 과천에 정부 제2청사를 짓고 그 일대에 신도시를 건설한다는 결정이 1977년에 내려졌다고 손정목 책에는 나와 있다.

1977년 과천에 신도시를 건설하겠다고 결정한 건 당분간 행정 수도를 옮길 필요가 없다는 것을 뜻한다. 중앙일보 김진 기자가 쓴 글을 보면, 그렇기 때문에도 행정 수도 계획안을 세운 사람들은 과천에 정부 제2청사를 짓는 것을 마땅치 않게 생각한 것으로 나와 있다.

— 과천에 정부 제2청사를 세운다는 결정이 났다고 해서 임시 행정 수도 건설 계획이 중단된 건 아니지 않나.

행정 수도 건설 계획 작업은 그 후에도 계속됐다. 그 결과 황용주, 강홍빈 팀이 작성한 행정 수도 건설을 위한 종합 보고서가 1979년 5월 14일, 10·26 나기 5개월 전인 이때 대통령에게 보고됐다. 손정목 교수는 자신의 책에서 이 종합 보고서에 대해 더 이상 구체적인 언급을 하지는 않고, 당시 경제가 나빴기 때문에 행정 수도 건설을 추진할 만한 상황이 아니었다는 것으로 정리했다.

김진 기자가 쓴 책에는 이렇게 돼 있다. "김정렴, 오원철 등은 '10·26이 없었더라면 지금쯤 신수도가 들어섰을 것이다'라고 주장하고 있지만 두 사람 말이 반드시 맞는 것 같지는 않다. 1979년 들어 국가 경영 기력이 부쩍 쇠잔해져 박 대통령 자신이 주춤했다는 증언이 있다." 그러면서 기획단 관계자가 한 얘기가 실려 있다. "분명히 계획이 유보되는 분위기였어요. 기획단은 신수도를 생각해 과천 청사 건립을 반대했지만 결국 강행됐잖아요", 이렇게 답변했다. 그러니까 손정목 교수가 쓴 것하고 비슷한 얘기를 한 것이다.

그렇지 않아도 치솟던 땅값, 수도 이전설로 더 상승

— 백지 계획이라는 표현대로 행정 수도 건설 지역을 미리 정하지 않은 상태에서 계획을 추진했지만, 후보지로 거론되던 지역들은 있었다. 행정 수도 건설 계획 발표 후 그 지역들은 어떤 영향을 받았나.

박 대통령이 얘기한 것에 따르면 충청도 어딘가에 행정 수도가 세워질 것이 아니냐고 추측할 수 있다. 박정희의 연두 순시 발언이 끝난 직후, 즉 대통령 발표 후 대전, 청주, 공주 등지의 땅값은 순식간에 수 배 또는 수십 배씩 치솟았다고 한다고 손정목 교수 책에 나와 있다.

무슨 이야기냐 하면, 그전에 이미 부동산 투기 문제가 심각한 상태로 접어들었지만 특히 1978년이 우리나라 부동산 역사에서 최고로 투기가 심했던 해에 들어간다. 통계청에서 낸 자료에서 지가 상승 상황을 보면 1975년, 1976년에는 그 전해에 비해 27퍼센트에

1976년 무렵 서울 한강변의 아파트 단지. 수도
이전설의 영향을 받아 1970년대 중후반에는 부동산
투기 열풍이 불었다. 사진 출처: e영상역사관

서 28퍼센트가 올랐다. 이 두 해에도 굉장히 많이 오른 것이다. 전국 땅값이 무려 27퍼센트, 28퍼센트 올랐다는 것은 많이 오른 지역은 몇 배나 뛰었다는 것을 말해준다. 1975년은 이른바 강남 투기가 본격적으로 일어나는, 그러면서 부동산 투기가 몹시 심해지기 시작한 해이기도 하다. 그런데 임시 행정 수도 건설을 발표한 1977년에는 33퍼센트가 올랐고 1978년에는 49퍼센트가 올랐다. 이것은 아주 많은 지역에서 땅값이 몇 배씩 뛰었다는 것을 말해준다.

이처럼 1977년, 1978년에 땅값이 굉장히 많이 올랐는데 이렇게 된 데에 수도 이전설의 영향이 없었을까? 그 당시 신문, 잡지에 나와 있는 내용을 살펴보면 영향이 있지 않았느냐고 난 본다. 충청도에서 계속 투기업자들이 돌아다닌다는 얘기가 오랫동안 나오더라. 전국 지가 상승률을 더 높이는 데 수도 이전설은 그해에만 영향을 끼친 게 아니라고 본다. 박 대통령이 수도를 이전한다고 발표하면서 사람들의 관심이 새로운 수도 건설 문제에 쏠리게 됐고, 그런 점에서 수도 이전 발표는 유신 체제를 안정화하는 데 기여한 면이 있지 않느냐는 생각을 갖게 한다.

전쟁 위기 부른 판문점 미루나무 사건, 다시 잿더미로 변할 뻔했던 한반도

전 국가의 병영화, 열다섯 번째 마당

김 덕 련 1976년 한여름, 한반도를 전면전의 수렁에 빠뜨릴 뻔한 사건이 일어났다. 판문점에서 북한군이 미군을 살해하면서 벌어진 사건인데, 이것을 어떻게 부를 것인지도 논자에 따라 차이가 난다.

서 중 석 이제 1976년 8월 18일에 일어난 판문점 미루나무 사건을 살펴보자. 판문점 도끼 만행 사건이라고 많이 불렀지만, 판문점 미루나무 사건으로도 부른다. 이 사건에서 북한군이 있을 수 없는 만행을 저질렀다는 건 분명한 사실이다. 그 과정이 너무나 명확하지 않나.

그런데 박정희 유신 정권은 1975년 인도차이나 사태 이후 구축된 총력 안보 체제를 이 사건을 계기로 또다시 강화할 수 있었다. 또한 반공 교육에서 북괴 도발로 제일 쉽게 사람들에게 내세울 수 있는 것이 1968년, 1969년 그때 사건보다도 판문점 미루나무 사건이었다. 그래서 총력 안보와 반공 운동에 더할 나위 없이 좋은 재료를 북한이 제공한 게 되고 만 것 아니냐고 평가하기도 한다.

— 이 사건이 남한 사람들의 대북관에 어느 정도 영향을 줬는지 엿볼 수 있는 자료가 있나?

한 고등학교 교사가 1981년에 제출한 교육대학원 석사 논문을 보면 '고등학교 학생들의 반공 의식을 높이는 데 가장 큰 영향을 준 것이 뭐냐'에 대해 응답자의 50퍼센트, 그러니까 반절이 북한의 도발 사건이라고 답한 것으로 돼 있다. 1970년대 최대의 도발 사건으로 얘기되는 것이 바로 이 판문점 미루나무 사건이다. 그 밖에 반공 의식을 높이는 데 영향을 준 것으로 '북한 현실'이 22퍼센트, '민주주의 우월성'은 14퍼센트로 나와 있다. 다시 말해 북한의 도발 사건이 굉장한 비중을 차지하고 있었다. 이런 것을 통해서도 판문점 미루나무 사건의 중요성을 생각해볼 수 있다.

그런데 사실 이 사건이 아주 중요한 것은 1953년 정전협정을 맺은 후 1970년대 말까지, 또는 북핵 문제가 등장한 1990년대 초까지라고 해도 좋은데 최대의 전쟁 위기가 이때 있었다는 점이다. 정말 아찔한 상황이었고 기적적으로 전쟁이 안 일어났다고 표현하는 사람도 있는데, 미국의 미루나무 절단 작업에 만일 북한이 대응 사격을 했더라면 어떤 일이 일어날 뻔했나, 국군이 북쪽 초소를 파괴할 때 북한이 즉각 대응했다면 어쩔 뻔했나, 이 점이 굉장히 중요한 것 아니냐, 난 그렇게 본다. 그렇기 때문에 이 점에도 비중을 두어 논의가 됐으면 좋겠다.

일촉즉발 전쟁 위기로 즉각 이어진 판문점 미루나무 사건

— 이 사건은 어떻게 해서 일어나게 됐나.

〈공동 경비 구역 JSA〉, 아주 잘 만들었고 관람객도 많았던 영화인데 이 영화에 나오는 대로 판문점은 항상 티격태격하는 곳이다. 이때도 티격태격하는 게 많았다. 공동 경비 구역 안에 유엔군이 운영하는 3초소가 자리 잡고 있었다. 거기서 멀리 떨어지지 않은 곳에 미루나무가 있었다. 절단했으니까 지금은 흔적만 남아 있는데, 그 미루나무에 가지가 무성하면 유엔군 측에서 북측을 관찰할 수 없었다. 시야를 가렸기 때문이다. 그런데 3초소 주위에는 북한군 초소가 3개 있었다. 그리고 바로 그 유명한 '돌아오지 않는 다리'가 옆에 있다.

유엔군 측에서는 문제의 미루나무를 8월 초에 절단하려 했으나, 북한군이 저지해서 그렇게 하지 못했다. 그때 공동 경비 구역에서 8년간 근무한 북한군 박철 중위가 "가지치기를 계속하면 심각한 문제가 발생할 것"이라고 경고했다.

8월 18일, 이번에는 나무를 자르는 대신 가지치기만 하는 것으로 정하고 아서 보니파스 대위를 비롯한 11명의 군인이 5명의 노무자를 데리고 가지치기에 나섰다. 처음에는 북한군도 막지 않았는데, 얼마 후 호전적인 박철 중위가 나타나면서 분위기가 급변했다. 작업을 중단하라면서 막 협박하고 욕을 해댔다. 그래도 계속 작업을 하자, 북한군은 "전부 죽여"라고 하면서 달려들었다. 쇠파이프, 노무자가 버린 도끼 같은 걸 가지고 무차별적이고 무자비한 공격을 가했다.

그런데 JSA에서는 총기 사용을 엄격히 규제했다. 그렇기 때문에 한국군을 비롯한 유엔군 측이 총을 가지고는 있었지만 그 총을 쏘지는 못했다. 그런 상황에서 도끼, 몽둥이로 공격당한 보니파스 대위가 쓰러졌다. 3분 후 보니파스 대위를 바로 후송했지만 후송 중 사망했다. 마크 바렛 중위는 제방 너머 늪지에서 발견됐는데 역시 후송 중 사망했다.

이게 북한군의 도끼 만행 사건이다. 그런데 판문점 사건에는 이것만 있는 게 아니라 그다음에 미루나무 절단이 일어난다는 점에서 전체를 아우르는 말로는 판문점 미루나무 사건이라고 하는 게 어떻겠느냐, 그렇게 생각해볼 수 있다.

1976년 8월 18일 유엔군 측에서 미루나무의 가지를 치려고 하자 북한군이 도끼, 몽둥이를 들고 달려들어 공격을 하고 있다. 이 사건으로 미군 두 명이 사망했다. 사진 출처: 국가기록원

— 미군 장교 2명 피살 후 미국도, 북한도 바쁘게 움직일 수밖에 없었다. 각각 어떻게 움직였나.

사건이 일어났을 때 주한 미군 사령관 리처드 스틸웰 대장은 일본에 가 있었는데 즉시 귀국, 밤 9시에 긴급 참모 회의를 열었다. '미루나무는 조속히 제거해야 한다. 그러나 북한과 전쟁을 벌이는 건 피해야 한다'고 하면서 미국 정부에 자신의 복안을 얘기했다. 워싱턴에 특별 대책반이 마련됐다. 판문점에서 사소한 기氣싸움이 살해 사건으로 비화했다는 소식이 워싱턴에 보고됐을 때 제럴드 포드 미국 대통령은 공화당 전당 대회에 참여하고 있었다. 그래서 헨리 키신저 국무부 장관이 백악관에서 워싱턴 특별 대책반 긴급회의를 주재했다.

돈 오버도퍼가 쓴 《두 개의 한국》에는 CIA 등 회의실 정책팀

들이 충돌 경위를 잘 파악하고 있지 못했다고 쓰여 있다. 이들 중 어느 누구도 미루나무를 사이에 두고 충돌을 빚은 것이 이번이 처음이 아니라는 것을 몰랐다고 한다. 12일 전에 유엔군이 미루나무를 자르려 하자 북한군이 저지한 사건은 미군 사령부에 보고되지 않았다. 그 사실이 포함된 전문이 회람된 후에야 상황을 파악한 윌리엄 하일랜드 국가 안보 부보좌관은 "북한군이 예전에 가지치기를 하지 말라고 경고했었군" 하고 씁쓸하게 말했다고 한다. 최종적으로 포드 대통령은 한반도에서 전면전이 발생할 위험을 고려해 일체의 군사적 보복 행위를 포기하기로 결정했다. 적절한 수준에서 미국의 결연한 의지를 보여주기로 했다.

8월 19일 오전 데프콘 3이 발동됐다. 전투태세가 발효된 것인데, 정전협정 이후 처음 있는 일이었다. 주한 미군 휴가가 다 취소되고 귀대 명령이 떨어졌다. 김충식 기자 기술에 의하면, 남한 전역에서 즉 휴전선 쪽뿐만 아니라 부대가 있는 모든 곳에서 군인은 군장을 점검하고 실탄을 받았고, 모든 전투 부대는 진지로 투입됐다.

북한도 긴박하게 돌아갔다. 19일 오후 5시 평양 방송은 북한군의 전투태세 돌입을 알렸다. 인민군 총사령관 김일성의 명령에 따라 전시 사태를 선포하고 평양시민을 지방으로 분산시키고 대학생들의 학업을 전폐한 다음 교도대에 투입했다고 돼 있다. 비상사태였다. 그러는 사이에 미국의 주요 항공 부대들은 한반도 쪽으로 이동할 만반의 태세를 갖추고 있었다.

— 미군 측의 미루나무 제거 작전에 한국군도 함께하게 되지 않나.

이때 유엔군 사령부에서 세운 미루나무 절단 작전은 폴 버니언 작전이라고 불린다. 이 작전에는 한국군도 참여했다. 미루나무를 절단하는 바로 그 작전에 특전사 병력 일부가 차출됐다.

역시 김충식 기자 책을 보면 이렇게 나와 있다. 19일 오후 김포 제1공수특전여단의 여단장 박희도는 합참 본부장 유병현 방에 불려가 '특공 작전을 펼 준비를 하라'는 지시를 받았다. 특전사령관과는 상관없이, 그러니까 특전사 지휘 체계와는 무관하게 떨어진 지시였다. 20일 오전에는 합참의장인 노재현 대장, 육군 참모총장인 이세호 대장이 김포에 와서 박희도에게 작전 명령을 내리고 대통령 격려금도 전했다. 그러한 명령에 따라 편성된 특공대원 64명이 그날 밤 판문점으로 떠났다. 제1공수특전여단은 1979년 12·12쿠데타 때에도 중요한 역할을 하는 부대로 이 사건이 일어나기 얼마 전까지 전두환이 여단장이었다. 차지철이 이끌던 청와대 경호실에 전두환이 작전차장보로 임명돼 올라가면서 부임한 후임자가 박희도다. MBC 〈이제는 말할 수 있다〉를 보면, 폴 버니언 작전을 현장에서 지휘한 사람이 빅터 비에라 중령인데 이 사람은 특전사가 자기 작전에 배속되는 것을 별로 안 좋아했던 것으로 나와 있다. '한국군의 총기 휴대는 절대로 있을 수 없다'고 거듭 강조됐다.

— 그 점을 거듭 강조한 이유는 무엇인가.

왜냐하면 여차해서 무력 충돌이 일어나면 미국은 원치 않는, 즉각 전면전으로 비화할 수 있는 전쟁에 말려들 수 있다는 것이었다. 그렇기 때문에 한국군의 총기 휴대는 절대로 금한다는 것을 강력히 지시했다.

그렇지만 한국군은 미군 몰래 M16 소총과 수류탄, 대전차 무기, 유탄 발사기, 경기관총 등 무기를 숨겨 가지고 들어갔다. 박희도 얘기를 들어보면 부하들의 생명을 지키려면 무기를 가지고 들어가게 해야 한다고 자신이 판단했다고 하는데, 이건 여단장 수준에서 판단할 문제가 아니다. 이에 대해 김충식 기자는 "그것은 군 통수권자인 박 대통령의 결단이었음이 분명하다. '김일성이와 한판 붙고 말겠다'고 벼르던 그는 8·18 사태를 그 계기로 잡았던 것이다"라고 썼다.

20일에 노재현, 이세호 두 대장이 박희도에게 와서 작전 명령을 내릴 때 그 얘기가 포함됐던 것으로 보인다. 김정렴 책에는 도끼만행 사건 직후 스나이더 주한 미국 대사와 스틸웰 대장이 방문하자 박 대통령은 미국 측이 단호한 보복 조치를 취해줄 것을 강력히 요구하면서, 이번에야말로 북한의 버릇을 고쳐주기 위해 강력한 보복 조치가 필수적이라고 역설했다고 쓰여 있다.

박정희 대통령은 8월 20일 바로 이날, 국방부 장관에게 대독케 한 육군 3사관학교 졸업식 훈시에서 "미친개에겐 몽둥이가 필요하다"는 유명한 발언을 했다. 이 발언의 영향 때문인지는 몰라도 이 얘기가 그 당시에 아주 많이 돌았다. "도끼 살인마 미친개 두목 김일성을 때려잡자"는 말도 있었다. 졸업식 훈시에서 얘기한 것처럼 박 대통령은 만행을 저지른 북한군을 응징해야 한다는 입장을 아주 강하게 갖고 있었다.

'교전 발생하면 개성 탈환하고 연백 평야까지……'
김일성, 정전협정 후 최초로 공식 유감 표명

— 미루나무 절단 작전 당일 상황은 어떠했나.

스틸웰 대장이 강하게 비무장 명령을 내렸는데도 특전사 병력은 은밀히 무장을 한 상태에서 21일 작전 장소로 가게 된다. 이때 미국 쪽에선 핵 탑재가 가능한 F-111 20대가 떴고, 역시 핵 탑재가 가능한 B-52, 오늘날에도 대북 무력시위 때 한반도 상공에 출격하는 이 전략 폭격기가 이때 3대 날아왔다. F-4 24대도 출격했다.

북쪽에서 잘 보이도록 출격 장면을 과시했는데 그건 위력을 과시하기 위해, 그러니까 '너희들, 까불면 안 된다'는 것을 보여주기 위해 그렇게 한 것이다. 그뿐 아니라 항공모함 미드웨이호가 일본 요코스카에서 출항해 한국 해역에 들어왔고, 핵 항공모함 엔터프라이즈호와 항공모함 레인저호도 한국 쪽으로 이동하기 시작했다. 그러한 가운데 데프콘 3에서 데프콘 2로 다시 상향된 상태에서 21일 아침 7시에 드디어 폴 버니언 작전이 시작된다.

작전 개시 5분 후 유엔군은 8월 18일에 진행한 작업을 완료하기 위해 공동 경비 구역에 들어간다고 통지했다. 북한군이 방해만 하지 않으면 유엔군은 추가 조치를 취하지 않을 것이라는 점도 밝혔다.

이때 북한 쪽에선 어떻게 나왔느냐. 돌아오지 않는 다리 건너편에서 150명이 나타났다. 이제 정말 큰 사태가 일어날 수도 있는 상황이었다. 초소를 넘어오면 도발로 간주하는 것이었다. 그런데 딱 초소 앞에서 이 병력이 멈추더니만 되돌아가버렸다. 북한 군대

1976년 8월 21일 유엔군이 사건의 발단이 된
미루나무를 제거하고 있다. 사진 출처: e영상역사관

1976년 8월 23일 열린 판문점 도끼 만행 사건 규탄 시민 궐기대회. 사진 출처: e영상역사관

는 폴 버니언 작전에 일절 대응하지 않았다.

그러한 상황에서 미루나무를 절단했다. 그런데 심각한 문제는 그 직후 발생했다. 특전사 병력이 북한 초소를 파괴하기 시작했다. 5, 6, 7, 8초소를 부숴버렸다. 만일 북한군이 이때 대응 사격을 했다면 어떻게 됐겠나. 유엔군 쪽에서는 폴 버니언 작전 과정에서 교전이 발생할 경우 개성의 인민군 막사를 포격하고 개성 위쪽 도시 주변까지 포격해 개성 일대를 초토화한다는 계획을 세웠다고 한다. 유엔군, 국군도 그렇고 북한군도 서부 전선 쪽에 중요 무기와 주력 부대를 배치한 상태였기 때문에, 만약 그런 일이 생겼다면 순식간에 한반도 전체로 전쟁이 확대될 수밖에 없었다.

이렇게 초소를 파괴한 건 박 대통령의 결단에 의한 것임이 분명하다고 김충식 기자는 썼다. 박희도가 육군 참모총장 이세호로부터 '공격해오는 적군에 대응하라. 불법 초소를 부숴라'라는 명령을 받았다고 하는데 이건 사실은 박 대통령 지시다, 김충식 기자는 이렇게 지적했다.

— 초소 파괴에 북한군은 어떻게 대응했나.

정말 위험하고 아슬아슬한 순간이었는데 끝내 북한군은 대응하지 않았다. 어떤 데에서는 "기적적으로 전쟁은 일어나지 않았다"고 표현하기도 했다. 김정렴은 회고록에서 "우리 작전반이 그간 불법으로 설치해온 북한 초소도 차제에 때려 부수고 했는데 약 한 시간 반의 작전 시간에 방해나 저항이 전혀 없었다. 만일 무력 도발을 해온다면 개성을 탈환하고 연백 평야 깊숙이까지 진출할 각오로 임하고 있었다", 이렇게 얘기했다.

김정렴 비서실장은 이렇게도 얘기했다. "미루나무를 자르는 과정에서 그들이 총 한 방이라도 쏘면 개성을 탈환하고 연백 평야 깊숙이까지 밀고 올라간다는 계획이었다. 휴전선이 서울에 가까워 늘 위험했는데 차제에 해결하겠다는 얘기도 있었다." 김충식 기자에 따르면 박 대통령은 미국의 막강한 군사력을 끌어들여 '힘의 행사'를 노리는 매우 공격적인 작전을 구상했다고 한다.

전쟁을 확대할 생각을 분명히 가지고 있었다는 말이다. 초소를 부술 때 북한이 대응 사격을 해온다면 전쟁을 크게 확대할 수도 있다는 생각을 당시 한국 최고위층에서는 가지고 있었다고 판단된다. 그런데 이 사건에서 놀랍다면 놀라운 일이 또 하나 일어났다.

— 무엇인가.

데프콘 2까지 발동될 정도로 전쟁 직전 상황으로 치달았는데, 일각에서는 전쟁 돌입 상황이라고도 이야기하는 사태에 이르렀는데, 또 북한군 초소도 부서졌는데 작전 개시 1시간이 채 지나지 않아 미국 측 군사정전위 수석대표에게 북한 측 수석대표가 김일성의 친서를 전달하기 위해 비밀 면담을 요청했다. 인민군 총사령관 이름으로 "판문점 공동 경비 구역에서 이번에 사건이 일어나서 유감입니다. 앞으로 그런 사건이 일어나지 않도록 양쪽이 다 같이 노력해야 합니다"라고 유감의 뜻을 전한 것이다.

북한이 유감이라는 형태로라도 잘못을 공개적으로 시인한 건 정전협정 체결 이후 처음 있는 일이었다. 더욱이 이 사건을 제외하면 지금까지 남북 관계와 관련해 북한 최고 권력자 이름으로, 그것도 공개적으로 유감을 표명한 사건은 없다. 1994년 김일성이 죽을 때까지도 그렇고 그 이후 김정일, 김정은까지 포함해도 그렇다.

물론 그간 북측이 유감을 표명한 사건은 이것 말고도 몇 건 더 있다. 예컨대 1996년 강릉 앞바다에 북한 잠수함이 침투한 사건에 대해서는 북한 외교부 대변인 담화를 통해 유감을 표명했고, 2002년 제2차 연평 해전에 대해서는 남북 장관급 회담 북측 단장이 유감을 표했다.

그렇지만 이것들은 최고 사령관 이름으로 유감을 공식 표명한 게 아니었다. 그런데 판문점 미루나무 사건 때에는 김일성이 폴 버니언 작전 당일 유감을 공식 표명했다. 얼마나 사태가 위중한가, 위험한 상태인가를 김일성이 잘 알고 있었기 때문에 이런 일이 일어난 것이라고 볼 수 있다.

무기 휴대하고 북한 초소 부순 한국, "전쟁 일어날 뻔했다" 경악한 미국

— 전면전 위기를 불러온 북한군의 미군 살해는 어느 선에서 결정·실행된 사안인가. 북한 최고위층이 직접 관련돼 있었다고 볼 수 있는 사안인가?

북한군이 일으킨 이 사건이 평양 고위층의 지시인가 아닌가를 살펴볼 필요가 있다. 스틸웰 대장은 "북측의 반응을 볼 때 평양 고위층 지시는 아닌 것 같다. 북한군 경비병의 우발적인 과민 반응 가능성도 배제할 수 없다"고 미국 국방부에 은밀히 보고했다. 국가안보회의 참모였던 윌리엄 글라이스틴도 그 지역 자체에서 했거나, 평양에서 관여했다고 하더라도 고위층 지시는 아닐 것이라고 밝혔다. 글라이스틴은 1978년부터 1981년까지 주한 미국 대사를 지내게 되는 바로 그 사람이다. 당시 군사정전위원회 수석대표 특별 고문 직위에 있었던 이문항도 이것은 계획적이라고 볼 수 없다고 얘기했다. 이 부분에 관해 홍석률 교수가 논문을 썼는데, 홍 교수도 이 사건이 북한에 여러 측면에서 부정적인 영향을 끼쳤다는 점을 지적하면서 평양 고위층에서 내려온 지시라고 보기는 어렵지 않겠느냐고 봤다.

> 북한 최고 권력자의 유감 표명 사례로 1968년 1·21 청와대 습격 기도 건도 생각해볼 수 있다. 1972년 비밀리에 평양을 방문한 이후락 중앙정보부장은 1·21 청와대 습격 기도에 대해 김일성이 대단히 미안한 사건이었다고 말했다고 밝혔다. 그렇지만 이것은 공개적으로 유감을 표명한 것과는 차이가 난다.

— 이 사건은 어떤 측면에서 북한에 부정적인 영향을 끼쳤나.

북한은 이 사건 때문에 여러 가지로 큰 어려움을 겪게 됐다. 그때까지 북한은 유엔사를 철폐하기 위한 활동을 제3세계의 지지를 받으면서 강력하게 펼치고 있었는데, 그것에도 부정적인 영향을 끼쳤다. 북한이 많은 노력을 기울이던 비동맹 외교에 아주 불리하게 작용했다. 그뿐 아니라 북한이 당시 추진하던 대미 접촉 및 협상도 물 건너가게 된다. 그리고 이 사건을 계기로 미국은 북한을 한층 더 주시하게 됐다. 이처럼 매우 불리한 상황을 초래한 것인데 북한 고위층에서 이런 우매한 짓을 사전에 계획을 세워 했겠는가 하는 점을 생각해볼 필요가 있다.

판문점 미루나무 사건은 박철 중위를 비롯한 현지 북한군의 난폭성이 드러난 사건이라고 볼 수 있는데, 북측에 그 미루나무 위치가 애매모호하게 보였을 가능성이 있다는 주장도 있다. 자기들 쪽에 있는 나무로 착각한 상태에서, 미군이 자신들을 관측하기 위해 자기들 쪽에 있는 나무를 가지치기하려는 것 아니냐고 잘못 판단해 이런 사건을 일으킨 것 아니냐고 보는 것이다. 그렇지 않아도 군사정전위원회에서 티격태격하고 있던 참에 가지치기에 예민하게 반응하면서 그런 사건을 일으켰다는 주장이다.•

— 미루나무 절단 작전에 투입된 특전사 병력이 은밀히 무기를 휴대한 것에 더해 북한군 초소까지 부순 것에 대해 미국은 어

• 판문점 미루나무 사건 후 유엔군과 북한군은 군사 분계선에 따라 양측 경비 구역을 분할했다. 판문점 공동 경비에서 분할 경비로 바꾼 것이다.

떤 반응을 보였나.

이 작전이 끝났을 때 미국 측은, 비에라 중령 증언에도 그렇게 나오는데, 한국 측이 아주 위험한 일을 한 것이 아니냐며 분노했다. 특히 책임자인 스틸웰 대장은 강한 분노를 표시했다.

스틸웰 장군은 이건 한미 간의 작전 지휘 체계에 관한 중대 문제라며 흥분했다고 한다. "전쟁이 일어날 뻔했다. 누가 그런 일을 했느냐. 누가 책임질 것이냐. 무기 휴대는 도대체 누구의 명령이냐"라고 하면서 노장군은 얼굴을 붉히며 속사포처럼 울분을 터트렸다고 박희도는 회고했다. 미국은 당시 한반도에서 전쟁이 일어나서는 안 된다는 생각을 강하게 갖고 있었는데 이런 일이 일어나니까 경악한 것이다. 스틸웰 대장은 한국을 떠날 때 박희도 준장한테 굳은 표정으로 "당신은 군법회의에 회부돼야 했다. 내 부하라면 군복을 벗겼을 것이다", 이렇게 얘기했다고 한다.

— 미국 쪽에서 그렇게 나오면 한미 관계상 한국 쪽에서 모른 척 하기 어려웠을 것 같다.

미국 측에서 이렇게 강하게 반발하자, 특공대장으로서 64명을 이끌었던 김종헌 소령 등 장교 2명이 군법회의와 징계위 절차를 거쳐 처벌을 받았다고 한다. 그렇지만 실질적인 불이익은 전혀 없었다고 한다.

판문점 미루나무 사건을 통해 본 한반도 전쟁 문제

전 국가의 병영화, 열여섯 번째 마당

전면전 도박을 북한이 다시 하기 어려운 이유

김 덕 련 판문점 미루나무 사건은 한반도가 언제든 전면전으로 치달을 수 있는 위험천만한 지역임을 다시 한 번 일깨워줬다.

서 중 석 1950년대가 떠오른다. 휴전협정이 체결될 무렵부터 1950년대 내내 대대적인 동원 정치로 북진 통일 운동이 거세게 펼쳐졌다. 미국 등 참전국도 유엔도 모두 이승만의 북진 통일 운동을 경계했고 비판하며, 한반도 문제는 평화적으로 해결해야 한다고 강조했다. 북진 통일 운동의 정치적 목표는 분명했다. 전시 체제를 유지·고조해 반공 체제를 강화하고 이승만 독재 권력을 굳건히 하자는 것이었다. 4월혁명(1960년)으로 이승만 정권이 무너짐으로써 한반도 위기를 고조시켰던 북진 통일 운동도 역사의 저쪽으로 사라졌고, 평화 통일이 어느 정권이 들어서도 대한민국이 나아가야 할 기조가 됐다.

나는 미루나무를 절단하러 한국군이 갈 때 미군이 그토록 경계했던 무기를 휴대하고 간 것이라든지, 북한군 초소를 부순 것, 또 북측이 총 한 방이라도 쏘면 개성을 빼앗고 연백 평야까지 밀고 올라간다는 계획을 세운 것, 그러면서 '휴전선이 서울에 가까워 늘 위험했는데 차제에 해결하겠다'는 이야기가 있었다는 것이 과연 적절한 판단이었나, 여러 가지 생각이 든다.

또 김정렴 비서실장이 "나, 개인적으로는 그때 미루나무만 자르는 것을 보고 '왕창 했어야 하는 건데……' 하는 아쉬운 생각이 들었다"고 말한 대목이 몹시 우려할 만하다고 생각한다. 문제가 굉장히 심각한 것은 이런 생각을 김정렴만 갖고 있었을까 하는 점이다. '일전을 불사한다'는 생각은 다른 지역에서는 몰라도 한반도에서는 굉장히 위험한 사고일 수 있다.

여기서 한반도 전쟁 문제를 생각해볼 필요가 있다. 전에 한국전쟁을 다룰 때 '북측에서는 다시 전면전을 일으킬 생각을 하기가 아주 어렵게 됐다. 너무나 심한 파괴를 당하는, 미군 폭격이 가장 큰 역할을 했지만, 전쟁을 겪었기 때문에 전쟁이 얼마나 무서운 것인지를 북한이 내심으로는 잘 알고 있지 않겠느냐'라고 이야기하지 않았나. 판문점 미루나무 사건에 대한 김일성의 조속한 유감 표명, 인민군 총사령관 이름으로 그렇게 나온 것도 전쟁이 일어날 뻔한 상황에서 그걸 방지하려는 의사 표명이라고 이해할 수도 있다.

중국이나 소련의 지원이나 지지가 없을 경우 북한이 설령 기습전을 한다고 하더라도 처음에는 어떨지 모르지만 과연 성공하겠는가, 이 점도 생각할 필요가 있다. 중국과 소련의 뒷받침 없이는 전쟁이 불가능하다는 것은 누구보다도 김일성이 제일 잘 알고 있었다. 왜냐하면 세계 최강의 미군이 서부 전선에 버티고 있었다. 중무장한 전폭기가 언제든 뜰 수 있지 않았나. 핵 탑재가 가능한 폭격기들이 이 사건 때 실제로 뜨지 않았나.

그리고 여러 연구자가 얘기한 것처럼, 1973년을 경계로 해서 1인당 GNP도 북한이 이제 뒤지게 됐고 더군다나 전체 경제력도 1973년 이후에는 남한에 현저히 뒤처졌다. 중국과 소련도 한국에서 전쟁이 일어나는 걸 절대로 원하지 않고 있었고, 경제력 하나만 가지고 이야기하더라도 북한이 전쟁 엄두를 내기가 어렵게 돼 있었다. 도박을 한다는 게 그렇게 간단하지 않았다. 그와 관련해 박정희 대통령이 언급한 게 여러 가지 나온다.

객관적인 남북한 전력 비교 대신
청와대의 일방적 전달이 횡행한 시대

— 박정희 대통령은 그 문제에 대해 어떻게 얘기했나.

전에도 말한 것처럼, 1975년 베트남전이 끝나면서 미국은 동북아 쪽에 힘을 집중할 수 있게 됐다. 그런 상황에서 판문점 미루나무 사건까지 일어나면서 미국은 북한을 더더욱 주시하게 된다. 이런 것들은 북한이 함부로 움직이지 못하게 만드는, 북한을 묶어두는 역할을 할 수 있었다.

이러한 상황에서 박 대통령이 한 얘기가 김충식 기자 책에 여러 가지 나온다. 그중 1976년 7월 31일, 이 사건이 나기 전달인 이때 진해에서 출입 기자들한테 이렇게 공언했다고 한다. "우리 국군이 더 강하다고 생각해. 월남전에서 실전 경험을 쌓기도 해서", 아주 중요한 대목을 박 대통령이 정확히 지적한 것이다. "군 지휘관들의 실력이 향상돼 있어. 북괴는 6·25 때 중대장들이 장성이 돼 있고 그 이하는 실전 경험이 없다", 이렇게 대단히 중요한 지적을 한 것을 볼 수 있다. 그전에는 "김일성이가 까불면 평양이나 원산, 함흥까지 때리고 올라가는 건 문제도 아냐", 이런 얘기를 한 적도 있다고 한다. 자신만만하다는 얘기지만 위험한 발언일 수도 있다.

7월 31일 오프 더 레코드로 더 이야기한 게 있다. 국군이 얼마나 강한 신무기 등을 개발하고 있는가 하는 얘기를 하면서 "우리 공군력은 북괴보다 1.5배쯤 강하다. 전투기 보유 대수야 그들이 많지만 현대 공중전에서 전투력을 제대로 발휘할 수 있는 MIG-21 기종은 얼마 안 된다", 이렇게 말했다고 한다. 북한 공군의 전투기 중

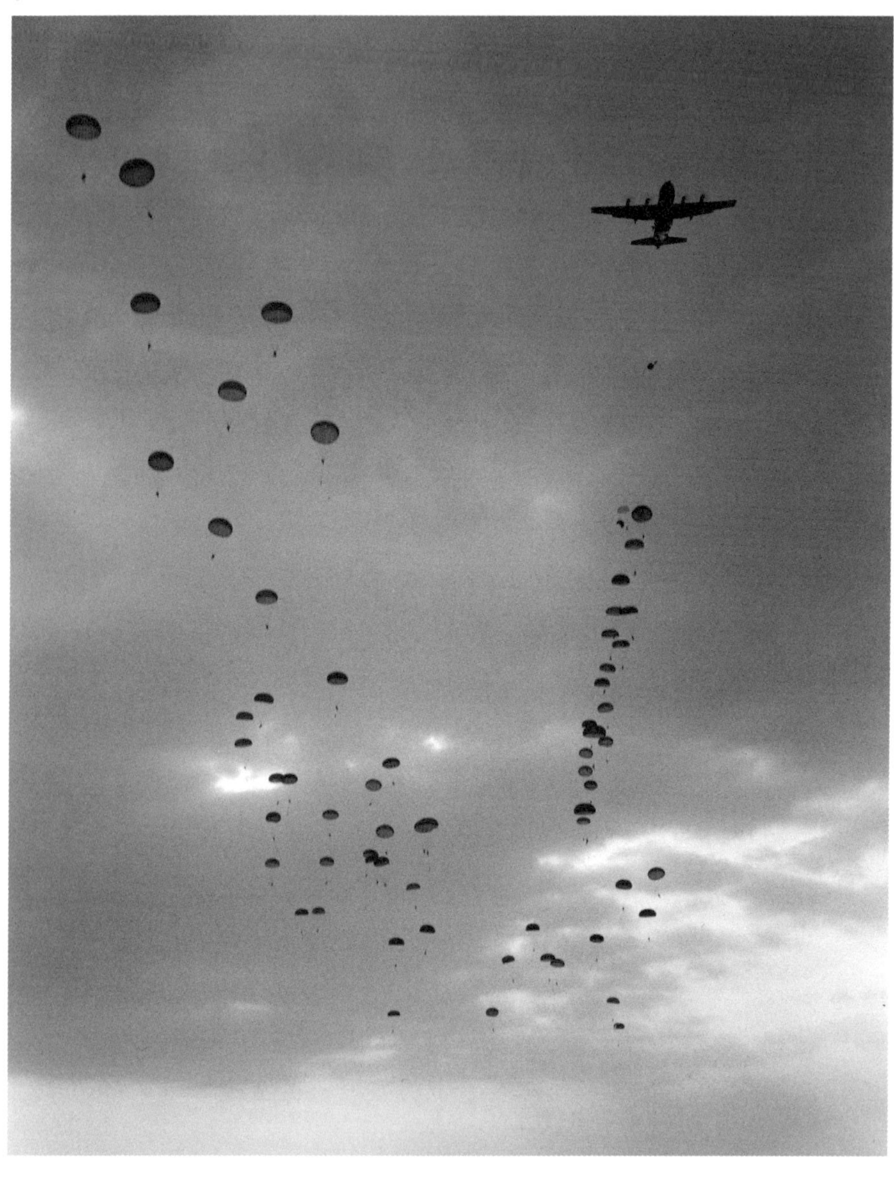

박정희는 국군이 북한군보다 훨씬 강하다고 자신 있게
말했다. 사진은 1976년 공수부대의 낙하 훈련 모습.
사진 출처: e영상역사관

다수는 낡은 기종이고 연료 부족으로 훈련을 제대로 하지 못해 전투력에 문제가 있다는 얘기가 근래에도 나오는데, 1970년대 중반에 이미 박 대통령은 남한 공군력이 북한보다 강하다고 분명히 얘기했다는 말이다. 더욱이 남한은 그 후 경제력을 바탕으로 좋은 전투기를 계속 들여오지 않았나.

그리고 박 대통령은 1978년 말이면 공군 전투기와 그 기기를 포함해 방위 산업이 다 된다고 자신감에 차서 이야기하면서 "이런 맛에 대통령 하는 것 아니냐", 이런 얘기도 했다고 한다. 판문점 미루나무 사건이 일어나자 여차하면 연백 평야까지 치고 올라가려는 생각을 한 것도 이런 자신감의 발로가 아니겠는가 하는 점을 김충식 기자는 자신의 글에서 시사했다. 그런데 문제는 이런 자신감을 언론에서 보도하기가 어려웠다는 점이다. 매스컴은 쉬지 않고 북괴의 도발과 남침 야욕을 강조해야 하게끔 되어 있었다.

— 오프 더 레코드이긴 했지만 공군력이 북한보다 1.5배쯤 강하다는 얘기를 대통령이 직접 했다는 대목이 인상적이다. 정권이 언론을 강하게 통제하던 때였기 때문에 남북한의 객관적인 전력 비교 자료를 대중이 접하기 어려운 시절 아니었나.

총력 안보 운동, 반공 운동이 거세게 일어날 때 전문가건 국회의원을 비롯해 중요한 위치에 있는 사람들이건 박정희 대통령의 남침 위협 발언에 대해 '그 문제를 깊이 있게, 양쪽 군사력도 비교하고 국제 정세도 분석하면서 얘기해보자', 이런 말을 할 수 없게끔 돼 있었다. 그게 아주 심각한 문제였다. 모든 건 일방적이었다, 이 말이다. 박 대통령 한 사람만이 뭐라고 얘기할 수 있었고, 99퍼센트이 한국인들은 그것과 다른 이야기를 하거나 박 대통령 말을 비판할 수 있는 상황이 아니었다.

수도 이전 문제를 다룰 때 "다행이었던 것은 여러 가지 정보를 종합해서 볼 때 이북이 당장에 남침해올 태세에 있지 않다는 점이다", "당장에는 북한에 그런 능력이 없음을 명백하게 알 수 있었다"고 손정목 교수가 얘기했다고 하지 않았나. 그런 부분도 그 당시 신문에서는 쓸 수가 없었다. 알고 있어도 공표할 수 없었다.

— 그런 부분에 관해 언급했다가 논란이 된 사례로 어떤 것이 있나.

예컨대 신민당 정일형 의원이 1974년 12월 14일에 국회에서 "대통령이 하야를 준비할 용의가 없는가"라고 묻자 공화당, 유정회 의원들이 단상으로 쏟아져 나와서 본회의장이 아수라장이 됐다고 전에 말하지 않았나. 그날 정 의원은 그것 말고도 여러 가지 발언을 했는데, 그중에는 박 대통령이 북한의 남침 위협을 장기 집권 명분으로 삼는 건 문제라는 내용도 있었다.● 그러자 공화당과 유정회는 그날 바로 합동 의원 총회를 열고, "북괴의 남침 기도가 없다는 맹랑한 망언을 농하는 등 극히 위험한 국론 분열적인 언동까지 서슴

● 발언 요지를 정리한 동아일보 1974년 12월 14일 자에 따르면 정 의원 발언 중 해당 부분은 다음과 같다. "대통령은 통일과 안보를 이유로 3선 금지 조항을 고쳤고 그것으로도 모자라 10월 사태를 일으켰으며 유신당법維新黨法을 개정하는 등 지난 13년 동안 우리 국민은 안보를 위해 협력해왔는데 아직도 안보가 문제가 되고 험악해졌다면 그 책임은 누구에게 있는가", "정부와 여당은 박 대통령이 계속 집권해야 북괴가 남침하지 못한다는 논리인데, 남북한의 대결은 박 대통령과 김일성의 대결이 될 수 없으며 왜 대통령과 우리의 안보가 운명을 같이해야 되는가." 10월 사태는 1972년 10월에 일어난 유신 쿠데타를 가리킨다.

지 아니해왔다"고 신민당을 강하게 비난하는 성명서를 발표했다.

분위기가 이러했기 때문에 간접적으로라도 '북한의 남침 위협에 대한 뚜렷한 증거가 있느냐', 이런 발언조차도 하기가 어려웠다. 그건 김옥선 의원이 국회 본회의에서 면책특권을 가지고 발언했는데도 사퇴서를 낼 수밖에 없었던 상황에서도 미루어 짐작할 수 있다.

이에 앞서 1974년 8월 29일 일본 외상이 "북한으로부터 위협이 있는지 없는지는 한국이 판단할 문제이지만 일본 정부는 객관적으로 그런 사실이 없다고 이해하고 있다"고 얘기하자, 다른 여러 가지가 겹치면서 그렇게 됐지만, 이 발언이 중요한 계기가 돼서 반일 시위대가 일본 대사관에 난입하는 큰 사태도 일어나지 않았나.

그런 판에 일반 학자, 전문가 이런 사람들이 무슨 말을 꺼낼 수 있었겠나. 정말 답답하기 짝이 없는 상황이 계속된 시기였는데, 특히 1975년 인도차이나 사태 이후엔 총력 안보 문제와 결부되면서 훨씬 더 그랬다.

— 일본 외상 발언만이 아니라, 한국 바깥에서는 이와 관련해 분위기가 다르지 않았나.

미국에서는 신문이건 일부 정치인이건 이 문제에 관해 좀 다른 얘기를 했다. 그런 속에서 조지 맥거번 상원 의원이 판문점 미루나무 사건 다음 달인 1976년 9월 15일 "유신 헌법에 관한 국민 투표는 사기극이었다"고 강하게 비판했다. 또한 맥거번은 "박정희 대통령은 북한의 위협을 국내 정치 억압에 악용하고 개인 권력 강화에 주력해왔다"면서 "미국은 한국의 악명 높은 폭군과 제휴하고 있으며, 규사 원조와 신무기 제공으로 한국의 북침 계획에 휘말려 들어가고 있다"고까지 얘기했다.

근래(2016년) 미국 대선에서 버니 샌더스가 진보적인 가치를 강조하면서 바람을 일으켰는데, 맥거번은 1950년대 후반에서 1970년대 미국 민주당에서 진보파, 자유주의 성향을 대표하는 정치인이었다. 맥거번이 말한 "북침 계획"이 뭘 가리키는 것인지는 분명하지 않은데, 이런 발언이 나오고 나서 얼마 후 유명한 박동선 사건이 터지게 된다.

위험천만했던 1968·1976·1994년, 전쟁은 해결책이 아니다

— 판문점 미루나무 사건이 일어난 1976년은 1968년, 1994년과 더불어 정전협정 후 전쟁 위기가 고조됐던 대표적인 시기로 꼽힌다. 1968년에는 1·21 청와대 습격 기도 사건과 푸에블로호 사건이 연이어 발생하고 11월에는 울진·삼척에 무장 게릴라가 침투했다. 1968년과 1976년 상황을 비교하면 어떠한가.

1968년 1·21사건은 특수 훈련을 받은 게릴라가 청와대 습격을 시도한 것으로, 박 대통령이 미국에 강한 보복 조치를 요구했지만 미국은 그것에 응하지 않지 않았나. 그런 속에서 박 대통령이 단독으로 응징할 수는 없는 상황이었다. 이때 미국은 박 대통령에 대해 거리를 둔다고 할까, 비판적인 모습을 보였다. 그러면서 박 대통령이 '지나치게 호전적'이며 '과음과 엉뚱한 행동'을 자주 한다고 안

좋게 보기도 했다.

그런데 아주 특수하게 판문점 미루나무 사건 때에는 특전사 병력을 보낼 수 있었다. 그렇기 때문에 거기서 바로 북한군 초소를 때려 부쉈는데, 1970년대의 다른 시기에는 그렇게 하기가 아주 어렵게 돼 있었다. 미국의 지원이나 암묵적인 무언가가 없이 어떻게 단독으로 움직일 수 있었겠나. 그리고 1972년 이후락을 만났을 때 김일성은 1·21사건에 대해 미안하다는 뜻으로 얘기를 하면서 그건 강경파들이 저지른 것이라고 했다. 그 강경파들은 1960년대 말에 다 숙청된다.

푸에블로호 사건이 일어나자 미국 쪽에선 핵 추진 항공모함을 동해로 보내고 공군과 해군에 대한 부분적인 동원령도 내리는 등 위협적인 시위를 하고 경고도 했다. 그렇지만 북한을 강하게 응징해야 한다는 박정희 대통령의 요구에 응하지는 않았다.

그다음 해인 1969년 미군 정찰기 EC-121이 북한군에 격추됐을 때에도 미국은 박 대통령의 주장을 받아들이지 않았다. 2010년 미국 국무부가 비밀 해제해 공개한 닉슨 행정부 시절 외교 문서를 보면, EC-121 격추 사건이 일어나자 박 대통령은 강하게 대응해야 한다고 윌리엄 포터 주한 미국 대사에게 직접 얘기했지만 미국 쪽에선 그것에 응하지 않았다. 당시 미국은 북한에 대한 군사 보복을 검토하긴 했지만 전면전으로 번질 것을 우려해 그 가능성을 접었다. 그러면서 박 대통령 주장을 묵살해버린다고 할까, 그렇게 된 것이다. 이런 일들을 겪으면서 박 대통령은 미국에 배신감도 느끼고 여러 번 화가 났다. 홍석률 교수 책에 그 이야기가 잘 나오지 않나.

울진·삼척 사건의 경우 국지전이라고 할 만한 것도 아니었다. 베트남전이 한창이었고 국군을 월남에 파견한 때 아니었나. 북한이 울진·삼척 사건을 일으킨 건, 월남과 연결되는 제2 전선을 펴서 미국과 남한의 관심을 한국 자체로 돌리는 데 더 초점을 맞추고 있었다고 볼 수 있다. 그러면서 게릴라 침투 지역에서 사건을 일으키는 정도의 제한적인 것이었지, 휴전선 근처에서 제한전 또는 기습전을 벌인다든가 한 것도 아니었다. 물론 그것도 크게 문제가 될 수 있는 사건임은 분명하다.

— 1994년과 비교하면 어떠한가. 1994년에는 미국이 북한 영변의 핵 시설을 폭격할 계획까지 세우지 않았나.

판문점 미루나무 사건 때에 비해 1994년이 더 위험했느냐 그렇지 않느냐, 그런 얘기를 쉽게 할 수는 없다. 어쨌건 1994년 이전까지는 판문점 미루나무 사건 때 전쟁 가능성이 제일 높았던 것으로 보인다. 1994년의 경우 실제로 상황이 안 일어나긴 했지만, 만약 미국이 정말 폭격을 했다면 전쟁이 일어나는 상황이었다. 그 이후에는 미국이 그렇게까지 나오지는 않았다.

그러나 그 이후에도 여러 번, 예컨대 지난 이명박 정권 때, 그리고 박근혜 정권이 출현할 즈음, 또 그 후에도 한두 번 간담을 서늘하게 하는 사건이 있지 않았나. 연평도 사건 때에는 북한이 아주 위험한 짓을 했다. 이런 것들은 다 1994년 이후에 일어난 일이다.

이처럼 정전협정 체결 이후에도 위험천만한 순간이 여러 번 있었다. 전쟁의 위험을 감수하고서라도 무조건 강하게 응징해야 한다, 전쟁을 해도 좋다, 이런 식으로 극단적인 사고를 하는 건 곤란하다. 평화의 기반을 굳건히 다지기 위한 정말 많은 노력이 필요하다는 것을 다들 기억해줬으면 하는 바람이다.

박정희의 이중 잣대, 국민에겐 남침 공포 외국 언론엔 "北, 쉽사리 전쟁 안 할 것"

전 국가의 병영화, 열일곱 번째 마당

유신 체제에서 특별히 남침 강조
전시 체제 조성해 국가 병영화 초래

김 덕 련 분단 이후 북한의 남침 위협 이야기가 나오지 않은 때가 별로 없긴 하지만, 유신 체제에서는 다른 시기에 비해 특히 심했던 것 같다. 실제로 어떠했나.

서 중 석 판문점 미루나무 사건이 얼마나 위험한 사건인가를, 한국을 전쟁 위기로 몰고 갔던 위험한 사건이었다는 것을 살펴봤는데, 그것에 이어서 1970년대 중후반에 많이 나온 '남침' 문제를 살펴보자. '땅굴 완공 시기가 금년 여름'이라고 단정을 하고 "북한이 금년에 무모한 불장난을 저지를 가능성이 농후하다"고 강조했던 바로 그해인 1975년 4·29 특별 담화가 나오면서 시작된 총력 안보 운동, 반공 운동은 전시 체제 분위기를 조성하고 사회와 국가의 병영화를 초래했다. 4·29 특별 담화에서 1975년이 남침이라는 불장난을 저지르려 하는 가장 위험한 시기라고 거듭거듭 역설한 그때부터 특히 남침이 강조됐다. 남침은 총력 안보 운동, 반공 운동의 첫 번째 키워드였다. 한국인은 그 시기에 그 얘기를 정말 귀가 아프도록, 진절머리가 나도록 들어야 했다.

그 문제를 본격적으로 이야기하기에 앞서 한 가지 짚고 가자. 일부에서는 경제 발전을 위해 능률을 극대화하려 한 게 유신 체제 아니냐, 정치를 부정하고 민주주의도 유린하고 사실상 부정하면서 경제 발전을 위해 박정희가 유신 체제로 간 것 아니냐고 보는데 실상은 그렇지 않다. 예전에 경제 문제를 얘기할 때 '그게 아니다. 유신 체제는 그것 때문에 생긴 게 아니다. 경제하고는 직접적 관련이 없다'는 얘기를 자세히 했지만 반공 운동과 관련해 그 문제를 다시 한 번 간략히 되짚을 필요가 있다.

한 연구자가 제1공화국부터 전두환의 제5공화국에 이르기까지 대통령 연두 회견과 시정연설을 분석해 어떤 것을 가장 중시했는가를 살펴봤다. 제4공화국, 그러니까 유신 체제의 경우 사람들이 보통 생각하는 것과 달리 경제 발전을 가장 우선시한 것이 아니었다. 이걸 제일 우선시한 것은 장면 정부하고 1964~1967년 시기의 박정희 정부였다. 장면 정부 때 다른 어느 것보다도 경제 발전을 가장 중시했고, 박정희 정부도 1964년에서 1967년까지 다른 어떤 것보다도 경제 발전을 연두 회견이나 시정연설에서 강조했다.

1972~1979년 유신 체제에서는 국가 안보가 가장 강조됐고 그다음이 경제 발전이었던 것으로 나온다. 이승만 집권기 중 1955~1959년을 가지고 분석한 것만 봐도 경제 발전이 제일 위이고 국가 안보는 두 번째인데, 유신 체제 때에는 국가 안보가 제일 위에 있고 그다음이 경제 발전이었다. 이러한 연두 회견 및 시정연설 내용 분석도 내가 전에 얘기한 '경제와 유신 체제가 직결되는 게 아니고 유신 체제를 만든 이유는 오히려 다른 데 있다'는 것과도 연결될 수 있다고 본다.

유신 체제에서 국가 안보에 대한 강조라는 건 크게 보면 '총력 안보, 총화 단결'과 반공 운동, 이 두 가지로 나타난다. 물론 총화 단결도 반공 운동의 일환인 셈이니 둘 다 사실상 똑같은 얘기이긴 하지만, 드러나는 방식이나 방점을 찍는 부분 같은 것이 시기마다 차이가 있다는 점도 생각해봐야 한다.

박정희는 대대적인 반공 운동과 총력 안보를 통해 유신 체제를 더욱 강고하게 만들었다. 사진은 1975년 5월 7일 열린 서울 영등포구 향토 수호 반공 궐기 대회. 사진 출처: 서울사진아카이브

1975년 6월 25일 6·25 25주년을 맞아 1950년 6월부터 그해 연말에 태어난 남자 625명이 서울의 각 구청에서 선발되어 조국 수호 행군 대회(서울시청~파주군 조리면 봉일천 초등학교)에 참여했다.
사진 출처: 서울사진아카이브

유신 체제 수호 위한 가장 강력한 도구, 대대적인 반공 운동과 총력 안보

— 시기에 따라 어떤 차이가 나타났나.

1971년 12월 박정희가 국가 비상사태 선언을 할 때에는 남침 가능성이 높다는 걸 제일 큰 이유로 내세웠다. 그렇지만 이 시기에 남침 가능성이 높다고 볼 수 있는 상황이 전혀 아니었다. 신민당 의원들이 북한의 휴전선 침범 사례가 현저히 감소한 점 등을 근거로 제시하며 '국가 비상사태 선언 철회 단행에 관한 질문서'를 제출하고, 주한 미국 대사가 북한의 공격이 임박했다는 증거가 없다고 박 대통령에게 직접 강조한 데서도 이 점은 잘 드러난다. 그런데도 박정희는 그렇게 주장하면서 국가 비상사태 선언을 했다.

그로부터 1년도 안 지나 유신 쿠데타를 일으킬 때에는 전혀 다른 모습을 보였다. 1972년 7·4남북공동성명을 발표하고, 10월 17일 계엄을 선포하면서 유신 쿠데타를 일으키고, '통대'라고 불린 통일주체국민회의에 의해 체육관 대통령으로 선출돼 대통령에 취임할 때까지는 평화 통일을 강조했다.

그런데 1973년 8월 8일 김대중 납치 사건이 일어나자 북쪽에서 바로 '대화를 중단하겠다'고 나왔다. 일절 응하지 않았다. 상황이 이렇게 전개되자, 평화 통일을 내세워 유신 체제를 유지, 수호하는 데 난점이 생겼다.

한국에서는 해방 후부터, 그중에서도 특히 이승만 정부 때부터 반공만큼 독재를 강화하는 데 유리한 게 없지 않았나. 바로 그 부분으로 회귀하게 된다. 1971년 국가 비상사태 선언 때로 회귀했다고 해도 좋은데 유신 정권은 그렇게 회귀했다.

— 그렇게 회귀하면서 어떤 변화가 생겼나.

예컨대 한때 북한이라고 불렀던 것을 다시 북괴로 바꿔 학교나 언론을 비롯한 사회 곳곳에서 부르는 것을 볼 수 있었고, 정부에서는 두 가지를 병행해서 쓰고 그랬다. 그렇다고 해서 유신 정권이 '남북 대화를 하지 말자', 이렇게 얘기한 건 아니었다. 남북 대화는 한다고 얘기하면서도 실제로는 반공 운동, 총력 안보가 유신 체제를 수호하는 데 가장 강력한 도구로 사용했다.

그 당시를 산 사람들 가운데 40~50대 이상은 '우리는 몹시 불행한 세대다', 여러 가지 뉘앙스를 풍기는 말인데, 이런 얘기를 글에 많이 쓰고 그랬다. 이 시기에 나온 남침 주장이라는 건 '우리는 철저히 전시 체제 아래 있어야 한다. 언제든 북한이 쳐들어오면 그것에 대응할 준비를 갖추고 있어야 한다'는 것을 뜻했다. 그 당시를 산 40~50대 이상 사람들은 전시 체제에 관한 얘기를 정말 귀가 아프도록 계속 들어야 했는데, 사는 동안 그런 얘기를 그렇게 많이 듣게 된 건 세 번째라고도 볼 수 있다.

귀에 못이 박히도록 들어야 했던 "호시탐탐 …… 남침 임박"

— 이전의 두 번은 언제였나.

우선 일제 말에 전시 체제가 얼마나 강하게 한국인들을 괴롭히고 많은 것을 강요했나. 이승만 정부 때에도 그 점은 마찬가지였다. 이승만 집권기에는 실제로 한국전쟁이 일어나기도 했지만, 이승만 정권은 정전협정 체결 직전부터 북진 통일 운동을 본격적으로, 끊임없이 폈다. 북진 통일 운동을 정권이 붕괴하는 그날까지 펴면서 전시 체제 분위기를 만들어내려고 무척 노력했다. 북진 통일 운동 자체가 전시 체제를 요구하는 것이었다.

그러다가 1975년 인도차이나 사태를 계기로 다시 전시 체제가 특별히 강조되었다. 그 이전에도 남침 이야기를 많이 하긴 했지만, 인도차이나 사태가 나고 1976년에는 판문점 미루나무 사건까지 발생하면서 남침 주장을 아주 크게, 쉴 새 없이 강조하게 된다.

── 박정희는 그것에 대해 어떤 얘기를 했나.

예컨대 박 대통령은 1974년에 이런 얘기를 했다. "나는 금년에는 북한 공산주의자들이 과거 1968년도에 일으켰던 것과 같은 무모한 도발 행위를 많이 자행하리라고 예상하고 있습니다." 무모한 도발이 많을 것이라는 대통령의 말과 달리, 1974년에 실제는 그렇지 않았다.

박 대통령은 이런 얘기도 했다. "지금 북한 공산 집단이 휴전선 일대에 병력과 장비를 집결하고 후방에 있는 군사 기지를 전방으로 추진한다"고 하면서 곧 뭔가 일어날 것처럼 얘기하기도 했다.

박 대통령이 1976년 해군사관학교 졸업식에서 한 유시諭示라고 돼 있는 것을 보자. 그런데 왜 유시라고 한 것인지 참……. 다른 데에서도, 예컨대 육군사관학교 졸업식에서도 유시라고 했는데 이 유시라는 말은 이승만 정권 때 쓰던 말로 백성들을 타일러서 알려준다는 뜻이다. 황제 시대에 할 만한 말인데 1970년대 박정희 정권 때에도 이 말이 많이 나온다. 여기서 이런 얘기를 했다. "북한 공산 집단은 지금도 계속 무력 증강에 광분하면서 호시탐탐 남침의 기회를 노리고 있습니다."

— 대통령의 그런 얘기는 어떤 효과를 낳았나.

대통령이 기침을 하면 일반 사람들은 감기에 걸릴 수 있다. 1975년 4·29 담화 및 1973년도 전국 치안 및 예비군 관계관 중앙회의 유시처럼 "(19)70년대 초를 결정적인 시기로 삼고 모든 전쟁준비를 갖추"었다고까지 얘기하지 않고, 1976년 해군사관학교 졸업식에서처럼 "호시탐탐 남침의 기회를 노리고 있습니다" 정도로만 대통령이 얘기하더라도 일반 사람들은 곧 전쟁이 일어나는 것 아니냐는 위기감을 가질 수 있었다. 남침 위협을 몇 배, 몇 십 배 과장한 관제 언론이나 유신 체제를 지지하는 수많은 언론의 보도를 접하고, 연속 방송극 등으로 포장해 얘기하는 것을 들었기 때문이다. 관변 반공 단체나 사회단체, 예비군·민방위 교육에서도 자신이 들었다는 '구체적인 예'까지 들어가면서 남침이 임박했다고 강조했다. 구국선교회 등 여러 가지 이름이 붙은 보수적인 종교 단체도 마찬가지였다.

1970년대, 그중에서도 특히 중후반을 살아간 많은 사람이 기억할 것이다. "무력 증강에 광분", "호시탐탐", "남침", "남침 임박", 이런 말들을 얼마나 많이 들었는가를. 어떤 사람들은 "지긋지긋하다. 한두 번 하면 됐지 왜 그렇게 쉬지 않고 라디오, TV 등 모든 매체에서 그걸 고취하느냐", 이런 이야기도 하고 그랬다.

나는 지난해(2017년) 미국 서부를 여행하면서 버스 안에서 가이드가 하는 얘기를 들었다. 로스앤젤레스에 사는 교민이 북한과 미국 사이에 곧 전쟁이 일어날 것 같아 고국에 있는 가족에게 전화를 걸었더니 고국에서는 전혀 관심이 없다는 말투였다고 한다. 왜 그러냐고 물으니까 "1970년대에 하도 지긋지긋하게 '남침'이니 '전쟁'이니 하는 얘기를 들어서 이제 그 얘기만 들어도 신물이 난다", 이렇게 말했다고 한다. 오늘날 미국이나 일본에서 도무지 이해가 되지 않는다는 '남침 불감증', '전쟁 불감증'을 적지 않은 한국인들이 가지고 있다는 것은 부정하기 어려운 현실이다.

'남침 임박', '남침 가능성 농후', 이런 말들이 많이 나오고 별의별 소문이 도니까 1970년대 후반에 가면 북쪽에서 월남한 사람들이나 화교들이 외국으로 상당히 나간다. 이민 가고 그러는데, 주된 이유가 '전쟁 나는 것 아니냐'는 불안감 때문이었다. 화교들의 경우 그때 다른 이유도 있긴 했지만, 그런 소리를 자주 들으니까 몹시 불안해했다. 그렇지 않아도 북한에 대해 두려움을 갖고 있던 월남민들도 적지 않게 이민을 갔다고 한다.

국민에게 남침 위협 강조한 박정희, 외국 언론엔 "북한, 쉽사리 전쟁 도발 안 할 것"

— 대통령이 그렇게 계속 강조해야 할 정도로 당시 남북 관계가 긴박한 상황이었나.

그렇게 보기가 어려운 것이 다른 사람도 아닌 박 대통령 스스로 그렇게 보지 않았다. 이 점이 굉장히 중요하다. 지금까지 말한 것처럼 이분은 일반 국민들에게는 "무력 증강에 광분", "호시탐탐", "남침의 기회 노려", 이런 얘기를 끊임없이 했다.

그런데 박 대통령은 외국인과 한 인터뷰에서는 다른 얘기를 했다. 총력 안보 운동, 반공 운동이 대대적으로 일어났던 1975년에 외신 기자 인터뷰가 있었던 것은 특히 주목할 만하다. 그런 인터뷰 내용은 당시 국내에는 제대로 보도가 안 됐던 것으로 기억하는데, 박 대통령 연설문집에 실린 그런 인터뷰를 읽어보면 '이분이 다른 소리를 하고 있구나. 어떻게 이렇게까지 다른 소리를 할 수 있지?', 이런 생각이 안 들 수 없게 한다.

— 외국 기자들에게는 어떤 이야기를 했나.

예컨대 1975년 6월 29일 일본 언론에 밝힌 내용을 보자. 이때는 그야말로 총력 안보 태세 구축의 한가운데에 있던 시기였다. 안보 궐기 대회가 그 전달인 5월에 얼마나 많이 열렸나. 그게 6월까지 계속되고 있었는데, 일본의 저팬타임스 기자가 '남북 상황을 지금 어떻게 평가하느냐'고 묻자 박 대통령은 이렇게 답변했다. "한마디로 얘기한다면 군사적으로는 우리가 다소 뒤지고 있는 분야도 있지만 경제적으로는 우리가 훨씬 앞서고 있습니다. 1974년도에 우리의 1인당 GNP 513달러는 북한 공산 집단의 1인당 GNP 313달러를 훨씬 능가하고", 이렇게 말했다. 북한의 위협이 별것 아니라고 얘기한 것이다.

그해 8월 18일 뉴욕타임스 기자에게는 그보다 더 '쇼킹한' 소리를 했다. "현재로서도 만약 북한 공산 집단이 외부의 지원 없이 우리에게 공격을 해올 경우 우리는 미국의 해공군 지원과 적절한 병참 지원을 받는다면 성공적으로 이를 격퇴할 수 있을 것입니다. 그 경우 주한 미군 지상군의 개입은 필요하지 않은 것입니다."

북한은 외부 지원 없이 전쟁을 일으키기 어렵게 돼 있고 중국과 소련은 절대로 한반도 전쟁에 끼어들려고 하지 않는다고 지난번에 내가 강조했지만, 만일 기습전 같은 걸 벌인다고 하더라도 우리가 충분히 격퇴할 수 있다는 이야기였다. '해공군 및 병참 지원만 있으면 된다. 주한 미군 지상군까지 개입할 것은 없다', 박 대통령은 이렇게까지 자신만만하게 얘기했다. 다시 말해 설령 북한이 남침을 기도한다고 하더라도 그걸 물리칠 만한 군사력을 갖췄고, 유사시에 해공군과 병참 지원을 받으면 미군 지상군이 필요치 않다고까지 자신 있게 얘기한 것이다.

외신 기자 회견에서 박 대통령이 남침 가능성을 어느 정도 인정한 것은 일본 마이니치신문 기자와 한 인터뷰에서다. 11월 13일 이 회견에서 박 대통령은 "그들은 호전적, 교조주의적 공산주의자들이기 때문에 한반도에서 전쟁이 일어날 가능성이 있을 수도 있다고 봅니다"라고 말했다. "전쟁이 일어날 가능성이 있을 수도 있다"는 주장은 그때까지 박 대통령이 국내용으로 사용한 표현과는 사뭇 다르다.

그해 11월 22일에도 박 대통령이 이 문제에 대해 한 얘기가 있다. 1975년이 하도 남침 얘기가 많이 나올 때라 외국 기자들이 그 얘기를 많이 물어봤는데, 박 대통령은 프랑스의 AFP 기자에게 이렇게 얘기했다. "우리의 상식적인 판단에 의한다면 북한 공산 집단이 전쟁을 도발해오지 않을 수도 있습니다."

그런데 박 대통령이 그렇게 판단한 이유가 아주 합리적이고 상식적인 것이었다. 그 당시 남북 관계에 관한 전문적인 지식을 갖고 있는 사람들한테 '맞다', 이런 얘기를 들을 만한 판단이었다.

— 박정희가 그렇게 판단한 근거는 무엇이었나.

뭐냐 하면 "그 이유는 북한 공산주의자들에게는 전쟁에 이길 승산이 전혀 없기 때문입니다. 그들의 전쟁 준비에 대처하여 우리도 충분히 전쟁 저지력을 길러왔고 우리 국군과 주한 미군이 힘을 합쳐 북한 공산주의자들의 남침에 단호히 대처할 것이기 때문에 그들에게는 전혀 승산이 없는 것입니다", 이것이었다.

그러면서 더 나아가 뭐라고까지 얘기하느냐. "더욱이 국제 정치의 흐름을 보더라도 북한 공산주의자들의 남침을 지지할 세력도 없다고 봅니다", 이렇게 말했다. 너무나도 당연한 얘기지만, 북한이 전쟁 같은 것을 다시 일으킬 경우 중국과 소련도 지원할 턱이 없었다. 그렇기 때문에 박 대통령은 결론적으로 "우리는 그들이 쉽사리 전쟁을 도발해오지 않을 것으로 보고 있습니다. 이것이 우리의 상식입니다", 이 말까지 했다. 북한이 전쟁을 일으키지 않으리라는 판단이 '상식'이라는 얘기다. 상황이 이런데도 국민들한테 얘기할 때는 무엇 때문에, 어째서 그렇게 무시무시하게, 곧 전쟁이 날 것처럼 해서 사람들이 이민까지 가는 일이 생기게 한 것인지 정말 이해하기 어렵다는 생각이 든다.

그렇지만 이 부분과 관련해서도 국내의 국민을 대상으로 할 때는 내용이 전혀 달랐다. 박정희는 일각에서 "지금은 평화 공존 시대이며 긴장 완화 시대이다"라고 말하면서 "(북이) 남침 야욕을 가지고 있더라도 (중국이 견제하기 때문에) 마음대로 못할 것"이라고 주장하는데, 그것은 '안이하고도 환상적이며 위험천만한 생각'으로 '공연히 아는 체'하는 것이라고 일갈하고, "우리가 북한 공산 집단을 보는 대북한관은 하나로 통일해야 한다는 것"이라고 잘라 말했다.

— 남침 위협 고조 주장의 적절성을 따지기도 어려운 시절 아니었나.

국민들이 '북한이 정말 곧 쳐들어와?', 이것에 대해 의문과 반론을 제기하려고 하면 유신 권력은 그건 또 절대로 용납하지 않았다. 전쟁 발발 가능성 문제를 공론화해 차분히 논의할 수 있는 분위기가 전혀 아니었다. 청와대에서 강조하는 남침 위협 문제를 양쪽 군사력도 비교하고 국제 정세도 살피면서 냉철하게 분석하자는 얘기를 꺼낼 수 없게끔 돼 있었다. 긴급 조치 9호에 나와 있는 유언비어 유포죄에 바로 걸려들 수 있었다. "전쟁은 일어나지 않으니 안심해라. 북괴의 남침 위협은 없다. 박정희가 똑똑한 학생들을 잡아가 죽을 고생을 시키고 정치를 혼란하게 만드니 나쁘다", 이런 이야기를 했다가 잡혀 들어가서 긴급 조치 9호 적용을 받고 그랬다.

남침 임박 증거로 제시된 땅굴, 어떻게 볼 것인가

— 이 문제와 관련해 '유신 체제를 수호하기 위해 정권 차원에서 정치적으로 활용한 것과 별개로 북한의 남침 위협이 상존했던

건 사실 아닌가. 1970년대에 거듭 발견된 땅굴에서도 그 점은 잘 드러난다. 남침 계획이 없었다면 땅굴을 팔 이유가 있었겠나', 이런 반론을 펴는 이들이 있을 것 같다. 어떻게 보나.

앞에서 언급한 대로 총력 안보 궐기 대회의 시작을 알리는 1975년 4·29 특별 담화에서 박 대통령은 "올해가 불장난의 가장 위험한 시기"라고 주장했다. 그러한 판단을 뒷받침하는 사례로 "땅굴 사태다. 지금 2개 발견하고 앞으로 10여 개 있을 것 같다. 땅굴 완공 시기가 금년 여름이다. 금년 가을을 하나의 목표로 삼고 있다"고 말했다. 박정희는 땅굴 완공 시기가 '금년 여름'이라고 단정하고 '금년 가을'에 남침을 하려고 하고 있다고 주장한 것이다. 그러면서 다시금 금년에 북한이 무모한 불장난을 할 가능성이 농후하다며 "남침할 것이다, 아니다 하는 분석이나 토론을 할 시기는 지났다"고 역설했다. 남침은 확실하니까 이제 더 이상 남침할 것이냐, 아니냐는 것을 문제 삼아서는 안 된다고 국가 유일 지도자가 공언한 것이다. 땅굴이 무력 남침용이라고 대통령이 확언하는 일은 그다음 해에도 있었다.

이처럼 박 대통령은 이렇게 땅굴이 발견됐으니 남침이 조만간 있을 것이라고 말했는데, 땅굴이 남침용이라는 지도자의 확신은 이렇게도 표출됐다. 두 번째 땅굴이 발견된 이후인 1976년 5월 1일 박 대통령은 이렇게 말했다. "최근 발견된 땅굴은 (19)72년 7월 남북공동성명이 있기 전부터 극비리에 공사에 착수했다. 이 땅굴이 무력 남침을 위한 것임은 의심할 여지가 없다."

그러나 외신 기자에게는 역시 다르게 말했다. 4·29 특별 담화 반년 후인 1975년 11월 13일 마이니치신문 기자와 한 인터뷰에서 박 대통령은 '남침용 지하 땅굴'이라고 말했다가, 이 말이 외국, 특히 일본에서는 통할 수 없다고 판단했던지 곧이어 "이 말을 쓰지만 전쟁을 일으키겠다는 것이 아니고 폭동 또는 공산 혁명의 계기로 이용하기" 위한 것이라고 설명했다. 사회 혼란이나 무장 폭동이 일어나면 땅굴을 통해 특수 부대를 침투시켜 후방을 교란하려는 것이 아니겠느냐는 의미로 해석되는 '설명'이었다. 박정희 스스로 전쟁용이 아니라고, 그러니까 사람들에게 익숙한 용어를 쓰면 사실상 남침용이 아니라고 밝힌 것이다. 4·29 특별 담화 등에서 박정희가 그렇게 강하게 역설하고 수많은 매체, 홍보·선전·교육 기관이 강조했던 남침용 땅굴이 이렇게 순식간에 뒤집어진 것이다. 외국에서는 통할 수 없는 주장이어서 그래도 어느 정도 합리적이라고 생각한 것으로 말을 바꿔 주장하지 않았나 싶지만, 국민 앞에서 그렇게 위압적으로 군림하고 호령하는 독재자가 왜 외국인 기자 앞에서는 그렇게 약해지고, 초라해지고, 작아지는 것일까.

외신에 "전쟁을 일으키겠다는 것이 아니"라고 아주 분명하게 밝혔지만, 박정희 유신 권력이 남침 임박의 구체적 증거로 제시한 것이 땅굴이었다. 1970년대 중후반에 '남침' 하면 땅굴이 연상될 정도로 '남침'과 땅굴은 바늘에 실 가듯이, 항상 붙어 다니는 그런 관계였다. 사실 땅굴은 유신 권력이 제시한 유일한 남침 임박 증거가 아니었을까 싶다. 이렇게 중요한 것이기 때문에 땅굴에 대해서는 민간인 전문가들이 허심탄회하게 논의할 수 있는 장場이 있어야 했다.

그러나 유신 권력 앞에서 그러한 논의는 있을 수 없었다. 오로지 '반북한 분위기 조성과 유신 체제 정당화의 계기'로 홍보하는 일만이 있을 뿐이었다. 2009년 30년 시한이 넘어 해제된 정부 문서는 1978년 판문점 인근에서 '제3땅굴'이 발견되었을 때 유신 정권이 어떻게 움직였나를 알게 해준다. 땅굴 발견 사실을 발표하기 10일 전인 1978년 10월 27일 중앙정보부는 청와대·총리실·국방부·외교부·문교부 관계자 회의에서 "제3땅굴 발견을 계기로 최근 북괴의 위장 평화 공세 및 남침 야욕을 세세하게 폭로"하여 "국내 정국 안정에 십분 활용"해야 한다고 강조하고, 국민의 격분을 발산시키기 위한 궐기 대회를 개최해야 한다고 역설했다.

박정희는 4·29 특별 담화에서 땅굴이 10여 개 더 있을 것 같고, 1975년 여름이 땅굴 완공 시기라고 단정했지만, 유신 체제가 붕괴된 이후 더 이상 발견되지 않아 현존하는 땅굴은 3개이다. 1974년 11월에 발견한 제1땅굴은 폭 1미터, 높이 1.2미터였고 1975년 3월에 발견한 제2땅굴은 폭 2.1미터, 높이 2미터였다. 1978년 10월, 그러니까 유신 말기에 발견돼 '남침용'으로 언급될 기회가 적었던 제3땅굴은 폭 2미터, 높이 2미터였다.

이러한 규모의 땅굴, 길이가 3.5킬로미터나 되는 이 땅굴이 군사적으로 어떻게 이용될 수 있는가는 충분한 논의가 필요한 문제였다. 답답한 일이지만, 그런 자료를 찾기가 아주 어렵다. 아마 다른 사람들도 느꼈을 것이다. 기습용으로 땅굴을 팠을 것이라는 설명도 있다. 그러나 국군이 일찍 발견만 하면 땅굴로 나온 북한군이나 땅굴에 있는 북한군은 큰 타격을 입을 수 있었다. 또 기습용이라면 휴전선 부근보다는 훨씬 남쪽으로 서울에 가깝게 팠어야 할 것이 아니냐는 반론도 있을 수 있다. 사회 혼란이나 무장 폭동이 일어났을 경우 특수 8군단이나 경보병 부대를 침투시켜 후방을 교란하려 했을 것이라는 설명도 더 논의가 되어야 할 것이다. 그러한 사회 혼란, 무장 폭동이 일어날 것 같지 않기 때문이다.

나도 제2땅굴에 들어가봤지만, 이 땅굴을 통해 1시간에 1개 연대(제1땅굴), 1개 사단(제2땅굴), 3만 명(제3땅굴)을 중화기와 함께, 또 포신砲身까지 운반하면서 이동시킬 수 있겠느냐는 문제는 그 굴의 내부를 볼 때 논쟁이 될 수 있다. 북한이 낡은 방식으로 판 것이 아니냐, 그리고 1904년 러일전쟁 때 일본군이 뤼순의 러시아군 수비대를 공격할 때 땅굴을 팠지만 그것이 현대전에 과연 적합한가 하는 문제도 있다.

기습전이건 다른 전술이건 북한의 땅굴을 통한 공격은 즉각 전면전으로 비화돼 미군과 국군의 공습에 휴전선과 그 북쪽이 순식간에 불바다가 될 텐데 그 경우 보급도 받지 못할 땅굴 공격군은 어떻게 되는 것인가, 이 문제도 논의돼야 할 것이다. 전면전을 전개할 때 대량 병력의 신속한 이동으로 중요 전략 지점을 점령할 수 있다는 것도 많은 쟁점을 안고 있다. 무엇보다도 북한이 단독으로 전면전을 일으키기 어렵다는 점을 고려하면 이 가설은 성립되기가 어려울 수 있다.

그렇지만 어떠한 객관적 논의도 불가능했다. 북한 공산 집단을 보는 대북한관은 하나로 통일되지 않으면 안 되었다. 국가를 위기에서 구할 최고 지도자가 "금년 가을을 하나의 목표로 삼고 있다", "금년에 무모한 불장난을 저지를 가능성이 농후하다", "남침할 것이다, 아니다 하는 분석이나 토론을 할 시기는 지났다"고 역설했고 유신 체제, 그것도 '유언비어'를 퍼뜨리면 4·29 특별 담화 그대로 '국론 분열 이적 행위'로 처단하는 긴급 조치 9호가 발동돼 있지 않았나. 국회에서조차 얘기를 꺼내기 어려웠고 김옥선 의원은 사표를 내야 하지 않았나.

식민 사관에 빠졌던 박정희
왜 유신 체제에선 민족 주체성 강조했나

전 국가의 병영화, 열여덟 번째 마당

김덕련 1970년대 사상, 문화 동향은 어떠했나.

서중석 이제 1970년대 문화를 몇 가지로 나눠서 살펴보자. 그중에서 충효 사상, 전통 문화 강조로 애기되는 복고주의를 짚어볼 필요가 있다. 복고주의 통로를 이용해 국가주의를 교육시킨 것인데, 학교에서만 그렇게 한 것이 아니고 TV 황금 시간대에도 그런 걸 하게끔 돼 있었다. 그 부분을 살펴보자. 충효 사상은 국민교육헌장, 반공, 새마을운동 교육과 함께 유신 후기로 가면 굉장히 중요한 교육과정이 된다.

— 그 시기에 왜 충효 사상을 그렇게 강조한 것인가.

유신 체제는 파시즘적 국가주의를 뼈대로 하고 있었다. 파시즘을 보면 위대한 인물이 누란의 위기에서 국가를 구하는 위대한 지도자, 퓌러Führer 그러니까 총통 같은 것으로 표현된다. 한국의 경우 '위대한 인물, 영도자가 누란의 위기에서 국가를 구했다. 특히 공산주의 침략으로부터 국가를 구해준 위대한 지도자다', 이런 상像이 반공 운동에서 많이 생겨났지만 충효 사상이나 전통 문화 강조도 그러한 국가주의를 강조해 국가주의가 머릿속에 박히게 하는 데 큰 역할을 했다. 영도자에 대해 누군가 부정적으로 얘기하거나 비판하는 건 용납할 수 없고, 영도자 말은 절대 진리다, 따라야 한다는 식의 사고 틀을 갖게끔 하는 데 충효 사상 같은 게 상당한 역할을 하는 걸 볼 수 있다.

이런 전통 문화 강조, 충효 사상 교육에 관해 진중권 교수가 비판한 내용을 한 번 살펴보자. 북한은 충성과 효성, 충신과 효자, 의

북한의 대남 선전 전단. 북한은 봉건주의와 전체주의를 결합해 수령 절대주의, 수령의 개인 독재 체제를 옹호했다. 이는 남한이라고 해서 다르지 않았다.

리와 절개, 인덕 정치 같은 봉건적인 용어를 써가면서 충성을 강조하는데 이건 단순한 봉건주의 재생이 아니라 봉건주의와 전체주의를 결합해 수령 절대주의, 수령의 개인 독재 체제를 옹호하는 것이라고 진중권은 비판했다. 그러면서 진중권은 남한이라고 해서 다르지 않다는 얘기를 했다. 덧붙이면, 지난번에 이야기한 반공 포스터 중에서 진중권은 "간첩 잡아 충성하고 상금 타서 효도하자", 이런 걸 문제 삼았다. 충효 사상을 가지고 간첩 잡기 운동을 벌였다는 것이다.

이승만·박정희 정권이 충효 사상을 강조한 속내

— 이 시기 충효 사상 교육, 어떤 식으로 이뤄졌나.

남한에서는 이 문제와 결부해 어떻게 교육시켰느냐 하는 걸 전에 얘기한 문교부 자료(1975년에 초·중·고 교사용으로 만든 《사상 교육, 반공 교육 지도 자료집》)를 가지고 보자. 그 자료에서 '우리의 정통성과 국가관'이라는 게 단원 5로 제시돼 있다. 그걸 보면 첫 번째가 대한민국의 정통성이고 그것의 첫 번째가 문화적 정통성이다. 여기서는 우리가 어째서 문화적 정통성을 갖는지를 기술하면서 "북괴의 문화적 이단성"을 얘기했다. 민속의 파괴, 미풍양속의 파괴, 개인의 신격화와 우상화를 통한 조상 숭배 전통의 부정, 인간성과 정신문화보다 우위에 서는 당의 이념, 가족 제도와 가정생활의 파괴 같은 것들을 쭉 예로 들었다.

이것들 중 일부는 진중권이 이야기한 것하고 다르다. 진중권은 북한이 충성과 효성, 충신과 효자, 의리와 절개, 인덕 정치 같은 걸 강조한다고 했다. 물론 시기에 따라 조금 차이가 나는 것 아니냐고 할 수도 있으나, "북괴의 문화적 이단성"이라고 문교부 자료에서 제시한 게 사실과 부합하는 측면도 있지만 그렇지 않은 측면도 많다.

그러면서 문교부 자료는 대한민국의 정통성과 문화적 정통성으로 무엇을 들고 있느냐 하면 효의 사상, 가족 제도의 계승, 미풍양속의 계승·발전인데 이건 기존 질서와 도덕규범을 존중하는 것이다. 이게 대한민국의 정통성, 문화의 정통성이란 설명이었다. 그러고 나서 신앙과 민속 문화의 전승을 제시하면서, 이렇게 예로부터 내려오는 걸 전승하고 있다고 해놓았다.

지금 이야기한 것들과 관련해 나는 '진중권 교수의 비판이 오히려 상당히 설득력 있다. 이것들은 다 복고주의와 연결되는 것 아니냐'고 본다. 문교부 자료에 제시된 것 중에서 좋게 볼 수 있는 게 전혀 없는 건 아니다. 좋게 볼 수도 있는 게 있기는 하지만, 대부분은 오히려 그걸 너무 일변도적으로 강조하면 분명히 문제가 심각한 것들이라고 볼 수 있다. 복고주의 중에서도 아주 문제가 심각한 복고주의, 독일 나치나 이탈리아 파시스트 또는 일본 군국주의자들처럼 국가주의나 전체주의를 고창하는 복고주의로 떨어질 수 있다. 여기서 하나하나 다 예를 들 수는 없지만 구체적인 교육 내용 중에는 그런 게 많다. 나는 이러한 복고주의와 관련해 두 가지를 살펴볼 필요가 있다고 본다.

— 어떤 것들인가.

하나는 이승만 정권 후기에 오륜이라든가 충효 사상을 강조한 것을 상기시키는 면이 강하다는 것이다. 1950년대 전반기에도 이승만 정부가 복고주의적인 유교를 강조했지만, 1956년에 가면 이 대통령이 5월 8일 어머니날에 "삼강오륜을 사회 규범으로 삼자"고 주장하면서 "부자유친, 군신유의, 부부유별, 장유유서, 붕우유신의 오륜을 엄정히 가르치자"고 역설했다. 그 이후에도 "예로부터 우리가 배워서 행해오던 삼강오륜은 고칠 수 없다"고까지 이야기했다. 그러면서 이승만 정부에서 오륜을 지키는 운동, 일종의 충효 사상인 셈인데 그걸 강조하는 걸 볼 수 있다.•

— 이승만 정권이 그 부분을 강조한 것을 어떻게 보나.

• 1956년 이승만 정부는 5월 8일을 어머니날로 정했다. 1973년 박정희 정부는 어머니날 명칭을 어버이날로 바꿨다. 어머니날은 구미에서 기원한 것으로, 일제 시대에 조선 기독교계에서는 그 영향을 받아 '어머니 주일' 또는 '부모님 주일'을 지키기도 했다.

나는 이 시기를 다룬 논문에서 '이런 것은 일본 군국주의 파시즘, 장제스 국민당의 파시즘과 비슷한 면이 있다. 복종을 강조하는 충효 사상으로 동아시아적인 파시즘의 성격을 보여주는 것이 아니냐'고 지적했다. 앞에서 얘기한 것처럼 이승만 정부는 그런 노력을 계속하면서, 박정희 정부가 1968년에 제정한 국민교육헌장과 비슷한 것도 생각했다. 그래서 1959년에 국민 윤리 강령안을 만들어 1960년 1월에 최종적으로 작성하고 2월에는 도의교육위원회라는 데에서 채택하는데, 그 후 이승만 정권이 붕괴해서 학생들이 이걸 외우지는 않아도 됐다. 국민교육헌장처럼 학교에서건 직장에서건 달달 외우게 하는 데까지 가지는 않고 사장돼버렸다.

— 유신 체제에서는 충효 사상을 어떤 식으로 부각했나.

1970년대에도 반공 교육, 국민윤리 교육 같은 데에서 충효 사상을 굉장히 강조하면서 오륜 같은 걸 중요시한다. 오륜 중에서 군신유의는 이렇게 설명하더라. 군신유의는 봉건 시대의 것 아니냐고 생각할지 모르지만 그게 아니라는 것이다. 그 군君을 지금의 국가로 생각하면 된다, 국가와 국민 간의 관계로 이해하면 오늘날 우리 자신의 도덕적 규범으로 생각할 수 있다고 설명했는데, 그렇다면 국민은 신臣이 되는 것이다. 말을 바꿔서 설명하면 박정희는 군주, 곧 왕이고 국민은 신하가 될 수 있다. 얼핏 생각하면 졸렬하고 시답잖은, 퇴행성이 강한 주장이라고 생각할 수 있지만, 전제 군주 국가의 군신 관계를 유신 체제에서 따라야 한다는 경악할 만한 주장으로 읽힐 수 있다. 어처구니없는 언어도단의 주장이라 아니할 수 없다.

국민윤리 고등학교용으로 1976년에 문교부에서 편찬한 책을 보면 우리 겨레의 경애 정신의 핵심을 오륜으로 보고 있다. 오륜 사상은 특히 우리에게 사람됨의 길을 가르쳐준 사상이라고 강조하면서 군신유의, 부부유별, 붕우유신 등 오륜을 하나하나 설명했다. 그러고는 결론으로 '오륜의 정신적 바탕을 꿰뚫어보면 과거에 비하여 오히려 오늘의 우리에게 더욱 절실하다. 그런데 이것을 봉건적 잔재로만 가볍게 생각하고 있다. 그래서 오늘날 우리의 윤리 질서가 혼란에 빠지게 됐다. 오륜의 근본정신을 살려 지켜야 한다. 무질서하게 서구 사조를 받아들여서는 안 되며 오륜에 의한 인간관계를 직시할 때다', 이렇게 주장했다. 이렇게 오륜을 강조한 건 오륜의 기본 사상이 신하가 임금에게 절대 충성을 다해야 한다는 군신지의 등 전근대 시기 가부장적 상하 관계를 바탕으로 하는 윤리 도덕이기 때문이라고 이야기하고 있다. 바로 그 때문에 그걸 유신 시대에 고취한 것이다. 유신 이데올로기는 이렇게 수준이 낮았다.

— 복고주의와 관련해 살펴볼 두 가지 중 다른 하나는 무엇인가.

또 하나 상기시키는 것이 일본이다. 일본이 메이지 유신 이후 이런 충효 사상 같은 것을 얼마나 강조했느냐 하는 건 두말할 것도 없다. 메이지 유신 때부터 1945년 패전할 때까지 충효 사상이 대단히 강조되지 않았나. 이준식 박사는 여기에서 영향을 받을 수 있었다고 하면서 그중에서도 야쓰오카라는 사람을 주목했다. 이 박사는 2018년 현재 독립기념관장인데, 야쓰오카에 대한 설명을 들어보자.

천황제 이데올로그 야쓰오카와 박정희 정권

— 야쓰오카는 어떤 사람인가.

야쓰오카는 일본의 대표적인 천황제 이데올로그인데, 히로히토가 1945년 8월 15일 낮 12시에 읽은 종전 조칙을 가필한 사람으로 돼 있다. 종전 조칙도 몹시 기분 나쁜 말이다. 8월 15일 항복하는 것이었는데, 그게 아니라 '우리가 스스로 전쟁을 끝낸다'는 뜻으로 종전칙어라는 제목을 붙여 발표했다. 히로히토 다음 천황의 연호인 헤이세이, 이것도 야쓰오카가 지었다고 한다.

야쓰오카는 1920년대부터 국가주의 운동, 그러니까 일본식 파시즘인데 그런 운동을 펴기 위한 여러 활동을 전개한다. 그러면서 일본 파시즘의 중요한 특징 중 하나인 농촌 활동가를 길러내는 활동을 벌이고 그랬다. 이 사람은 일본 파시스트들에게 큰 영향을 줬고 패전 이후에도 정계, 재계에 영향력이 컸다고 한다. 한때 조선에도 왔었는데 대표적인 친일파인 최린, 윤치호, 최남선, 박영철, 한상룡 같은 사람들하고 얘기를 했다는 대목도 있다.

— 야쓰오카는 박정희 정권과 어떻게 이어져 있었나.

박정희는 1961년 5·16쿠데타에 성공한 후 야쓰오카와 연락을 하려고 했다. 어디선가 야쓰오카에 대한 이야기를 듣고 야쓰오카가 중요한 인물이라고 생각했는지 연락을 취하려고 했다. 박정희는 1961년 11월 미국을 방문하기 전 일본에 들르는데, 가기 전인 10월에 서울대 정치학 교수이던 이용희를 특사로 일본에 파견해 야쓰오카를 만나게 했다. 야쓰오카가 주선해서 기시 노부스케, 그 동생인 사토 에이사쿠, 또 당시 수상이던 이케다 하야토 같은 사람을 이용희가 만났다. 박정희 방일을 앞둔 사전 정리 작업이었다. 박정희가 기시 노부스케 같은 사람들과 연결되는 것을 이때 주선해서 하지 않았겠는가, 그렇게 추측된다.

그러한 야쓰오카가 1976년 서울에 왔다. 그때 야쓰오카가 뭐라고 얘기했느냐 하면 "위대한 역사는 위대한 지도자에 의해서만 건설된다", 이렇게 발언했다. "한국인은 유교의 덕목을 알고 위대한 지도자 박정희 대통령에게 충성을 다해야 한다"고 피력하면서 유교의 충효 윤리를 지배 이데올로기로 활용할 것을 박정희 정권에 권고한 것 아니겠느냐고 이준식 박사는 해석했다.

— 이 부분은 유신 독재의 성격 전반과도 연결된 사안이라고 볼 수 있지 않나.

유신 체제의 뿌리가 일본 군국주의이듯이 유신 권력의 충효 이데올로기는 일본 천황제 파시즘 이데올로기의 기반이 되는 메이지의 '교육칙어'에 닿아 있다. 박정희가 1970년대에도 그렇게 즐겨 애송했던 이 교육칙어는 이렇게 시작된다. "나의 신민들은 마땅히 충효를 다하여 수많은 자가 한마음으로 대대로 아름다움을 이뤄야 한다. 이는 우리 국체의 정화이며 교육의 연원은 바로 여기에 있다." 충효 사상을 기반으로 해서 양자가 얼마나 닿아 있는가를 알 수 있다. 교육칙어의 '국체'가 유신 체제에서는 '국가관'으로 나타난다는 것은 민복기 대법원장의 훈시를 얘기할 때 언급했다. 그건 이

병주 글에 나오는 '국수주의'와도 연결돼 있다.

노재현 기자의 책에는 유교식 가부장적 통치관을 가진 박정희가 조선일보 주필 선우휘와 메이지의 교육칙어를 번갈아 외는 대목이 나온다. 선우휘가 외면 박정희가 그 뒷 문장을 받아 외고 다시 선우휘가 받고 그러면서 끝까지 다 낭송했다. 군국주의 침략 이데올로기 역할도 한, 상당히 긴 교육칙어를 낭송한 두 사람 다 정신 상태가 시대착오적이고 시대 도착적인 문제를 안고 있다고 본다.

메이지 교육칙어도 조선에서 아동들까지 달달 외게 했지만, 박정희의 국민교육헌장도 그러했다. 교육칙어와 국민교육헌장은 서로 닿아 있는 면이 있다. 교육칙어의 요점은 이렇다. "공익에 널리 이바지하고 국헌을 존중하며 국법을 준수해야 한다. 일단 위급할 때에는 충의와 용기로 나라에 봉사하여 천지무궁의 황운皇運을 뒷받침해야 한다." 국민교육헌장은 이 부분이 그보다 좀 길다. "공익과 질서를 앞세우며 능률과 실질을 숭상하여 …… 나라의 융성이 나의 발전의 근본임을 깨달아 …… 스스로 국가 건설에 참여하고 봉사하는 국민정신을 드높인다. …… 길이 후손에 물려줄 영광된 통일 조국", 이렇게 돼 있다. '국헌·국법'은 '질서'에, '천지무궁의 황운'은 '길이 후손에 물려줄 영광된 통일 조국'에 대응하는 등 기본 틀이 흡사하지 않은가.

국민교육헌장에는 박정희의 정신이랄까 사고가 담겨 있다. 이 헌장을 기초하는 데 철학 교수 박종홍이 적극 참여했다. 1960년대 후반 나도 그 양반 강의를 몇 번 들었는데, 국민교육헌장 일 때문에 강의를 자주 빼먹었다. 박종홍은 일제 때 군국주의에 기울어져 있었는데, 유신 시기에 특별 보좌관으로 청와대에 들어갔다. 그걸 보고 놀랐는데, 나중에 유신 체제를 열렬히 지지하는 박종홍의 글을 보고 더욱 놀랐다. 한국 철학에서 차지하는 박종홍의 명성이나 위치로 볼 때 비극이었다. 박종홍은 유신 정신 보급에 힘썼다. 복고주의적 국가관을 갖도록 충효 사상이나 국민 윤리 문제에 관심을 쏟지 않았을까 싶다.

식민 사관을 강하게 드러내다가 1970년대에 다른 모습 보인 이유

— 5·16쿠데타 후 박정희는《우리 민족의 나갈 길》(1962년),《국가와 혁명과 나》(1963년) 등을 통해 강도 높은 식민 사관에 드러냈다. 그런데 1970년대에 들어오면 전통 문화, 민족 문화 등을 강조하고 주체적 민족 사관으로도 표현되는 것을 내세운다. 충돌하는 것으로 비칠 수 있는 두 흐름을 시기에 따라 다르게 강조한 이런 모습, 어떻게 보나.

1961년 쿠데타 이후《우리 민족의 나갈 길》,《국가와 혁명과 나》 같은 데에서 굉장히 짙은, 너무나도 심한 식민 사관에 박정희가 푹 빠진 것과 1970년대에 와서 충효 사상, 전통 문화 같은 걸 강조한 것이 좀 안 맞는 것 아니냐는 이야기인데, 그걸 어떻게 해석해야 할 것인가.

유신 쿠데타를 일으켜 건립한 유신 체제는 기본적으로 의회주의와 자유주의를 배격하고 능률 위주의 한국적 민주주의라는 것을 실현하겠다는 것이었다. 그건 유신 체제 내내 강조된다. 그런데 여기에는 한국이 서양 민주주의를 받아들일 만한 상태가 아니라는 게 기본으로 깔려 있고 그것에는 식민 사관이 일정하게 내재해 있다. 한국인은 한국적 민주주의를 받을 수밖에 없다는 주장에는 기본적으로 박정희가 쿠데타 후 1960년대 초반에 보여줬던 식민 사관이 강하게 들어 있다. 내가 그 점을 강조하지 않았나.

그렇지만 유신 체제 시기에 한국 역사를 긍정적으로 보고 국난 극복을 특별히 강조한 면은 어떻게 해석할 것인가, 그것이 박정희의 기본 사고하고 꼭 모순되는 것이냐, 이런 문제를 생각해볼 필요가 있다. 박정희가 사회 변화에 기민하다고 할까, 기회주의자답게 반응을 보인 것 아니냐, 그렇게 평가할 수 있다. 1960~1970년대 한국 사회의 문화 변화에 자신을 맞춰나가는 변용 과정을 보여준 것이다. 그와 함께 한국적 민주주의의 '한국적'이라는 것과 연결해서 민족 주체성을 강조하고 식민 사관을 비판하는 면도 보여줬다. 그리하여 한국적 민주주의가 양면으로 사용되는 혼란스러움을 보여주었는데, 사실 이때 강조된 민족 주체성이라는 게 애매하다.

— 어떤 면에서 그러한가.

박정희가 1960년대에도 여러 번 얘기했지만 특히 1970년대에 가면 아주 강조하는 것인데, 민족 주체성이라고 하는 게 식민 사관이 배제된 것이냐, 그것을 비판한 것이냐고 할 때 그렇다고 얘기하기가 쉽지 않다. 그의 언설을 분석해보면 그렇다.

한국에서는 전근대 시대나 근대에는 중국 대륙으로부터 자주적인 국가를 갖는 것을 민족 주체성으로 이해하는 면이 있었다. 고려 시대에도 사대파가 있고 국풍파 비슷한 것도 있고 그러지 않았나. 그렇지만 근현대, 특히 현대에 들어와서는 일본과 미국에 대해 자주성을 갖는 것을 가리켜 민족 주체성이라고 얘기들을 해왔다.

사실 4월혁명(1960년) 운동기에 진보 세력, 혁신 세력을 중심으로 민족 자주를 강조한 것에도 그런 면이 아주 강했다. 학생들의 경우도 그랬다. 이때 미국에 대한 자주성 강조와 함께 탈식민화로 일제 유산의 청산, 그중 하나로 친일파 청산 문제를 아주 중시했다. 1960년대 중반에는 반일 운동이 치열하게 전개됐다. 사학계에서는 1960년대부터는 식민 사관 극복이 특히 강조됐다. 이런 것들을 친일 잔재 청산과 연결지으며, 우리가 주체성을 갖는 데 필수적인 민족적 과제라고 했다. 1980년대에도, 이때는 반미 자주화 운동이라고까지 이름이 붙어 있지만, 일본과 미국에 대한 강한 비판 속에서 자주성을 확보한다는 문제의식을 갖고 있었다.

그러나 박정희한테서 나타난 민족 주체성에는 일본을 정면으로 비판하는 것이 전혀 없고 미국을 비판하는 것도 없다. 더 나아가 일본 군국주의 비판이 애매하다. 군국주의 파시즘 비판을 포함해서 그렇다.

더 정확히 말하면 박정희는 일제 시기 대륙 침략에서 핵심 위치에 있었던 기시 노부스케 등 만주 인맥을 통해 한일 관계를 맺었다. 앞에서 교육칙어, 국민교육헌장에서 언급한 대로 박정희는 일본 정신, 일본 군인 정신에 투철했고 집권 이후 대단히 친일적이었다. 한일 회담 때, 한일협정 체결 때 박정희를 학생들이, 국민들이 뭐라고 했나. 그리고 교육칙어의 충효 사상, 군국주의 사상을 유신체제 이데올로기와 접맥시켰다.

박정희가 민족 주체성을 얘기할 때 빠지지 않고 곁들이는 게 있다. 뭐냐 하면 반공, 반북이 연결돼 있다. 그런데 반공, 반북 하는 게 민족 주체성인가? 이승만 정권 때에도 그런 면이 있었지만, 이 점은 우리가 일반적으로 민족 주체성으로 생각하는 것과 차이가 나는 것 아닌가, 박정희가 민족 주체성을 많이 강조했다고 하는데 그게 정말 민족 주체성이냐, 이런 문제를 생각해볼 수 있다.

— 주체적 민족 사관이라는 것은 그 본뜻대로라면 식민 사관과 양립할 수 없는 것 아닌가.

식민 사관 극복 문제 같은 것에도 애매한 면이 있다. 박정희 대통령의 연설을 하나 보자. 박 대통령은 1973년 2월 26일 서울대 졸업식에서 이렇게 치사를 했다. 서구의 민주주의, 자유주의, 개인주의 같은 걸 부정적으로 보면서 "우리에게는 공업화나 근대화가 결코 서구화를 의미하는 게 아닙니다"라고 말했다. 서구의 민주주의, 자유주의, 개인주의 같은 걸 비판하고 그걸 극복해야 한다고 강조한 것이다. 그러고 나서 "그런데 우리는 8·15 해방 이후 일제 식민지 잔재를 깨끗이 청산하기도 전에 또 다른 구미 문물의 홍수에 빠지고 말았던 것입니다", 이렇게 얘기했다.

이런 것을 박정희가 식민 사관을 청산한 모습이라고 볼 수 있을까? 난 전혀 그렇게 보지 않는다.

— 그렇게 판단하는 근거는 무엇인가.

일제 식민지 잔재를 깨끗이 청산하자는 부분을 식민 사관을 청산하자는 의미로 해석할 수도 있지만, 구미의 근대적 인권 존중 사상, 민주주의 사상, 자유주의, 개인주의 같은 것들을 제대로 이해할 때 일제 식민지 잔재를 청산할 수 있는 정신적 힘이 생길 수 있

《우리 민족의 나갈 길》과 《국가와 혁명과 나》. 박정희는 이 두 책에서 민주주의가 한국에 부적합하다고 얘기했을 뿐만 아니라 일제의 식민 사관에 대해서도 자신의 역사관이자 철학으로 굉장히 중요하게 역설했다.

다. 민주주의, 휴머니즘 같은 사상은 서구 것이니 무조건 배척해야 할 것이 아니라 우리가 일제 식민지 잔재를 청산하는 데 강력한 힘이 될 수 있다. 이 말이다.

그런데도 박정희는 "또 다른 구미 문물의 홍수에 빠지고 말았"다고 하면서 구미 문물 전체를 부정적으로 강조했다. 그러면서 서울대생들한테 뭐라고 얘기했느냐 하면 바로 이어서 "여러분은 곧 10월유신이며 주체다", 이렇게 얘기했다. 역시 박정희의 기본적인 생각이 무엇인지를 잘 보여주었다. 시대적 상황 때문에 정치적 언사 또는 들러리로 식민지 잔재 청산을 얘기하지만, 실제 박정희의 정신 상태는 식민지 잔재에 여전히 묶여 있다고, 그것도 아주 심하게 묶여 있다고 본다. 유신 체제가 바로 그것 아닌가.

박정희 대통령이 자신의 식민 사관과 모순되거나 차이가 나는 주장을 수용하지 않을 수 없었던 문화적 변화가 1960~1970년대에 일어나게 되지만, 과거와 다른 모습을 보인 것이 문화적 변화 때문만은 아니었다. 그것 말고도 다른 요인이 있었다.

— 그게 무엇인가.

예컨대 국란 극복이라는 걸 특히 1970년대에 강조하는데 그건 박정희야말로 국난을 극복한 대표적인 인물, 공산 침략으로부터 국가를 수호한 인물이라고 부각하기 위해서도 필요한 측면이 있었다. 그래서 국난 극복을 강조할 수밖에 없었다. 그러면서 국난 극복이라는 것이 유신 체제 유지나 통치에 유용한 자료로 등장하게 된다.

국난 극복과 관련해 한국사에서는 대외 항쟁을 강조할 수밖에 없지 않나. 그래서 육사 교재라든가 국민윤리 같은 책에서 대외 항쟁을 강조하거나 언급하는데, 대외 항쟁을 강조하는 건 식민 사관의 타율 사관과 다를 수 있다. 이러한 점들이 작용해, 모순된 것이 동시에 존재했던 면을 이해할 필요도 있다.

《우리 민족의 나갈 길》, 《국가와 혁명과 나》 등에서 박정희는 조선 사회를 철저하게 부정하지 않았나. 경성제국대학의 일본 관학자 등 식민 사관의 주창자들이 부르짖은 것보다도 더 심하게 조선 시대를 부정하는 것 아니냐 하는 생각이 들 정도였다는 걸 전에 자세히 살펴보지 않았나.

그렇지만 1970년대 이때쯤 와서는 그렇게 하기 어려운 점이 있었다. 예컨대 세종대왕을 굉장히 강조하게 되고 곳곳에 그 동상을 세우고 그러는데, 그렇게 하려면 조선 사회가 뛰어난 문화를 가졌다는 얘기를 안 할 수가 없었다.《우리 민족의 나갈 길》 논리대로 '조선 사회가 사대주의에 찌들어 있고, 심하게 정체됐고 변화, 발전이 없고 당파 싸움만 했다', 이렇게만 얘기할 수 없는 면이 생긴 것이다. 그리고 국민교육헌장 반포 후 국적 있는 교육을 강조하면서 국사 교육을 강화했는데, 그런 책을 쓰는 사람들은 박 대통령이 좋아하건 싫어하건 우리 역사의 밝은 면을 강조하지 않을 수 없었다. 그렇게 책을 쓰는 게 국적 있는 교육이라고 생각할 수 있었다.

앞에서 전통 문화 강조와 복고주의의 관계를 언급했는데, 이 시기에는 전통 문화를 강조하면서 한때 외래어도 못 쓰게 했다. 그러면서 연예계에서 희한한 현상도 일어나고 그랬다.

— 어떤 일들이 있었나.

예를 들면 바니걸스는 토끼소녀가 돼버렸고, 어니언스는 양파가 돼버렸고, 패티김이라는 가수는 원래 이름인 김혜자로 돌아가야 했다. 특히 이상한 건 블루벨스라는 중창단이었다. 블루가 청, 벨은 종이니까 청종靑鐘으로 바꿔버리는 기막힌 현상까지 일어났다. 그런데 이런 걸 식민 사관 극복이라고 봐야 하나?

1970년대에는 우리 역사를 나쁘게 보는 게 아니라 오히려 좋게 보는, 그걸 과장해서까지 얘기하는 면이 일반화돼가는 분위기였다. 유신 체제에서 국적 있는 교육을 강조하면 그런 것들이 강화될 수밖에 없었다.

한국사 연구의 흐름을 바꾼 새로운 바람

— 이 시기 역사학에서도 상당한 변화가 있지 않았나.

소설가 이병주 글에 나오는 것처럼 박 대통령은 이전에는 독립 운동도 그렇게 무시하고 파벌 싸움으로 비하했지만, 이제는 대통령이라는 직위에 있으니까 적어도 겉으로는 독립 운동을 중시하지 않을 수 없게 됐다. 그러면서 독립 운동에 관한 상당한 연구가 오히려 1970년대부터 이뤄진다. 그때까지만 해도 제대로 연구된 건 아니었고 본격적인 연구는 역시 1987년 6월항쟁 이후 이뤄지는 것이지만, 1970년대에 독립 운동이 강조되기는 했다.

이 시기에 신채호의 민족 사관이 아주 강조됐다. 1960년대 말에서 1970년대로 넘어오면서 역사학계를 중심으로 그렇게 된다. 한국사학계에서는 1950년대 후반경부터 점차 식민 사관 극복 얘기가 홍이섭 교수를 중심으로 제기되는데, 4월혁명의 민족주의 강풍을 맞으면서 홍이섭, 이기백, 김용섭 이런 분들을 주축으로 해서 민족 사학이 점점 한국사 연구 방향의 중심으로 자리를 잡고 그러면서 식민 사관 철저 극복, 이게 1960년대 후반 한국사학계의 가장 큰 관심사가 됐다. 1970년대에는 최대 과제가 식민 사관 극복이었다고까지 이야기하고 있다. 그렇게 되면서 박정희가《우리 민족의 나갈 길》같은 데에서 강조한 것과 너무나 차이가 나는 신채호가 그렇게 부각되는 것이다.

그러다보니까 1970년대 역사학 쪽에서 관학을 대표한 인물이자 유신 체제를 대표하는 이데올로그 중 한 명이라고 볼 수 있고 유신 체제 정신문화를 관장한 한국정신문화연구원 초대 원장을 지낸 이선근도 전과는 다른 모습을 보였다. 이 사람은 원래 대원군 시대라든가 19세기 중후반을 연구할 때 식민 사학에 빠져 있는 모습도 보여줬다. 그런데도 1970년대에 와서는 후배 사학자들과 보조를 맞추지 않을 수 없었다. 정치적으로 처신하니까 오히려 이런 사람이 더 앞장서서 '식민 사관을 극복하자'고 얘기하는 걸 볼 수 있다.

앞에선 이순신 성웅화하고 뒤에선 기생 관광 부추기고

전 국가의 병영화, 열아홉 번째 마당

김 덕 련 유신 체제에서 많이 이뤄진 작업 중 하나가 이순신 성웅화 아닌가.

서 중 석 이순신 장군의 성웅화, 이 부분은 이미 1960년대 후반기부터 진행됐기 때문에 꼭 1970년대 유신 체제와 연결시켜서만 설명할 수는 없다. 그러나 국민교육헌장이 1968년에 만들어졌지만 사실은 1970년대 유신 체제에서 박정희가 가지고 있었던 기본적인 이데올로기가 거기에 이미 많이 들어 있는 것과 마찬가지인 측면이 있다. 1960년대 박정희의 사고가 1970년대 유신 체제에서 더 구체화되는 면이 강하지 않나. 이순신 장군의 성웅화에 대해서도 그런 점을 생각하지 않을 수 없다.

— 박정희는 이순신의 어떤 면을 주목했나.

국민교육헌장이 나오기 2년 전인 1966년 4월 28일 충무공 탄신 기념사에서 박정희는 이렇게 얘기했다. "우리는 국가 존망의 기로에서 민족 재기의 전기를 마련하신 장군의 그 탁월한 전략과 불굴의 무공을 숭상하기에 앞서" 무엇을 중요시해야 하느냐, 이걸 얘기하고 있다. "또는 시기와 모함을 일삼던 간악한 조신들의 무고와 견딜 수 없는 옥고에도 불구하고 충정과 선견지명으로 일을 해나갔다", 이렇게 얘기했다. 여기서 박 대통령이 중시한 건 "시기와 모함을 일삼던 간악한 조신들의 무고와 견딜 수 없는 옥고"가 아니겠나.

같은 기념사에서 박 대통령은 "미래를 내다본 장군의 밝은 총명과 선견지명"을 강조하면서 "야당은 한 치 앞도 내다보지 못하는 단견과 아무런 계획이나 한 가지 실천도 없이 덮어놓고 헐뜯고 불평하는 비생산적인 정신적 자세를 가지고 있다"고 주장했다. 그렇게 대조하는 방식을 통해 박 대통령은 이순신 장군을 은근히 사신과 동일시하면서 자신이 하는 일을 비판하는 야당이나 교수, 학생 등이 말하자면 이순신 장군을 시기와 모함으로 못살게 군 간악한 조신들과 비슷한 면이 있지 않느냐는 인식을 드러낸 것이다. 전재호 박사 같은 사람은 바로 이런 점 때문에 이순신 장군이 성웅화되는 것이 아니냐, 이 점을 중시했다.

박 대통령이 그런 이야기를 한 1966년부터 이순신 관련 성역화 작업이 이뤄진다. 1967년에는 이 충무공 탄신일이 국가 기념일로 제정되고 현충사가 사적 제155호로 지정됐다. 1968년에는 광화문 네거리에 유명한 충무공 동상이 세워지고, 서울시민회관에서 국극國劇 〈이순신〉이 공연되고, 〈충무공의 노래〉가 전국에 보급됐다. 1969년에는 현충사 중건이 완료됐다.

유신 체제에 이용당한 이순신 장군

— 박정희는 보통학교 5학년 때 춘원 이광수의 책을 읽고 이순신 장군을 숭배하게 됐다고 스스로 밝힌 바 있다. 박정희에게 이순신을 각인시킨 이광수의 이순신상은 어떠했나.

이순신 장군의 위대성은 뭐니 뭐니 해도 뛰어난 지략과 담대한 용기로 왜적 즉 일본 군대를 격퇴한 데 있다. 그렇기 때문에 이순신 장군을 중시하는 것은 보통 항일 정신과 연결해서 생각을 많이 하게 된다. 일제 강점기에 특히 그러했다. 그리고 이순신 장군이 그런 뛰어난 전공을 세울 수 있었던 데에는 현지 주민들과 잘 결합한 면도 상당히 작용하지 않았나. 민중이 이순신 장군의 뜻에 맞춰 잘 싸워준 측면이 분명히 있다. 아울러 임진왜란 때 일본 군인들이 우리 주민들을 얼마나 괴롭혔나. 교토의 귀 무덤 같은 것도 그것의 하나이지만 정말 임진왜란 때 한국인들이 얼마나 심하게 당했나. 그렇기 때문에도 주민들이 이순신 장군에게 적극 협력했다. 이런 것들이 같이 강조된다면 이순신 장군을 제대로 보는 것이다.◉

이처럼 '이순신 장군이 정말 억울하게 당하고 지독한 고통에 시달리는 민民들을 위해서 전쟁을 승리로 이끌어갔다', 이렇게 설명하는 것이라면 충분히 이해할 수 있다. 그런데 그게 아니라 이광수가 동아일보에 1931년 6월부터 이순신에 대해 연재한 소설의 골격과 기본적으로 비슷하게 당파 싸움에 초점을 맞춰서 '간신들이 무고, 모함해서 이순신 장군을 감옥에 넣는 등 나쁜 짓을 했다. 그런데도 이순신 장군이 나라를 구했다', 이런 논리에 중심을 두는 것이라면 그건 문제가 심각하다고 볼 수 있다.

— 어떤 면에서 심각하다는 것인가.

◉ 임진왜란 때 일본군은 도요토미 히데요시의 명에 따라 조선 사람들의 코나 귀를 벤 다음 소금에 절여 일본으로 가져갔다. 전공의 근거로 전락해 그렇게 일본으로 가게 된 귀와 코를 매장한 것이 귀 무덤(코 무덤)이다. 교토시 명의로 된 귀 무덤(코 무덤) 안내문의 끝부분은 다음과 같다. "히데요시가 일으킨 이 전쟁은 한반도 민중들의 끈질긴 저항에 패퇴함으로서 막을 내렸으나 전란이 남긴 이 귀 무덤(코 무덤)은 전란 하에 입은 조선 민중의 수난을 역사의 교훈으로서 오늘날까지 전해지고 있다." ('패퇴함으로서'는 '패퇴함으로써', '전해지고'는 '전하고'를 잘못 표기한 것이다.) 귀 무덤(코 무덤)의 길 건너편에는 도요토미 히데요시를 모신 신사가 자리 잡고 있다.

1968년 4월 27일 박정희 대통령이 광화문 네거리에서 있은 이순신 장군 동상 제막식에 참석했다. 박정희는 1966년부터 이순신 관련 성역화 작업을 시작했다. 사진 출처: e영상역사관

이 점에 대해 진중권 교수는 이렇게 썼다. "이광수가 이 소설에서", 이건 소설《이순신》을 말하는데, "진정으로 그리고 싶어 했던 것은 왜적과 용감하게 싸우는 이순신이 아니라 문약하고 시기심 많은 선비 정치인들에 의하여 당하고 마는 비극적 군인이었다." 그러면서 진 교수는 '박정희 등 많은 청소년에게, 더구나 식민 사관에 물든 이들에게 한국 사회가 분개, 통탄해 마지않는 상태로 보이게 한 것 아니냐. 그래서 박정희는 이순신과 조선조 지배층에 대해서 이광수와 비슷한 생각을 갖게 된다', 이렇게 썼다.

이순신 장군은 유신 체제 수호에 이용되었다. 박 대통령이 이순신 장군의 성웅화를 율곡 이이의 10만 양병설과 함께 특히 강조한 데에는 총화 안보 단결, 국가주의 고취, 그래서 국가 병영화라고 할 수 있는 것을 강화하는 것과 관련 있다. 예컨대 학도호국단이 '일면면학一面勉學 일면호국一面護國'을 내세우는데 거기에서도 제일 떠받들 수 있는 사람이 이순신이었다.

반공 교육이나 새마을 교육에서도 이순신 장군이 국가를 누란의 위기에서 구했다는 점을 무엇과 연결했느냐 하면 바로 유비무환이다. 이 시기에 박정희가 아주 강조했던 유비무환 논리와 다 연결해서 설명했다. 물론 유비무환은 그 뜻 자체는 나쁜 말이 아니다. 그런데 유신 체제 시기에는 이게 총력 안보 운동, 반공 운동, 국가 병영화와 직결돼 있었다. 복고주의, 국가주의 성향을 갖게끔 하는 데에도 기여하는 측면이 적지 않게 있었다. 그런 점에서 이순신 장군이 유신 체제에 이용당했다는 측면도 주목하지 않을 수 없다. 특히 유비무환과 이순신, 그리고 이율곡을 연결시켜서 그 당시에 아주 많이 이야기했다.

한쪽에선 이순신 성웅화, 다른 쪽에선 기생 관광 장려 …박정희 정권의 일그러진 '민족 주체성'

— 소년 시절부터 이순신을 숭배했다면서 침략자들에게 충성을 맹세하며 만주군 장교가 된 것도 그렇고, 집권 후에는 일제 시대 행적에 대한 반성은 하지 않으면서 이순신 성웅화 작업을 한 것도 엇박자 느낌이다. 그에 더해, 박정희 정권이 한쪽에서는 이순신 성웅화를 추진하면서 다른 쪽에서는 기생 관광을 부추긴 것도 기괴한 일이다.

기생 관광은 박정희가 말한 민족 주체성, 이 단어를 우리가 생각하는 민족 주체성으로 해석한다면, 그런 민족 주체성이든 또 충효 사상이든 전통 문화든 조상의 빛나는 얼이든 이순신 장군 성웅화든 어떤 것하고도 어울리지 않는다. 정반대되는 것으로 볼 수밖에 없다. 심지어 오랫동안 청와대 비서실장을 한 김정렴조차 '청와대에 대통령이 양윤세를 장으로 한 관광 진흥 전담 경제 비서실을 설치했는데 기생 관광이 주류를 이룬 건 국가적으로도 수치다', 이렇게 써놓았다.

기생 관광은 두 가지와 연결해 생각할 수 있다. 하나는 박정희의 여성관, 여기에서는 일본 군인들의 남성 중심적인 사고 그리고 일본 정치인들의 요정 정치를 생각해볼 수 있는데, 그러한 박정희의 여성관이나 당시 공화당에서 풍미했던 요정 정치와 연관해서 생각해볼 수 있다. 자유당 때에도 이런 요정 정치는 없었고, 내가 알기로는 전두환 정권도 요정 정치는 그렇게 많이 한 것 같지 않은데 박정희 공화당 정권 때에는 요정 정치가 대단했다.

그다음에 직접적으로 기생 관광에 정부가 강력하게 개재하게 되는 하나의 요인은 1972년 중국과 일본이 국교를 맺음에 따라 일본이 대만과 국교를 단절한 것이다. 그때까지는 일본 노동자 같은 사람들이 섹스 관광을 하러 대만으로 주로 갔는데, 대만에 가기가 좀 어렵게 된 것이다. 그런 속에서 한국 정부가 적극적으로 기생 관광을 키워나가니까 일본인들이 한국으로 대거 오게 된다.

— 5·16쿠데타 후 박정희 세력은 일소해야 할 구악의 하나로 성매매를 꼽고 그 뿌리를 뽑겠다고 목청을 높였다. 1961년 11월에는 윤락행위방지법도 만들었다. 또한 재건국민운동을 국가 차원에서 밀어붙이면서 사회 전반에 건전한 기풍을 확립해야 한다고 강조했다. '건전한 기풍 확립' 주장은 '명랑한 분위기 조성'과 더불어, 1970년대에 자유주의 성향 문화를 퇴폐로 낙인찍을 때에도 전가의 보도로 활용된다.
이처럼 국민들한테는 건전하게 살라고 강제한 권력 최상층은 정인숙 사건(1970년)에서 상징적으로 드러난 것처럼 그와는 전혀 다른 모습을 보였다. 기생 관광 문제 역시 박정희 정권의 그러한 속성을 잘 보여주는 사안 중 하나로 볼 수 있다. 박정희 정권은 이와 관련해 당시 어떤 역할을 했나.

기생 관광에 대해선 이준식 박사가 잘 써놓았다. 우선 이즈음 외국인 관광객이 어느 정도였느냐. 1969년에는 13만 명이었다가 1973년에는 68만 명이 됐다. 그전에는 미국인이 많았던 것으로 보이는데 이 시기에 일본인이 급증했다. 1969년에는 외국인 관광객 중에서 일본인이 25.4퍼센트밖에 안 됐는데 1973년에는 69.9퍼센트

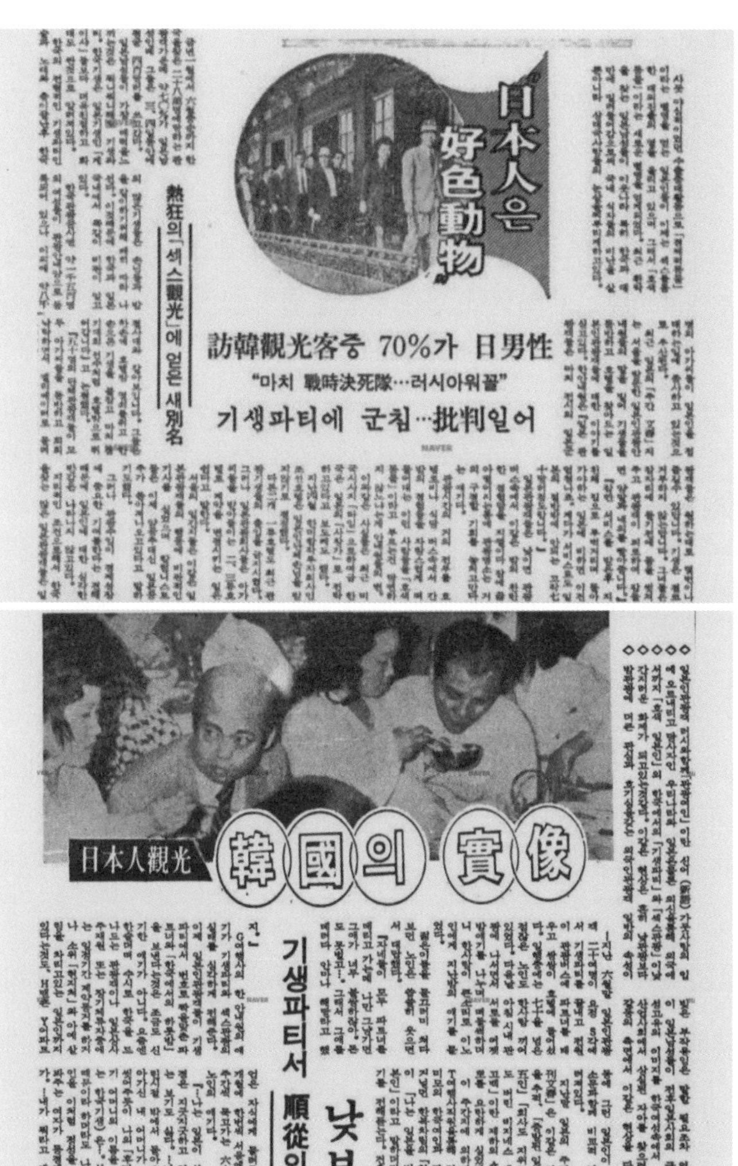

日本人은 好色動物

訪韓觀光客중 70%가 日男性

“마치 戰時決死隊…러시아워꼴”

기생파티에 군침…批判일어

熱狂의「섹스觀光」에 얻은 새別名

日本人觀光

韓國의 實像

기생파티서 順從의 낮보

일본 남성 관광객들의 기생 관광 실태를 보도한
1973년 7월 10일·13일 자 동아일보.

나 차지했다.

이 시기에 정부는 어떤 일을 했느냐. 1972년 8월 교통부는 기생 파티를 하는 요정을 지정하겠다는 방안을 발표했다. 여성 단체에서 기생 관광 반대 운동을 벌이자 1973년에는 중앙정보부가 나서서 탄압했다. 기생 관광 반대 운동이 유신 과업 수행을 가로막는 반정부 행위라고 하면서, 반대 운동을 하지 않겠다는 각서를 쓰라고 요구했다. 또한 박정희 정권은 관광 기생이라고 불린 접객 여성들에게 허가증을 내주고, 1973년에는 법령을 개정해 등록제를 법제화했다. 그래서 그러한 여성들이 호텔을 무시로 드나들 수 있게끔 했고 통행금지에 관계없이 영업을 할 수 있게 했다. 그런 가운데 문교부 장관이 1973년 매매춘이 애국이라는 취지로 발언해 논란이 되고 그랬다.•

이렇게 한국에서 기생 관광이 성하니까 1973년 미국 언론《타임》은 기생 관광이 "박정희 대통령을 포함해 한국 정부의 고관들에 의해 적극적으로 장려되고 있다"고 보도하고, 한국은 일본의 사창가로 전락하고 있다고 지적하는 등 기생 관광 실태를 폭로하는 기사를 실었다. 그해에 일어난 김대중 납치 사건과 이듬해인 1974년에 발생한 8·15 저격 사건이 또 영향을 끼쳐서 일본인 관광객이 줄어들었다. 그러자 교통부는 1975년 3월 관광 업체 대표자들을 모아 놓고 여행 알선 업체에 7,000명씩 목표까지 할당했다. 그러면서 해외 선전물에 기생 파티, 특별 파티 같은 말은 쓰지 말라고 업체들에

• 이준식의 글에 따르면, 민관식 문교부 장관은 1973년 10월 도쿄에서 "한국 여성은 경제 건설에 필요한 외화를 획득하기 위해서 몸을 바치고 있으며, 특히 한국의 기생 호스티스가 대거 일본에 진출해서 몸을 바치며 밤낮으로 분투하는 애국 충정은 훌륭한 것이다"라고 말했다.

지시했다. 박정희 유신 정권 시기의 풍경이다.

— 기생 관광 규모, 어느 정도였나.

일본인 관광객 가운데 80~90퍼센트가 남성이었는데 일본의 게이샤보다 더 친절하고, 화대도 게이샤의 절반밖에 안 된다고 해서 그야말로 섹스 관광을 하러 왔다. 유신 정권이 무너진 1979년에는, 주로 기생 관광으로 온 것일 텐데 약 65만 명의 일본인 관광객이 왔다고 돼 있다. 1973년에 그 전해의 2배인 43만 명으로 갑자기 늘어났는데 그게 1979년에는 약 65만 명으로 늘어난 것이다.

동아일보는 기생 관광을 보도하면서 '일본인은 호색 동물'이라고 제목을 뽑았는데, 섹스 관광에 열광하다보니까 그런 별명이 생겨났다고 설명했다. 당시 일본인 기생 관광단을 색정단色情團이라고도 불렀다. 또 이화여대 학생들과 여성 단체가 기생 관광을 반대하고 나서고 그랬는데, 이화여대 같은 곳에서 일본인 관광객을 섹스 애니멀이라고 부르고 그랬다. 일본인들이 1970년대 초에 유럽에서 이코노믹 애니멀economic animal이라고 불리지 않았나. 경제적으로 굉장히 성장할 때 상당수의 일본인이 하는 행위나 삶이 이코노믹 애니멀과 같다는 얘기였는데, 그것에 빗대어 그렇게 불렀다.

'관광 여인'이란 신조어도 떠돌았지만, 요정에서 접대하는 여성을 '안내양'이라고도 불렀다. 1973년에 약 1,500명 정도가 한국관광공사에 '여성 관광 안내양'으로 등록했는데, 당시 이들 외에도 약 8,000명 정도의 여성이 접대에 종사하는 것으로 보도되었다. 한 안내원은 "일본 관광객들은 마치 (일제 말) 전시의 일본군 결사대와 같아 보입니다. 그들은 한 손에 호텔 방 열쇠를 쥐고 한 손으로 기생을 붙잡고 마치 경기 대회 선수처럼 호텔 방으로 달려갑니다"라고 말했다. 또 "50명의 단체 관광객들이 모두 아가씨들을 동반하고 희희낙락하면서 엘리베이터로 몰려드는 꼴은 러시아워 때 철도 정거장을 생각케도 한다"라는 얘기도 있었다. 수시로 한국을 드나드는 일본인 관광객이나 일본 상사 주재원, 장기 체류자 중에는 일정 기간 '계약 동거'를 하거나 '현지처'와 아예 살림을 차리기도 해 1970년대에 논란이 되기도 했다.

1978년 매매춘으로 일본인한테 벌어들인 돈이 700억 원이라고 돼 있다. 그런데 그게 이 여성들한테 온전히 돌아간 것도 아니었다. 수익의 대부분, 그러니까 80퍼센트 정도는 중간착취를 당했다. 정부가 이런 착취를 묵인했다.

외화 벌면 성매매도 애국이라는 기괴한 논법

— 기생 관광 문제에 대한 고찰이 1970년대 일부 일본인들과 박정희 정권의 잘못된 행태를 지적하는 것을 넘어 오늘날 적잖은 한국 남성들도 행하는 원정 성매매에 대한 사회적인 성찰로 이어졌으면 하는 바람이다. 다시 돌아오면, 기생 관광과 더불어 이 시기에 성매매 문제에 정부 차원에서 관계한 대표적인 사례가 미군 기지촌 문제 아닌가.

매매춘과 관련해 기지촌 문제도 간단히 언급하지 않을 수 없다. 유신 쿠데타 한 해 전인 1971년 12월 22일, 박정희 정권은 기지촌 정화 정책을 내놨다. 그러면서 기지촌을 '육성'하고 이전보다 '체계적'으로 관리하게 된다. 그 일환으로 기지촌 여성들을 대상으로 한 '교양 강좌' 같은 것도 마련했는데, 교육 시간에 강사들이 이렇게 얘기했다고 그런다. "여러분은 애국자입니다. 용기와 긍지를 갖고 달러 획득에 기여함을 잊어서는 안 됩니다. 저는 여러분과 같은 숨은 애국자 여러분께 감사드리는 바입니다." 아울러 1971년부터 1976년 사이에 미군의 안락한 섹스를 위해 기지촌마다 성병 진료소를 만들고 성병 검사를 정기화했다.

이 과정에서 외화를 버는 애국자, 심지어 '민간 외교관'이라는 낯 뜨거운 수사까지 동원했다. 민족주의자라고도 했다. 유신 정권이 기지촌 여성들을 '애국자' 등 낯 뜨거운 수사를 동원하며 성매매를 장려한 것은 2000년대에 와 법의 심판을 받았다. 2018년 2월 서울고등법원은 "위안부들을 '외화를 벌어들이는 애국자'로 치켜세우는 등의 애국 교육을 통해 국가가 기지촌 내 성매매 행위를 적극적으로 조장·정당화했다"고 밝히고 원고 117명 모두에게 위자료를 지급하라고 판결했다.[•]

사회에서는 오랫동안 기지촌 여성들을 양공주 혹은 양갈보라고 비하하고 민족의 타락한 딸로 취급했다. 그래서 이 여성들은 인권의 사각지대에 놓일 수밖에 없었다. 특히 혼혈아들이 큰 고통을

• 2014년, 기지촌에서 성매매에 종사했던 여성들이 국가를 상대로 손해 배상 청구 소송을 제기했다. 원고인단 122명은 정부가 "모든 성매매를 불법으로 정해놓고 '특정 지역' 설치라는 꼼수를 써 '위안부'가 미군 성매매를 하도록 했으며 '애국 교육'이라는 이름으로 정신교육까지 시켰다", "국가의 누구도 우리를 보호하지 않고 오히려 외화벌이로 이용했다"며 역사적 사실을 명확하게 밝히고 법적 책임을 다할 것을 요구했다. 이에 앞서 2013년 국정 감사 시기에는 박정희 전 대통령의 친필 서명이 담긴 '기지촌 여성 정화 대책' 문건이 공개됐다.

겪었다. 이승만 정권 때인 1950년대에도 그랬는데, 한국 사회에서 아주 지독하게 인종 차별을 당해서 한국에서 마음 편히 살 수가 없었다. 혼혈아 중에서 유명한 연예인이 된 경우가 간혹 있다고도 하지만, 심한 인종 차별과 편견 때문에 많은 경우 해외 입양을 시키지 않을 수 없었다. 기지촌 여성들은 약물을 과다 복용하면서 자살 기도를 하거나 미군에 의해 린치당하면서 갖가지 악몽에 시달리는 생활을 해야 했다.

엄숙주의 내세워 대중문화 짓밟고 환락의 장소에서 종말, 박정희 아이러니

전 국가의 병영화, 스무 번째 마당

새로운 대중문화 출현을 가능케 한 토양

김 덕 련 유신 시기 대중문화를 살펴봤으면 한다.

서 중 석 1975년 박정희의 4·29 특별 담화 이후 유신 권력은 국가 안보와 국민 총화를 저해하는 가요를 금지하고 가수들을 출연 금지시키는 등 이른바 가요계 학살을 수차례에 걸쳐 자행했고, 방송 편성 지침을 새로 작성해 하달했다. 4대 전시 입법, 긴급 조치 9호 선포, 반상회, 학도호국단 등에 의한 학원 병영화, 국가와 사회의 병영화, 재일 동포 간첩단 사건만 있던 게 아니었다.

박정희가 4·29 특별 담화에서 "반국가적 행위를 하거나 국론을 분열시켜 총화에 배치되는 행위는 적을 이롭게 하는 것"이라고 단정하지 않았나. 유신 체제의 국가관, 국수주의에 배치되는 활동을 단죄하겠다는 총력 안보 운동을 문화계에서도 펼친 것이다.

— 〈콘서트 7080〉 등의 형태로 1970년대 대중문화를 추억하는 흐름이 주로 2000년대 들어 다양하게 나타났다. 그런 흐름에서도 느낄 수 있는 것처럼 1970년대에는 그 이전과는 결이 다른 대중문화가 형성됐다. 그렇게 된 이유는 무엇인가.

1970년대에는 대중문화가 과거와는 다른 형태로 꽃을 피울 수 있는 여러 조건이 형성돼가고 있었다. 그중 하나는 한국 사회에서 1960년대 후반부터 산업화가 급속히 이뤄지고 1970년대에 그것이 가속화된 것이다. 그러면서 그러한 산업 사회에 어울리는 대중문화가 형성될 수 있게 된 것이다.

그다음에 1960년대에서 1970년대에 이농 현상이 급격하게 일어나고 도시가 비대하게 된 것도 작용했다. 도시에 사는 많은 젊은 세대들은 한국전쟁 이후 베이비붐 세대로 태어난 사람들이었다. 당시 10대, 20대이던 이러한 새로운 세대들은 새로운 문화를 갈구하게 된다. 그 윗세대하고는 다른 문화 감각을 자연히 지닐 수 있게 됐다.

그와 함께 이 시기에는 매체가 폭증했다. 라디오, 텔레비전이 크게 늘어났다.

— 얼마나 늘어났나.

라디오 수신기만 해도 1945년 남한에 약 15만 1,800대가 있었다고 돼 있다. 이 수치는 통계마다 조금씩 다르긴 하다. 그리고 1948년 8월에 등록된 것이 15만 6,700대로 나와 있다. 1960년 4월에는 78만 대였다. 이것도 대부분 도시에만 있고 그랬는데, 이게 1970년대에 들어오면서 엄청난 속도로 증가했다. 1970년에 401만 대가 보급돼 1,000명당 126명이 라디오를 갖게 됐다. 열 명 중 한 명 이상이 라디오를 갖게 된 것이다. 1975년에는 1,350만 대로 5년 전에 비해 세 배 이상으로 늘어나 열 명 중 네 명 가까이 라디오를 보유하게 됐다. 당시 세대 인구를 감안하면 한 세대에 한 대 이상 있었던 셈이다.

1970년대에 이렇게 라디오를 갖게 된 가구가 급격히 늘어났는데, 텔레비전도 비슷했다. 1970년까지 가구당 보급률이 6.3퍼센트밖에 안 됐는데 1975년에 가면 30퍼센트로 성장하게 된다. 1975년은 바로 문화 대학살이 일어난 해이기도 하고 여러모로 몹시 지독한 해였는데, 어쨌든 그렇게 텔레비전도 늘어났다. 1979년에 가면 79퍼센트에 이른다. 그래서 도시 가구에는 거의 다 텔레비전이 있게 됐고, 시골에도 상당히 많이 보급됐다. 물론 이때는 흑백 TV였지만, 굉장한 보급이 이뤄진 것이다.

— 세계사 차원에서도 격동기 아니었나.

네 번째로 들 수 있는 건 한국인들은 문화 감각이 뛰어나서 그런지는 몰라도 외국 문화를 상당히 빨리 받아들이는 면이 있는데 이 시기에 바로 세계적으로 문화의 큰 변화가 일어났다는 점이다. 이 부분도 아주 중요하다. 전 세계적으로 그런 커다란 변화가 1960년대 후반부터 1970년대에 걸쳐 일어나게 된다.

1960년대 후반기는 전 세계가 대단히 큰 변화를 겪던 때 아닌가. 미국에서는 흑인 민권 운동이 급격히 일어나면서 흑인 급진주의도 대두하고, 그와 동시에 월남전에 반대하는 반전 운동이 거세게 일어나서 미국의 주류 질서에 도전하는 급진적 흐름이 나타나게 된다. 이와 함께 주류 문화에 대항하는 대항 문화적 반항이 청년 세대에 퍼져나갔다. 유럽에서는 프랑스, 서독을 중심으로 68혁명이 일어났다. 대학생들은 기성세대의 부르주아적 가부장성을 공격하고 기술 사회, 소비 사회에 반대했다. 또 소유와 억압의 타파, 여성 해방을 주장했고 섹스 문제에 대해 적극적인 태도를 보였다. 공동체를 모색하면서 노동자, 제3세계 인민과 연대할 것을 역설했다.

미국에서 분노한 청년들의 열기는 무려 45만 명이나 참가했다고 나와 있는 1969년 그 유명한 우드스톡 페스티벌의 대형 집회에

1960년대 후반기는 전 세계가 대단히 큰 변화를 겪던 때였다. 분노한 청년 45만 명이 참가했다고 알려져 있는 1969년 우드스톡 페스티벌.

서 뚜렷하게 표출되지 않았나. 당시 사진에서도 잘 드러나듯이 엄청난 인파였다. 수십만 명이 모인 대규모 반전 시위도 워싱턴에서 일어났다. 백악관 앞에 쫙 늘어선 그 대단한 모습 있지 않나. 이러한 분위기에서 드러나듯이 분노한 청년들의 열기는 절정에 달했다. 예술은 거리로 내려왔고 청년 문화가 활기를 띠었다. 록 가수와 포크 가수들, 그중에서도 특히 밥 딜런이라든가 존 바에즈 같은 사람들이 대항 문화에 적극적으로 나서게 된다.

— 그러한 세계적 흐름의 영향을 받아 한국에도 새로운 형태의 청년 문화가 나타나지 않나.

한국에도 1970년을 전후해 청년 문화가 유입됐다. 그 무렵 서울대 문리대 근처에서도 〈하얀 손수건〉을 기타로 치고 그러더라. 1968년인가 1969년인가 그런데, 참 재미나게 보였다. 하여튼 1970년을 전후해 포크송이 유행하기 시작했다. 저항적 반전 포크인 밥 딜런이나 존 바에즈 노래도 많이 부르기 시작했다.

포크송을 한국식으로 바꾸기도 했다. 〈뱅크스 오브 디 오하이오Banks of the Ohio〉가 〈내 고향 충청도〉, 이렇게 바뀌고 그랬다. '통블생'으로 불리는 통기타, 블루진 그러니까 청바지, 그리고 생맥주, 이게 청소년, 젊은이들의 정서와 감각을 사로잡아서 대단한 인기였다. 장발이 많아졌고 미니스커트도 이 땅에 상륙했다.

이러한 새로운 대중문화로서 청년 문화는 유럽이나 미국과 달리 대항 문화나 비판 문화의 성격이 약했고 반전 문화를 충분히 이해하지 못한 것 아니냐, 겉모습만 흉내 낸 것 아니냐, 이런 비판도 받았다. 또 독점 자본의 상업주의적 대중문화와 뒤섞여 있었지만, 새로운 시대를 여는 문화로 아까 말한 베이비붐 세대로 태어난 사람들한테 크게 각광을 받게 된다.

1975년 가요 학살,
대중가요의 새로운 흐름을 짓밟다

— 새로운 대중문화에 유신 쿠데타 세력은 어떻게 대응했나.

한국 사회가 이렇게 새로운 문화, 새로운 시대로 들어가고 있었지만 유신 체제라는 게 출현하면서 이것을 꺾어버린다고 할까, 폭압적으로 문화를 대하는 현상이 일어난다. 그뿐 아니라 4·29 박정희 특별 담화 이후 총력 안보 운동이 거세게 일어나면서 가요 대학살이라고 불리는 사태가 1975년에 벌어진다.

1975년 6월 한국예술문화윤리위원회는 공연 활동 정화 방안으

유신 체제에 의해 금지곡이 된 김민기, 신중현, 이장희의 음반.

로 새로운 심의 기준을 내놨다. 그러면서 많은 음악을 금지하는데, 그 기준을 보면 국가 안보와 국민 총화에 악영향을 줄 수 있는 것, 외래 풍조를 무분별하게 도입하거나 모방한 것, 선정적이고 퇴폐적인 것, 패배적이고 자학적인 것 등은 안 된다는 것이었다.

이미 나와 있는 음반 같은 것들에 대해 재심사를 하게 되는데 신중현이 만든 〈거짓말이야〉 등 43곡이 1차 재심사에서, 2차 재심사에서는 이장희의 〈그건 너〉 등 45곡이 금지되는 등 3차에 걸쳐 200여 곡이 금지됐다. 김민기의 〈아침 이슬〉 등도 금지곡 목록에 포함된다. 이것에 관한 통계도 수치가 조금 다른 경우가 있던데, 그 해 12월에는 팝송 규제 조치도 발표했다. 1차 135곡, 2차 126곡에 대해 방송 및 음반 발매를 금지시켰다. 특히 2차 규제의 126곡 가운데에는 51개 그룹의 외국 '좌익' 작사가, 작곡가, 가수 목록이 들어 있었는데 유명한 밥 딜런의 〈블로잉 인 더 윈드Blowing in the wind〉 등 91곡이 저항, 반전 내용을 담았다고 해서 금지됐다.

— 상식적으로 이해하기 어려운 이유로 금지한 사례가 많지 않았나.

금지된 노래들에 대해서는 여러 책과 글에서 그 내력을 재미나게 쓰고 있다. 그중 일부를 한 번 살펴보자. 김민기는 1972년 봄, 교양 과정을 마치고 2학년이 되면서 자신의 학과로 진입하는 서울대 문리대 진입생 환영회에서 부른 〈꽃 피우는 아이〉, 〈해방가〉가 불온하다는 이유로 연행됐고 음반 압수 등 수난을 당했다. 〈아침 이슬〉, 나도 좋아했고 얼마나 많은 사람이 지금까지 부르는 노래인가. 1990년대에도 많이 부르고 그랬는데 "나 이제 가노라/ 저 거친

광야에/ 서러움 모두 버리고/ 나 이제 가노라", 이러한 노래가 선동적이라는 게 금지 이유였다.

그 이전에도 피해를 봤지만 공식적으로는 1975년에 금지곡이 된 〈아침 이슬〉뿐 아니라 그 무렵에는 김민기 이름으로는 음반 심의 접수를 해주지 않았다. 1970년대 중후반에 사랑받은 노래인 〈오 주여 이제는 그곳에〉가 1977년에 나온 양희은 음반에 양희은 작사·작곡으로 돼 있는 것도, 또 운동권 노래로도 많이 불린 〈거치른 들판에 푸르른 솔잎처럼〉(1978)이 양희은 등 3인의 작사·작곡으로 돼 있는 것도 김민기 이름으로 할 수 없어 편법을 쓴 것이었다.

정미조 노래 〈불꽃〉에는 "타는 가슴에 불꽃처럼 피었지/ 나는 타오르는 불꽃 한 송이"라는 대목이 있는데 이것도 똑같이 선동적이라고 해서 금지됐다. 송창식의 〈왜 불러〉는 서울대생 시위에서 이 노래가 나오자 바로 방송 금지가 됐다고 한다.

뭐니 뭐니 해도 한국적 록의 대부로 불리는 신중현 곡에 김추자가 부른 노래가 금지된 사연이 기가 막혔다. 당시 김추자는 음조만 대단한 게 아니라 몸짓으로도 인기를 모았다. 그전엔 못 보던 선정적인 몸짓이라는 얘기를 들었는데, 그야말로 최고의 대형 가수라는 평가를 받았다. 특히 남자들한테 대단한 인기를 끌었는데, 김추자의 〈거짓말이야〉는 사회에 불신 풍조를 조장한다는 이유로 금지됐다. "거짓말이야 거짓말이야 거짓말이야 거짓말이야", 이렇게 쭉 나가는 노래인데, 도둑이 제 발 저린다고 거짓말을 너무 많이 한 박정희 정권이 '이건 안 된다'고 해가지고 금지한 것이 아니냐는 이야기가 나오고 그랬다. 또한 음반이 100만 장이나 팔리며 대단한 인기를 모은 노래인 신중현과 엽전들의 〈미인〉, 그리고 이장희의 〈그건 너〉, 이것들의 경우 가사 저속과 퇴폐를 이유로 대고 금지했다고 한다.

당시에는 '건전 가요'를 국가가 장려했다. 일제 말의 국민 가요하고 비슷하다는 얘기를 들었다. LP나 카세트테이프에 꼭 한 곡씩 건전 가요를 집어넣도록 했다. 그 음반이 어떤 음반이냐, 그것과 상관없이 A면 또는 B면에 〈잘살아보세〉, 〈나의 조국〉, 〈새마을 노래〉, 〈대통령 찬가〉 등을 수록하는 것이 의무화됐고 관제 경연 대회가 여기저기서 열렸다. 건전 가요를 정부에서 그렇게 강조했는데 '건전 가요'라고 하는 노래조차 금지됐다. 심지어 신중현의 애국심을 담은 〈뭉치자〉라는 노래가 방송 부적합 판정을 받았는데, 이 곡이 시위대에 의해 사용될 수 있는 것 아니냐고 해서 그랬다는 이야기도 있다. "뭉치자/ 우리 모두 다 나라 위해 뭉치자" 하는 것이 유신 권력한테는 다르게 들릴 수 있었다는 얘기다.

시간대별 방송 편성 지침까지 하달

— 대마초 파동도 새로운 대중문화에 찬물을 끼얹지 않았나.

그런 식으로 금지한 것도 아주 끔찍한 일이고 그래서 문화 학살이라는 얘기를 하고 그러지만, 대마초 파동이라는 것은 단지 몇 년간 금지하는 것을 넘어서 가수 생명까지 끊어버리는 결과를 낳았다. 1975년 말 이장희, 윤형주, 이종용을 비롯해 8명이 구속된 것을 필두로 1976년 초까지 신중현, 김추자 등 100여 명의 연예인이 대마초 연예인으로 불리며 입건되고 그 가운데 수십 명이 구속됐다. 신중현은 '한국적 록'의 새로운 경지를 보여줘 대중의 사랑을 받았다. 그러나 자신이 작사·작곡하고 자신이 결성한 그룹사운드 '신중현과 엽전들'이 주로 부른 가요가 22곡이나 금지되고 대마초 사건으로 구속까지 되자, 신중현은 음악 활동을 장기간 중지했다. 신중현은 1972년에 청와대로부터 '대통령 찬가'를 지으라는 제의를 즉각 그 자리에서 거절한 바 있었다.

대마초 사건으로 구속된 사람들은 유흥업소건 방송이건 일절 나갈 수 없는 상황에 놓였다. 박정희 대통령은 1976년 연두 순시 때 "공산당과 싸워 죽느냐 사느냐를 결정하는 중대한 마당에 처한 지금 젊은이들이 대마초를 피우고 있다는 것은 나라를 망치는 일이다", 이렇게 얘기했다.

이영미 교수에 따르면 이러한 대마초 사건이 일어나면서 1970년대 초에 활약한 참신한 작곡가, 가수, 청년 문화 기수들이 감옥으로 끌려가고 예술 활동이 금지됐다. 그뿐 아니라 대마초 가수가 아닌 김민기도 군에 입대해 영창까지 들어갔다. 한대수는 두 번째 음반 '고무신'이 발매 직후 금지되자 미국으로 가서 오랫동안 돌아오지 않았다. 조영남도 미국으로 가버리고 해서 우리 가요계가 크게 바뀌게 됐다고 이 교수는 이야기했다.

— 방송에 대한 검열도 광범위하고 노골적이지 않았나.

방송 검열도 유신 체제에 와서 아주 심해졌다. 1975년 9월 문공부는 새로운 방송 편성 지침을 하달했다. 새마을 정신을 생활화하고 퇴폐성 프로그램은 편성하지 말라는 것이었다. 1976년에는 문공부에서 아예 시간대별 편성 지침까지 하달해서 MBC, KBS, TBC 3개 TV에서 동일한 시간대에 동일한 성격의 프로그램을 편성하게 했다고 그런다. 저녁 8시대에는 일제히 안보, 새마을 같은 길 주세로 한 프로그램을 제작, 방송하게 한 것이다. 그러면서 정부가 말한 계도성, 그리고 오락성 배제라는 것에 대해 김창남 교수는 계도성이라는 것은 유신 이념의 재생산과 다름없는 것이고 오락성 배제는 가부장적인 억압 체제의 측면을 보여주는 것으로 건강한 대중문화가 가야 할 길과는 대단히 다른 길이었다고 지적했다.

권보드래 등 5명이 쓴《1970 박정희 모더니즘》이라는 책을 보면 심야 방송까지 된서리를 맞은 게 기술돼 있다. 당시 라디오는 텔레비전에 비해 편성 통제에서 비교적 자유를 누릴 수 있었다. 그래서 심야 라디오 방송이 특히 인기가 있었고, 간첩 식별법에 "밤 12시 이후 남몰래 라디오 듣는 사람"이라는 것이 있긴 했지만 청소년들로서는 심야 방송에 귀를 기울이는 재미가 정말 대단했다. 그러면서 리퀘스트 형식을 방송국에서 경쟁적으로 도입했다.

그런데 1971년 이후 정부가 맨 먼저 손을 댄 게 리퀘스트라고 한다. 청취자가 곡을 신청하고 그러는 것인데, 1978년에는 심야 방송에서 다시금 리퀘스트가 전면 금지됐고 AM 라디오에서 팝송이 완전히 퇴출되는 사태를 맞이했다고 한다. 이것도 일종의 문화 학살일 터인데, 이처럼 한층 강화된 통제에 따라 텔레비전에서는 음악과 코미디 등 대중문화 프로그램이 고사 직전까지 몰렸다고 이 사람들 책에 쓰여 있다.

광기 어린 검열과 수입 쿼터제 부작용으로 내리막길 접어든 한국 영화

— 영화 쪽은 어떠했나.

1970년대에 대중이 텔레비전 다음으로 사랑한 게 영화라면 영화인데, 영화도 아주 된서리를 맞았다. 우리나라 영화는 1950년대 후반부터 살아나서 1960년대에는 대중문화의 총아가 됐다는 얘기를 들었다. 그러했던 영화가 1970년대에는 그야말로 쇠퇴하고 사양길로 접어드는데 그렇게 된 데에는 권력의 작용이 결정적 역할을 했다고들 이야기한다.

1973년 유신 영화법이라는 얘기도 듣는 영화법 개정이 이뤄지면서 통제 장치가 한층 강화됐다. 예컨대 시설, 촬영 기계 등에서 영화사 허가 기준을 아주 엄격하게 정해서 14개 영화사가 독점하도록 했다. 그만큼 정부가 통제하고 관리하기가 쉬웠기 때문이다. 1970년대 영화에서 제일 큰 문제로 많은 사람이 지적하는 건 국산 영화 3편을 만들면 외화 1편 수입권을 준 수입 쿼터제다.

— 가장 큰 문제로 지적받은 이유는 무엇인가.

이게 무슨 이야기냐 하면, 그때는 외화가 돈을 많이 벌어들였지 국산 영화는 별로 돈을 벌지 못하던 시절이었다. 그래서 업자들은 외화 수입권을 따내기 위해 정부가 말하는 '우수 영화'를 비롯해 이런저런 영화를 졸속으로 후딱후딱 만들어내곤 했다.

그런 식으로 만들어진 것들 중에는 우수 영화건 졸속 영화건 사실상 창고에서 잠자는 경우가 적지 않았다. 우수 영화라는 것도 정부에서 우수 영화라고 한 것이지 일반 관람자들한테는 '그게 무슨 우수 영화냐', 이런 얘기를 듣는 경우가 많았다. 그러면서 대형 국책 반공 영화 같은 것이 정부의 엄청난 지원을 받으면서 만들어진다. 이 시기에 임권택을 비롯한 여러 감독·제작자가 반공 영화, 새마을 영화 같은 것들을 만들었다.

영화 검열도 강화돼서 헌법, 그러니까 유신 헌법의 기본 질서에 위배되거나 국가 권위를 손상하는 것으로 보이면 규제하게 돼 있었다. 검열이 아주 심했다. 그 당시 검열의 한 예를 《우리 영화 100년》이라는 책에서 보면, 영화 관련 단체들에서 안보 중심의 새 가치관을 세우기 위해 퇴폐, 저속 등 사회 발전과 영화 예술 향상에 저해가 되는 영화 제작을 중지하고 민족 주체성을 확립해 총력 안보의 새 가치관을 주입할 것을 다짐하고 그랬다.

— 검열, 어느 정도로 이뤄졌나.

1978년의 경우 공연윤리위원회에서 각본 161편을 심의했는데 그 가운데 무수정으로 통과된 건 18편밖에 없었다. 수정 통과가 100편이나 되고 개작을 지시한 게 24편, 반려한 게 19편이었다고 한다. 그런데 이건 제작되기 전 사전 심사를 한 것이고, 제작이 완료되면 또 검열을 했다. 여기서 무수정 통과된 건 33편뿐이며, 이해에 256개소에서 화면이 삭제됐고 94개소에서는 화면이 단축됐으며 114개소에서는 대사가 삭제됐다고 한다.

그런 속에서도 괜찮은 영화, 예컨대 호스티스 영화라고 볼 수 있을지는 모르지만 새로운 감각을 선보인 〈별들의 고향〉(1974년), 그

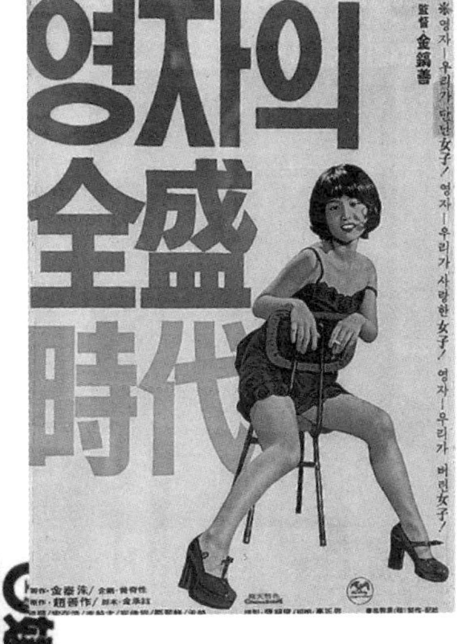

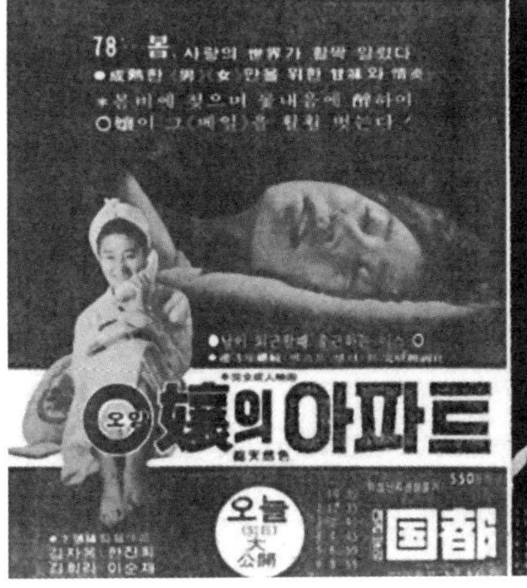

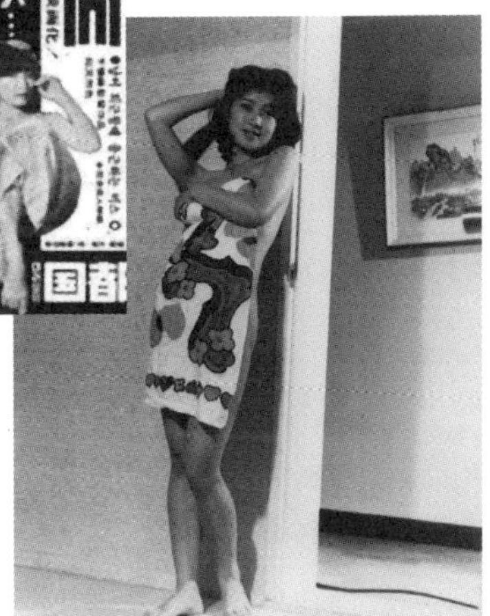

이장호 감독의 〈별들의 고향〉 신문 광고.
김호선 감독의 〈영자의 전성시대〉 포스터.
변장호 감독의 〈O양의 아파트〉 신문 광고.
박호태 감독의 〈나는 77번 아가씨〉 스틸 컷.

것에 이어서 〈영자의 전성시대〉(1975년)가 나오고 하는데 두 영화는 대단한 흥행 기록을 세우고 그랬다.

— 많은 사람의 호응을 얻은 이유는 무엇인가.

〈영자의 전성시대〉는 1970년대 시대상을 너무나 잘 반영했다고 해서 호평을 받았다. 사장 집 식모로 들어간 영자가 주인집 아들에게 겁탈당하고 오히려 쫓겨난 뒤 봉제 공장에 취직했으나, 너무 월급이 적어 '바 걸'로 들어갔다. 그러다 버스 여차장(여성 안내원)으로 일하다가 왼팔을 잃었다. 영자는 자살을 시도하다가 결국 한 팔 없는 창녀가 된다. 영화의 끝 장면은 원작과 다르다. 조선작 소설에서는 불에 타죽는 비극적 결말을 맞이하는데, 영화는 장애인 남편과 행복하게 살고 있는 모습으로 끝나 '현실'과 타협했다는 얘기를 들었다. 당시 수많은 여성이 영자처럼 될 수 있었기 때문에 이 영화는 대단히 진한 호소력이 있었다.

그런데 이 영화 이후 수준이 떨어지는 호스티스 멜로 영화가 선풍을 일으키는 것을 볼 수 있다. 1978년의 경우 정소영의 〈내가 버린 여자〉에 37만 명, 변장호의 〈O양의 아파트〉에 28만 명, 박호태의 〈나는 77번 아가씨〉에 21만 명이나 관객이 몰렸다. 당시로서는 아주 많이 몰린 것이다. 그러면서 영화계가 급속히 쇠퇴한다. 1971년에 영화관이 717군데였는데 1978년에는 488개소로 팍 줄어버렸다. 특히 대중오락 시설이 적은 중소 도시에 문 닫은 극장들이 아주 많았다.

이처럼 영화는 1970년대 말기로 갈수록 죽어갈 뿐만 아니라 1980년대에도 계속 죽어 있다가 1990년대 하반기에 가서야 관객이 많이 찾아들고 수준 높은 작품들이 나오게 된다. 그런데 1990년대 하반기부터 선보인 그 영화들의 상당 부분은 1970년대 총력 안보 체제에서 강조한 건전 영화와는 굉장히 거리가 먼 것들이었다.

〈공동 경비 구역 JSA〉도 그렇고 〈웰컴 투 동막골〉도 그렇고 〈태극기 휘날리며〉, 〈실미도〉, 〈고지전〉, 〈간첩 리철진〉 같은 영화들이 대단한 환영을 받았는데 전부 박정희의 안보관과는 너무나 거리가 먼 작품들이었다. 예컨대 〈공동 경비 구역 JSA〉 같은 경우 판문점 미루나무 사건을 비롯해 그간 판문점과 그 주위에서 일어난 여러 사건을 다시 생각해보게 한 우수한 영화 아닌가. 이런 영화들이 만들어지면서 다시 우리 영화가 살아났다는 것도 1970년대 문화에 대한 풍자랄까 비판으로 남게 된다고 볼 수 있다.

— 1970년대 극장에서는 보고자 한 영화 이외의 것들도 많이 봐야 하지 않았나.

1970년대 영화가 쇠퇴한 데에는 텔레비전의 보급도 영향을 미쳤고, 다른 요소도 있었다. 그 시절 영화관에 들어가면 맨 먼저 애국가가 나왔는데, 그러면 다 일어서야 했다. 예컨대 아까 얘기한 〈O양의 아파트〉 같은 호스티스 영화의 맨 앞에 애국가가 화면과 함께 나온다고 생각해봐라. 어울리지도 않고, 말도 안 되지 않나. 그다음에는 뉴스 영화가 나왔다. 반상회에서와 비슷하게 이런 뉴스 영화에서는 위대한 지도자가 중요한 활동을 하는 것이나 총력 안보, 총화 단결 장면이 나온다. 그러고 나서는 문화 영화를 또 돌렸다. 정말 지겨웠다. 어떤 때는 문화 영화를 두 편이나 보여주기도 했다. 그렇게 하고 나서야 본 영화를 틀었다. 〈영자의 전성시대〉 같은 우수한 영화도 있긴 했지만, 본 영화도 대개 시원찮았나. 이러니 누가 극장에 갈 맛이 났겠는가, 이 말이다.

1970년대에는 오후 6시(겨울엔 오후 5시)가 되면 모두 쫙 서서 국기 쪽을 향해 경례를 해야 했다. 조국과 민족을 위해 몸과 마음을 바쳐 충성을 다할 것을 굳게 다짐하는 예식이었는데, 농촌에서는 아침저녁으로 마을 앰프에서 애국가가 울려 퍼지면 일손도 멈추고 모두 국가와 대통령한테 그런 경의를 표해야 했다. 새로운 시대가 열리나 했더니만 이런 어이없는 시대로 가게 된 것과 관련해 사람들이 또 많이 이야기하는 게 장발 단속, 미니스커트 단속이다.

엄숙주의·금욕주의 내세우다가 환락의 장소에서 종말 맞은 박정희 아이러니

— 왜 그토록 머리카락과 치마 길이에 집착하면서 국민들을 괴롭힌 것인가.

그간 내가 강조한 것처럼 박정희 대통령은 일제 시대의 그 군인 정신이 충만했다. 그래서 장발에 대해 대단히 강한 혐오감을 갖고 있었다고 한다. 일제 말에는 머리를 빡빡 깎으면서 군국주의 분위기가 대단하지 않았나. 강준만 교수 책을 보면, 박정희가 텔레비전을 시청하다가 장발에 대해 한마디 툭 던지면 그것이 일제 단속령으로 나타나고 그랬다고 한다. 박 대통령은 1976년에 이렇게 연설했다. "사회 기강을 해치고 국민 정신을 좀먹는 저속하고 퇴폐적인 일부 대중 예술을 과감히 정화해나가겠습니다."

박정희는 일제 시대의 군인 정신에 충만해서인지
장발에 대해 강한 혐오감을 갖고 있었다고 한다.
사진은 1975년 서울 명동파출소의 장발족 단속에
걸린 청년들. 사진 출처: e영상역사관

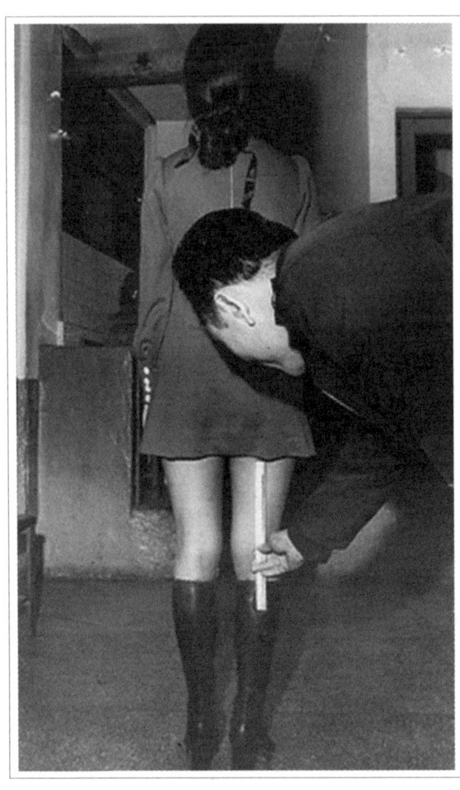

치마 길이를 단속하고 있는 경찰. 무릎 위 20센티미터 이상이면 무조건 즉심에 넘겼다고 한다.

1973년에 장발, 미니스커트를 단속하는 개정 경범죄 처벌법이 발효됐다. 그전에도 단속을 했지만 이것을 통해 더 강하게 단속하게 된다. 장발은 저속한 외래 풍조, 그리고 유신 체제가 그렇게 공격했던 퇴폐 풍조, 이 두 가지를 상징하는 것으로 돼버렸다. 방송사 같은 데에서 이것 때문에 골치를 앓았는데 늘 장발과 전쟁을 해야 했다. 방송사 자율 규제 방안에는 '장발자 출연 등을 극력 피할 것', 이런 게 들어 있었다. 1975년에는 장발자를 브라운관에서 제거하라는 지시가 방송사에 내려갔다. 그러면서 TV 외화에 외국인 장발 출연자가 나오면 그 부분을 삭제하고 내보내는 기막힌 경우도 나타났다.

그때는 접객업소, 특히 술집 같은 데에서 "장발자 출입을 금지합니다" 또는 "장발자 출입 금지", 이런 것을 써 붙이고 그랬다. 그래서 장발자가 돌아다니기 힘들었는데 장발에 대해서는 일제 단속을 많이 했기 때문이다. 교육감이 된 조희연 교수 책을 보면 1973년 장발 단속 실적이 1만 2,870건에 이르렀고, 1974년 6월 2일부터 8일 사이에 있었던 서울시 장발 단속에는 1만 103명이 걸려들었다. 이 1만 103명 중에서 9,841명은 머리를 깎고 내보냈다. 머리 깎기를 거부한 262명은 즉심에 넘겼다. 장발 단속이 이렇게 심했다.

— 미니스커트 쪽은 어떠했나.

미니스커트도 아주 강하게 규제했다. 이영미 교수 책을 보면, 미니스커트를 입은 사람이나 장발자들이 제일 다니고 싶어 한 곳이 명동 거리였지만 겁이 나서 못 나설 정도로 단속이 많았다는 내용이 나온다. 대자, 그러니까 큰 자를 들고 경찰들이 처녀들의 스커트 길이를 재는 꼴사나운 풍경이 자주 나타났다. 이영미 교수는 미니스커트를 입는 것보다 더 미풍양속을 해치는 게 남자 경찰들이 여자 치마 밑에 머리를 처박고서 허벅지에 자를 들이대고 대자 눈금을 쳐다본 것이 아니냐고 썼다.

대개의 책에는 무릎 위 17 또는 18센티미터까지가 걸려드는 기준치였다고 돼 있는데, 강준만 교수 책을 보면 무릎 위 20센티미터 이상이면 무조건 즉심에 넘겼다는 기사도 나온다. 이렇게 되면서 대도시에서는 자를 들고 다니는 경찰하고 미니스커트를 입은 용감한 여성들이 숨바꼭질을 벌이는 일들이 벌어졌다.

이 시기 문화에 대해 김창남 교수는 엄숙주의라고 할까 보수적인 가치관을 강요하는 노력과 대중문화의 소비주의, 향락주의적인 성격은 가부장적 재벌 독재 체제에서 모순적이면서도 상호 보완적인 관계를 갖는 것으로 파악했다. "이렇게 극단적으로 모순된 문화 가치는 한국의 대중문화를 더욱 병적이고 불건전한 나락으로 밀어 넣는 결과를 가져왔다. 온갖 엄숙주의와 금욕주의 가치를 내세우던 박정희가 스스로 방탕한 환락의 장소에서 종말을 맞았던 아이러니는 바로 그런 유신 체제의 모순적 상황을 상징적으로 보여준다"고 김 교수는 썼다.

김창남 교수가 지적한 엄숙주의는 군국주의나 군사 문화와 다름없다. 건전 가요, 건전 영화, 장발 · 미니스커트 단속, 대마초 사건은 같은 시기의 충효 고취와 국민윤리 교육 등의 복고주의와 같은 뿌리를 갖고 있으며 모두 다 군국주의에 닿아 있다. 이 군국주의 또는 군사 문화는 룸살롱 등 유신 체제 후기에 넘쳐났던 퇴폐적인 유흥업소의 존재와 모순되는 것이 아니다. 쌍생아처럼 공생 공존하는 것에 그 특징이 있다. 그것은 또한 박정희의 또 하나의 정신 상태와 정서가 기반을 두고 있던 속물주의와도 모순되는 것이 아니다.

사실 박정희 대통령의 여자관계를 극명히 보여주는 궁정동의 '대행사', '소행사'처럼 퇴폐적이고 저속하고 저질적이며 미풍양속을 해치는, 그리고 국위를 손상시키는 행위는 찾아보기 어려울 것이다. 유신 권력이 검은 폭풍을 일으키며 문화인들에 대해 쏟은 소리는 그대로 박정희에게 되돌아오게 돼 있었다.

독재 권력과 저급한 기성 문화에 맞선 대항 문화의 탄생

전 국가의 병영화, 스물한 번째 마당

민중·민속에 주목해 대항 문화 꽃피운 대학가

김 덕 련 김창남 교수 지적대로, 1979년 10월 26일 측근들과 젊은 여성들을 궁정동 안가로 불러 '대행사'를 하던 중 최후를 맞이하는 박정희 전 대통령이 대중문화 중 일부를 "사회 기강을 해치고 국민 정신을 좀먹는 저속하고 퇴폐적인" 것으로 낙인찍고 이를 정화하겠다고 목소리를 높인 건 여러모로 기이한 풍경이다. 한편 1970년대 대학가에서는 지금까지 말한 것과는 상당히 다른 문화도 나타나지 않았나.

서 중 석 그것과는 또 다른 문화가 이 시기에 대학을 중심으로 해서 강렬하게 피어나고 있었다. 민중 문화라고 얘기하는데 그걸 간단히 보도록 하자. 민중 문화는 지배 세력의 외부 추종 문화를 매판 문화로 비판하고, '우리 것'을 추구하고 탐구하는 정신으로 전통 문화를 일궈나갔다. 언뜻 보면 전통 문화를 중시한다는 점에서는 유신 체제와 비슷한 점이 있었다. 그러나 전통 문화를 창조적으로 계승하고 현실에 대한 강한 비판적 시각으로 오늘날 되살리려는 노력을 했다는 점에서 유신 체제와 정면으로 대립했다.

1975년 5·22 시위에서 탈춤, 마당극 쪽 학생들이 상당한 역할을 했는데, 이러한 흐름은 1970~1980년대 반체제 저항 문화에서 하나의 커다란 서클을 형성하고 있었다. 앞에서 말한 것처럼 총력안보 운동의 일환으로 1975년에 그렇게 큰 가요 학살이 일어나고 문화계 전반에 엄격한 규율이 강요되는 속에서 대중문화가 제대로 꽃을 피우지 못했기 때문에도 그렇지만, 대학에서는 이런 민중 문화가 굉장한 영향력을 가졌다. 1980년대에도 대학가를 풍미했고 사회에도 상당히 큰 영향을 줬다.

— 대학가에서 새롭게 등장한 민중 문화, 어떤 모습을 보였나.

1970년 전통 가면극의 원형 전수 및 창조적 계승이라는 기치 아래 서울대에 민속가면극연구회가 만들어졌다. 그러면서 대학가에 확산돼 탈춤뿐만 아니라 농악, 무속, 민요 등 민속 연회가 각 대학에서 공연됐다. 이 무렵 민속문화연구회, 탈춤연구반, 민속가면극연구회, 전통예술연구회 같은 것들이 여러 대학에 만들어졌다. 이것은 대학뿐만 아니라 지역 사회, 또 노동자들 사이의 문화 운동으로 퍼져나갔다. 이러한 민속 문화를 기반으로 한 민중 문화, 탈춤 문화에서는 집단으로 신명을 내는 것을 강조했다. 그와 함께 공동체 의식을 아주 강조했다.

황선진에 의하면 전통 문화, 민족 문화를 통해 오늘의 현실을 비판적으로 바라볼 수 있는 민족 예술로서 민중 문화를 창조적으로 계승, 발전시켜 민중의 동질성 또는 동질감을 형성하고자 했다. 그래서 역사 발전의 주체로서 민중이 이제는 등장하게 되고, 문화는 민중을 위한 문화로서만 의미가 있다는 것을 강렬히 주장하게 된다. 분단 상황, 물질 만능, 비인간화된 사회 같은 문제와 박정희의 근대화 과정에 매몰돼가는 일반 민중의 정치, 경제, 문화적인 삶의 역량을 과시하고 새로운 문화를 찾고 꽃피우려는 노력으로 민중 문화를 제시했다.

이걸 채희완 교수는 마당굿 운동에서 주장했다. 삶을 집합화하고 이를 다시 고루 나눠 갖는 문화 운동으로 이 마당굿 운동을 파악하고, 은폐된 현실 문제를 역사의 전면에 드러내는 사회 운동으로 마당굿 운동을 얘기했다. 그러면서 제3세계와 연대하는 속에서 민족적 신명으로 이뤄가는 생명 공동체 운동이 마당굿 운동이라고 얘기했다. 민족 문제, 농촌 문제, 노동자나 도시 빈민 문제, 사회 일반의 시사 문제 같은 것을 마당굿을 통해 재해석하는 방식으로 설명했다.

대학에서 민속 문화를 기반으로 한 민중 문화를 일군 사람들은 신명을 대단히 중시했다. 이들은 마당극이나 풍물놀이에서 민중이 혼연일체가 돼 신명나게 노는 것에서 상상적 공감을 했고 영적, 정서적 교감을 나눴다.

1970년대 대학들 축제를 보면 이런 민중 문화 또는 마당굿, 탈춤 같은 것들이 거대한 물결을 이뤘다. 예컨대 1976년의 경우 고려대 석탑 축전에서는 축제의 초점을 민속에 두고 각종 민속놀이와 판소리 대회, 봉산탈춤 공연, 농악 공연 등을 즐겼다. 연세대에서 열린 무악 축전은 개교 이래 처음으로 민속제를 포함했다. 동국대도 개교 70주년을 기념하는 축전에서 민속 예술 대향연을 벌였다고 오제연 교수는 썼다.

— 이 시기 대학가에서 나타난 새로운 문화, 어떻게 평가하나.

이러한 흐름은 한국에서 대항 문화로서 탄생했다고 볼 수 있다. 유럽이나 미국과는 사정이 영 다르지만 해방 후 왜색 문화, 사대주의적 매판 문화가 횡행해온 것을 반성하고 그것에 도전하고 우리 것을 추구하고 탐구하는 정신으로 이러한 문화가 탄생했다. 민중을 억압하고 깔보는 지배 세력이 외세 추종 세력일 뿐만 아니라 자신의 문화를 비하하고 업신여기는 것에 반발했고, 저속한 양키 문화에 반발했다. 그것은 전통 문화에 대한 정부의 강조를 전혀 다른 방식으로 해석해서 만들어낸 대항 문화였다. 우리 문화를 상실한 기성세대의 저급한 문화에 대한 도전으로서 그렇게 나온 것이다.

독재 권력이 눈엣가시로 여긴 금서들

— 앞에서 영화 등의 부문에서 이뤄진 검열을 살폈다. 출판 쪽은 어떠했나.

마지막으로 금서 문제를 살펴보자. 1970년대, 1980년대는 금서의 시대이기도 하다. 1974년 리영희 교수의 《전환 시대의 논리》, 박형규 목사의 《해방의 길목에서》가 판금된 것은 쉽게 이해된다. 그렇지만 보수적인 안병욱 교수의 《A 교수 에세이 21장》도 금서 목록에 들어 있는데, 왜 그렇게 됐는지 모르겠다.

1975년 《창작과비평》 봄호가 판매 금지되고 회수 명령을 받았다. 그해 8월에는 신동엽 전집과 조태일 시집 《국토》, 둘 다 창작과비평사에서 나온 것인데 이 책들을 비롯해 15종이 판매 금지됐다. 이것도 통계마다 조금씩 차이가 있는데 유신 전기에 불온 도서 33종, 음란 저속 도서 34종 등 77종이 판매 금지됐다는 기록이 있다. 가나안농군학교를 이끌어갔고 한때 새마을운동의 정신적 지주 역할을 했던 김용기의 《운명의 개척자가 되자》도 1975년에 판금됐다.

긴급 조치 9호 시절에는 50여 종이 판매 금지됐는데, 장일조

유신 시대에 금서가 된 책들. 《해방 전후사의 인식》, 《한국 민족주의의 탐구》, 《황토》, 《민족 경제론》, 월간 《대화》.

교수의 《사회 운동 이념사》의 경우 민중적 관점에서 썼다고 해서 나오자마자 즉각 판매 금지됐다. 이 시기부터 1980년대에 걸쳐 최고의 인기를 누렸던 리영희 교수의 《전환 시대의 논리》를 비롯해 《8억인과의 대화》, 《우상과 이성》이 잇달아 판금됐다. 이분은 1977년에 나온 《8억 인과의 대화》로 반공법 위반 혐의로 구속되기까지 했다. 월간 《대화》, 아주 뜻깊은 역할을 많이 한 잡지다. 한국전쟁 이후 우리나라에서 최초라고 해도 좋은데 노동자 문제를 많이 다뤘고 민중 문제도 아주 많이 다뤘다. 그런데 이게 1977년 폐간 처분을 받았다.

— 금서로 지정됐던 다른 책들로 어떤 것이 있나.

방금 얘기한 책들을 제외하고 금서로 지정됐던 대표적인 책들을 몇 가지 더 살펴보자. 이건 그 당시 어떤 책들이 많이 읽혔는가를 얘기하는 것이기도 하다. 이 시기에 리영희 교수 책이 세 권이나 판매 금지되고 금서 목록에 올랐다. 장준하의 《죽으면 산다》, 송건호 등이 쓴 책으로 장기 베스트셀러가 된 《해방 전후사의 인식》, 송건호의 《한국 민족주의의 탐구》, 양성우의 《겨울 공화국》, 현기영의 《순이 삼촌》, 박현채의 《민족 경제론》, 백기완의 《자주 고름 입에 물고 옥색 치마 휘날리며》, 염무웅의 《민중 시대의 문학》, 김지하의 《황토》 등도 금서였다.

해외 책들도 이 시기에 많이 금지됐다. 구스타보 구티에레스의 《해방 신학》, 알베르트 돈대인의 《세상에 열린 신앙》, 허버트 마르쿠제의 《위대한 거부》 같은 책들이 금서로 지정됐다. 마르쿠제 책도 그때 사람들이 좀 봤다. 이 양반이 유럽 68혁명에서 이념적으로 상당한 역할을 하지 않았나. 외국 서적 중 운동권이 제일 많이 본 책에 들어가는 파울로 프레이리의《페다고지》, 그리고 많은 관심을 모았던 프란츠 파농의《대지의 저주받은 자들》, 업튼 싱클레어의 소설《정글》, 에버레트 라이머의《학교는 죽었다》같은 책도 금서 목록에 포함됐다.

각각 어떤 책인지 여기서 하나하나 이야기할 수는 없지만 공통점은 독자로 하여금 역사와 사회, 인간에 대해 깊이 있게 고민하게 한 책이라고 볼 수 있다. 그런 책들이 금지됐다. 특히 리영희 교수 책과 박현채의《민족 경제론》은 1980년대 학생 운동, 사회 운동에 지대한 영향을 줬다.

나가는 말

2018년 상반기, 세계의 눈과 귀가 한반도에 쏠렸습니다. 그 계기 중 하나는 평창 겨울 올림픽이었습니다. 추위를 녹인 선수들의 열정과 관중의 함성은 전파를 타고 세계 각지로 이어져 수많은 사람을 사로잡기에 충분했습니다.

이것뿐이었다면, 한반도에 쏠렸던 세계의 이목은 겨울 올림픽 폐막 후 스르르 눈 녹듯 사라졌을지도 모릅니다. 현실은 그렇지 않았습니다. 그 후 한반도는 더욱더 세계의 이목을 끌었습니다. 역사의 물줄기를 바꿀 수도 있는 만남이 연이어 이뤄졌기 때문입니다.

11년 만에 남한과 북한의 최고 권력자가 만났습니다. 뒤이어 미국 대통령과 북한의 최고 권력자가 싱가포르에서 마주 앉았습니다. 반년 전만 해도 대부분의 사람들이 생각하기 어려웠던 거대한 사건이 연이어 일어났습니다.

정전협정 체결(1953년) 후 65년이 지나도록 끝맺지 못한 한국전쟁의 종료를 선언하는 것을 넘어 북미 관계, 더 나아가 동아시아 정세의 근본 변화로 이어질 수 있다는 기대가 나오는 것도 무리가 아닙니다. 그러나 넘어야 할 벽은 여전히 만만치 않습니다. 대립과 불신의 골이 깊은 만큼, 새로운 시대로 나아가는 과정에서 겪어야 할 진통 역시 만만치 않을 것입니다.

그럴수록 냉철하게 상황을 주시하고 차분하게 한 걸음씩 나아가는 게 필요하겠지요. 그렇게 하는 데 분명히 도움이 되는 일 중 하나가 역사를 돌아보는 것입니다. 새로운 시대의 도래를 가로막는 세력의 방해를 넘어설 힘, 불가피한 진통을 견뎌낼 힘을 그 과정에서 얻을 수 있을 것입니다.

이러한 때에 《서중석의 현대사 이야기》를 다시 세상에 내놓습니다. 이번에 선보이는 12~13권은 '서중석의 현대사 이야기' 연재 가운데 2016년 '유신 체제', '유신의 몰락'이라는 주제로 프레시안에 실린 것들 중 일부의 내용을 더 충실히 하고 새롭게 구성한 결과물입니다.

12~13권에서는 유신 쿠데타(1972년) 이후, 즉 유신 독재 시기를 다뤘습니다. 12권에서는 반유신 민주화 운동에, 13권에서는 인도차이나 사태(1975년)를 계기로 광풍처럼 몰아친 전 국가의 병영화에 중점을 두고 역사를 살폈습니다. 찬찬히 살펴보시면, 이 두 권에서 다룬 내용이 그저 흘러간 옛이야기가 아니라 그중 상당 부분은 오늘날 한국 사회의 발목을 잡고 있는 문제들과 맞닿아 있음을 독자 여러분도 공감하실 수 있을 것입니다.

작업 공간을 제공해주는 등 물심양면으로 지원해준 인문 기획 집단 문사철의 강응천 주간, 연재에 관심을 보여준 언론 협동조합 프레시안 박인규 이사장께 감사 인사를 전합니다.

2018년 7월

김덕련

서중석의 현대사 이야기⑬

초판 1쇄 펴낸날 2018년 8월 1일

지은이 서중석 김덕련
펴낸이 박재영
편집 강혜란, 임세현
디자인 당나귀점프
제작 제이오

펴낸곳 도서출판 오월의봄
주소 서울시 마포구 양화로 133, 1605호
등록 제406-2010-000111호
전화 070-7704-2131
팩스 0505-300-0518

이메일 maybook05@naver.com
트위터 @oohbom
블로그 blog.naver.com/maybook05
페이스북 facebook.com/maybook05

ISBN 979-11-87373-41-4 04900
978-89-97889-56-3 (세트)

이 도서의 국립중앙도서관 출판시도서목록(CIP)은 e-CIP홈페이지(http://nl.go.kr/ecip)와
국가자료공동목록시스템(http://www.nl.go.kr/kolisnet)에서 이용하실 수 있습니다.
(CIP 제어번호 : CIP2018022375)

• 책값은 뒤표지에 있습니다. 잘못된 책은 바꾸어 드립니다.

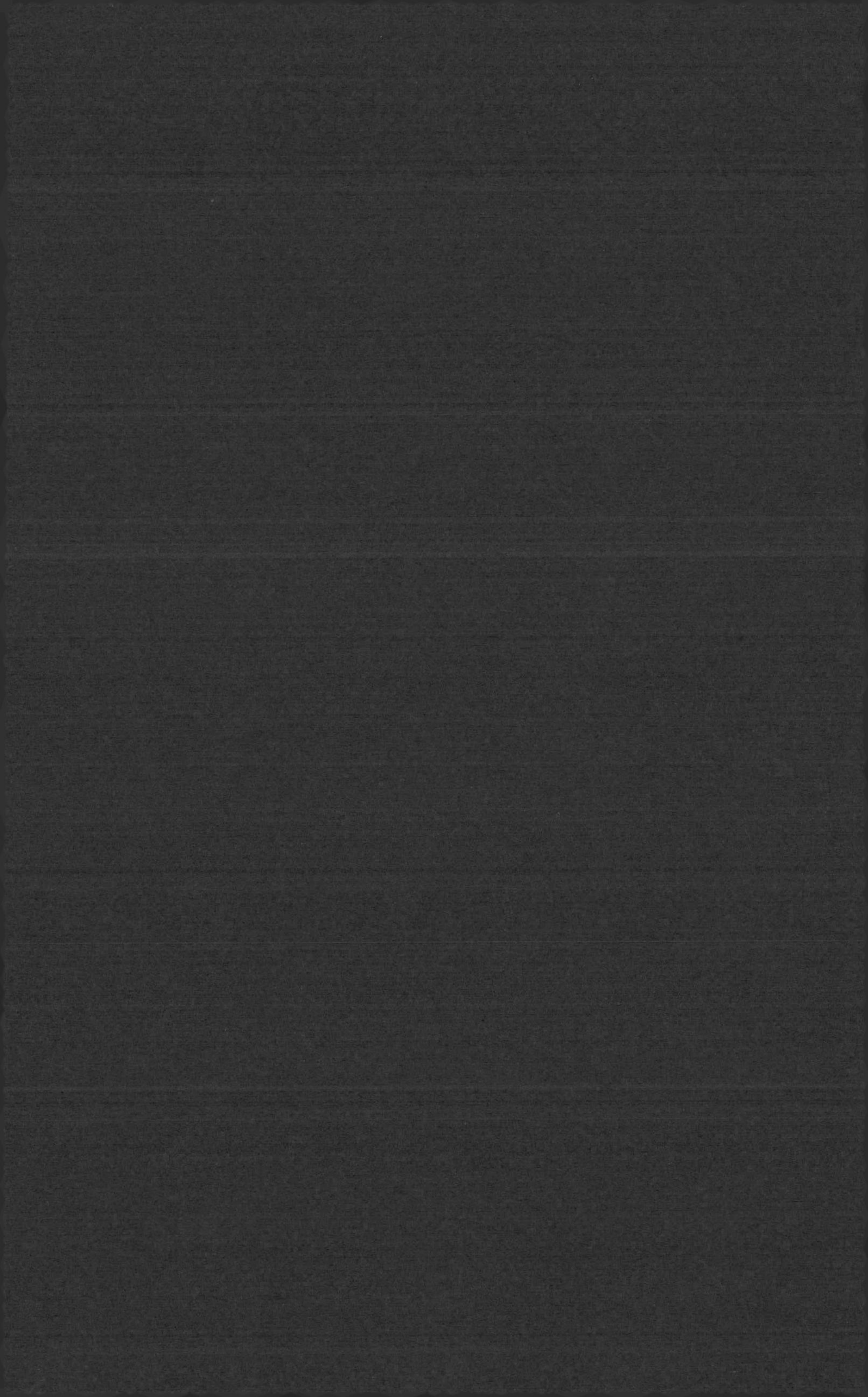